9,00

SAN

4446708490

CB124539

455

Vaginas

Dra. Carol Livoti e Elizabeth Topp

Vaginas

MANUAL DA PROPRIETÁRIA

Tradução
Rafaela Ventura

EDITORA BEST SELLER

CIP-Brasil. Catalogação-na-fonte
Sindicato Nacional dos Editores de Livros, RJ.

Livoti, Carol
L762v Vaginas: manual da proprietária / Carol Livoti, Elizabeth Topp; tradução Rafaela Ventura. – Rio de Janeiro: Best Seller, 2006.

Tradução de: Vaginas: an owner's manual
ISBN 85-7684-058-8

1. Vagina – Obras populares. 2. Vagina – Doenças – Obras populares. 3. Saúde reprodutiva – Obras populares. I. Topp, Elizabeth. II. Título.

05-4125 CDD – 618.15
CDU – 618.15

Título original norte-americano
VAGINAS: AN OWNER'S MANUAL
Copyright © 2004 Dra. Carol Livoti e Liz Topp

Capa: Folio Design
Foto da capa: Grupo Keystone
Editoração eletrônica: DFL
Ilustrações a traço: Maria Aparecida Santana,
reproduzidas do original de Georgia Rucker

Todos os direitos reservados. Proibida a reprodução,
no todo ou em parte, sem autorização prévia por escrito da editora,
sejam quais forem os meios empregados.

Direitos exclusivos de publicação em língua portuguesa para o Brasil
adquiridos pela
EDITORA BEST SELLER LTDA.
Rua Argentina, 171, parte, São Cristóvão
Rio de Janeiro, RJ — 20921-380
que se reserva a propriedade literária desta tradução

Impresso no Brasil

ISBN 85-7684-058-8

Ao único membro de nossa família que não tem vagina.
Amamos você mesmo assim.
Obrigada, Richard.
Obrigada, pai.

Afinal, qual livro não é sobre vaginas?
— Y. Clete Christopher

SUMÁRIO

AGRADECIMENTOS

É bem provável que nada disto tivesse sido possível sem as primeiras orientações e o apoio de Ron Demond Jarrett, um homem cuja mudança recente na carreira deixou o mundo editorial sem uma de suas futuras estrelas. Obrigada, Ron, por nos apresentar a Erin Reel, nossa agente, que consegue ser ao mesmo tempo cuidadosa, atenciosa e absolutamente fabulosa e que, além de tudo, nunca demora mais do que uma hora para retornar uma ligação — mesmo aos domingos. O que nos leva a nossa editora, Kathryn Belden. Obrigada por transformar nossas conversas divagantes em livro, do qual todos nós podemos nos orgulhar. Agradecemos também a Whitney Lee, nossa agente de direitos autorais internacionais; obrigada por espalhar nossa palavra pelo mundo. Diane Mancher da One Potata Productions participou deste projeto desde o início e, ao longo do processo, foi fundamental para garantir que todos também participassem. Obrigada, Diane. Dr. Edmund Kaplan foi o primeiro especialista que ouvimos; portanto, nosso muito obrigada, Eddie, por nos ajudar a ficar no caminho certo. Agradecemos também a nossos segundo e terceiro especialistas, Dr. Tom Lallas, em oncologia ginecológica, e Dr. David Gershan, em HIV. Obrigada a Katie Granger, nossa revisora. Tomara que você sempre revise tudo o que escrevermos. Por fim, agradecemos a nossas melhores amigas: Laura, a vida é vazia sem uma melhor amiga. Kaena, obrigada por sempre me lembrar de que tudo vai dar certo.

Introdução

DUAS PERGUNTAS

POR QUE DECIDIMOS ESCREVER ESTE LIVRO?

Todos nós crescemos acreditando que nossa experiência é universal. No meu caso, isso significava um pai que cozinhava e que me levava à escola (além de trabalhar em tempo integral), e uma mãe que era obstetra e ginecologista. Embora essa situação pareça familiar hoje em dia, há 25 anos era totalmente incomum. Certa vez, no jardim de infância, derramei suco de laranja em meu macacão favorito. Minha professora disse: "Não se preocupe, Elizabeth. É só levar a roupa para sua mãe lavar e passar." Espantada, respondi: "*Passar?* Mas minha mãe não sabe passar roupa!?!"

No entanto, mamãe sabe tudo sobre a anatomia feminina. Quando fiz dez anos, percebi como nossa família era incomum. Em meio ao que pareciam ser simples conversas do tipo "Como foi seu dia?", durante o jantar, minhas amigas, atônitas, ouviam minha mãe contar histórias de pacientes, em especial histórias sobre cirurgias complicadas ou política médica. Muitas dessas amigas acabaram mudando de estilo de vida, desde a escolha de um determinado método contraceptivo até a mudança no tipo de exercício físico, tudo isso com base nas cândidas discussões travadas com minha mãe.

Desde os 14 anos insisto para minha mãe escrever este livro. Sua profunda aversão por computadores e a falta de habilidade para organizar os pensamentos de forma linear eram grandes obstáculos ao projeto. Então, aos 27 anos, escritora aspirante, pensei que não haveria nada melhor do que colaborar em um projeto que oferecesse informações úteis (e com um pouco de sorte também diversão) a todas as mulheres. Com base nisso, aqui estão finalmente as histórias e as informações de uma experiente ginecologista, contadas por sua filha.

POR QUE VOCÊ COMPROU ESTE LIVRO?

A maioria das mulheres jamais verá sua própria vagina. Além de não estar em um local exatamente conveniente para exame, muitas mulheres pensam que uma vez equipadas com um espelho na mão, garantida certa privacidade e criada aquela coragem para enfrentar alguma surpresa inesperada, por que se dar ao trabalho? Essas mulheres são as mesmas que inspecionam cada poro dilatado do rosto, cada defeito no esmalte e cada fio de cabelo fora do lugar, contudo a vagina e seu ambiente permanecem como um bem não reclamado pela proprietária, examinado por outros, mas deixado de lado durante boa parte do tempo. Vamos começar partindo do princípio de que você, nossa leitora, não conhece sua vagina. Ainda que você esteja entre as poucas corajosas (parabéns!) que a conhecem, a maior parte do nosso aparelho reprodutor continua escondido, fora de nossa visão.

O desconforto em relação ao próprio corpo não se limita à busca de nossas partes inferiores em um espelho. Embora muito padrões não sejam tão rígidos, na realidade, para as mulheres, a nudez fora do quarto ou do banheiro não é comum ou incentivada. A mulher ocidental provavelmente olhará para o Oriente e recriminará outras culturas por levarem o recato feminino ao extremo, mas nem precisamos ir tão longe. As mulheres não têm tantas oportunidades de ver outras mulheres nuas, mesmo em nossa moderna, mas ainda assim recatada, cultura ocidental.

A experiência feminina com sua genitália contrasta com a dos homens. Toda a jornada masculina de auto-exploração reprodutiva pode ser conduzida simplesmente olhando-se para baixo. Logo nos primeiros anos, os meninos já são jogados em ambientes em que a nudez é a norma. Em 1993, minha escola particular na cidade de Nova York inaugurou um novo ginásio, no qual o vestiário masculino tinha um chuveiro comum, enquanto as mulheres tinham boxes individuais. Pode não parecer uma enorme discrepância, mas é um exemplo de como os meninos logo aprendem que há uma variação natural nos tamanhos, larguras, cores e distribuição de pêlos entre os aparelhos reprodutores masculinos. Já para as mulheres, só resta a opção de se compararem com fotos, imagens na televisão e nos filmes, nas quais, quase sempre, não há chance de ver qualquer vagina (e, caso elas fossem vistas, estariam, certamente, depiladas).

Pense bem que, em toda a sua vida, os homens não são incentivados, mas sim obrigados a manusear o pênis várias vezes por dia. Ficam em pé, com o pênis na mão, entre estranhos, diante do mictório. É claro que precisam alcançar níveis significativos de conforto para manusear sua genitália e, a partir desse ponto, não é um longo caminho até aprenderem a fazer outras coisas divertidas com o pênis.

A situação está certamente melhorando, mas as meninas costumam ser desencorajadas a se tocarem "lá embaixo". Como acontece com tudo relacionado à vagina, a masturbação não é tão intuitiva para nós mulheres. E os orgasmos, se já são bem difíceis com um parceiro, tornam-se quase impossíveis se você não conhece seu corpo o suficiente. É alguma surpresa que as mulheres se sintam de algum modo insatisfeitas não só com seu corpo, mas especialmente com sua vagina?

É difícil para nós aprendermos sobre o corpo. São muitos os mistérios e as culturas ligados à vagina e ao restante do equipamento que permite a reprodução humana. Embora algumas pessoas tenham tentado dissecar a complicada rede de questões sociais, antropológicas e emocionais relativas à genitália feminina, nosso objetivo é menos grandioso. Este livro é uma cartilha muito bem gerenciada, apimentada com histórias da vanguarda da ginecologia moderna, temperada com a perspectiva de uma mulher urbana de vinte e poucos anos e solteira. Aqui está um manual sobre seu "equipamento": como mantê-lo funcionando, como saber quando algo está errado e o que fazer nessa situação e, além disso, como se divertir com ele.

* * * * *

MÃE: Este capítulo não é muito curto?

FILHA: É o melhor, por enquanto.

MÃE: Todos os capítulos vão ser curtos assim?

FILHA: Não. Podemos voltar a ele depois, se for o caso.

MÃE: Quando?

FILHA: Mais tarde.

MÃE: Por que voltaríamos a ele?

FILHA: Não sei, mãe. Podemos continuar?

MÃE: Claro.

FILHA: Fica tranqüila.

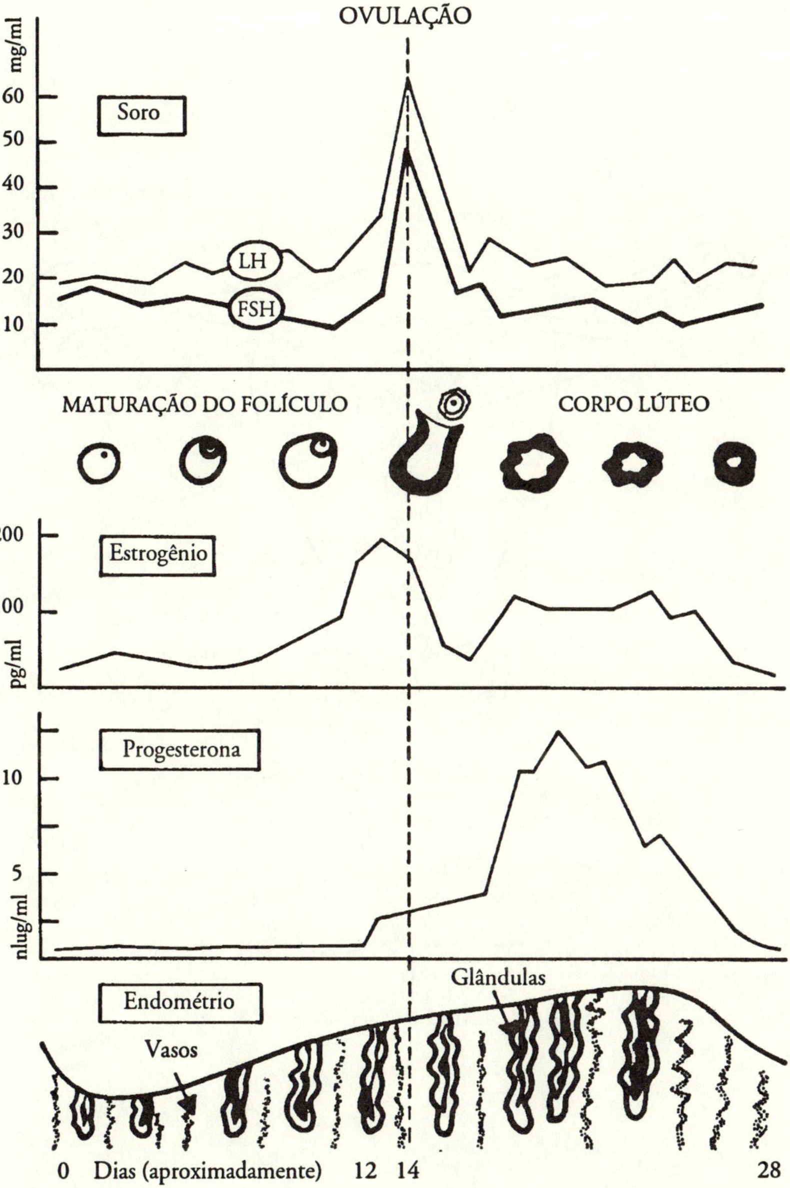
OVULAÇÃO
mg/ml
60
50
40
30
20
10
Soro
LH
FSH
MATURAÇÃO DO FOLÍCULO
CORPO LÚTEO
200
100
pg/ml
Estrogênio
Progesterona
10
5
nlug/ml
Endométrio
Glândulas
Vasos
0
Dias (aproximadamente)
12
14
28

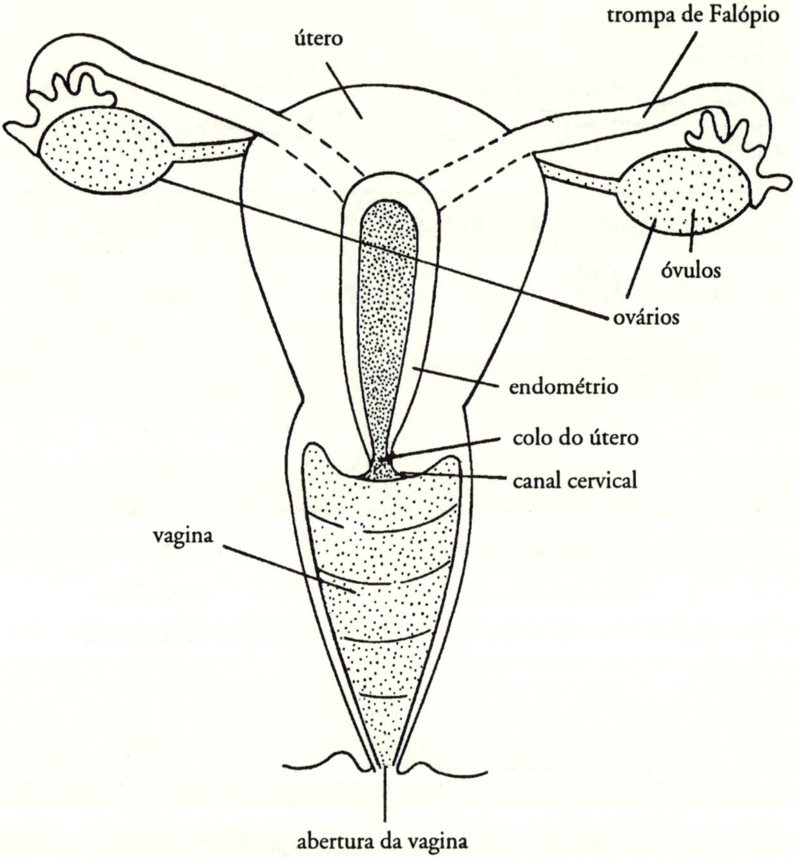
trompa de Falópio
útero
óvulos
ovários
endométrio
colo do útero
canal cervical
vagina
abertura da vagina

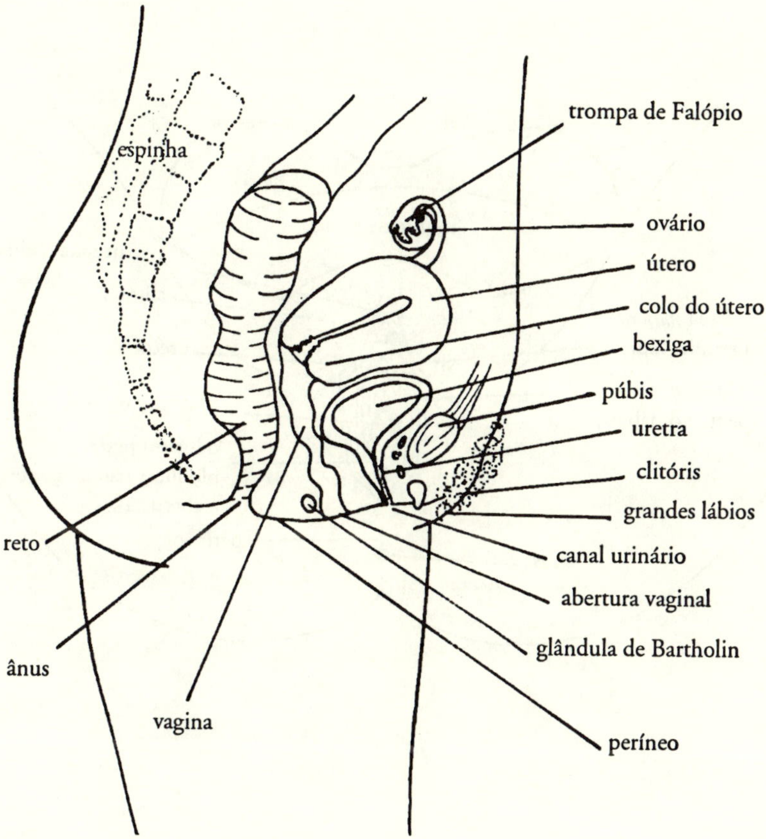
espinha
trompa de Falópio
ovário
útero
colo do útero
bexiga
púbis
uretra
clitóris
grandes lábios
reto
canal urinário
abertura vaginal
glândula de Bartholin
ânus
vagina
períneo

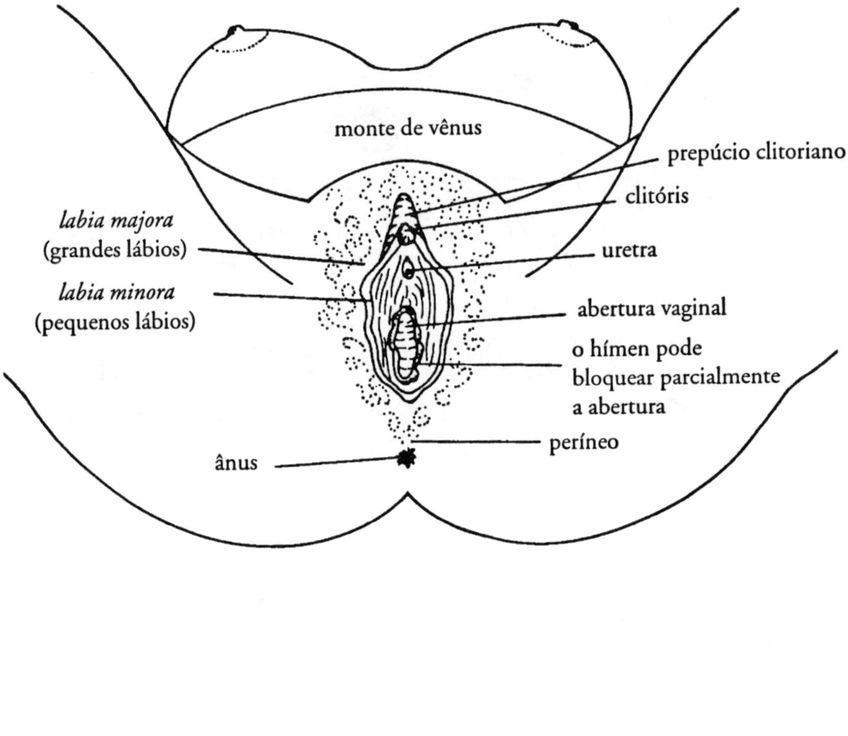
monte de vênus
prepúcio clitoriano
clitóris
labia majora
(grandes lábios)
uretra
labia minora
(pequenos lábios)
abertura vaginal
o hímen pode
bloquear parcialmente
a abertura
períneo
ânus

Capítulo 1

O EQUIPAMENTO PADRÃO

Muitas mulheres ficam constrangidas de falar sobre vagina. Raramente discutimos a quantidade de pêlos, o odor, a cor ou o tamanho relativo de nossa genitália, porque não temos muitos parâmetros de comparação. E não há eufemismos suficientes para descrever o que parece ser, na melhor das hipóteses, impróprio para a mesa de jantar e, na pior, uma tremenda grosseria.

Quando estava com cerca de 12 anos, tinha uma amiga que não deixou de usar absorvente um dia sequer durante todo o tempo em que ficamos no acampamento de verão. Eles me pareciam extremamente desconfortáveis e, quando perguntei por que afinal os usava, ela ficou vermelha e disse: "É que eu não gosto dela." Bom, para esta minha amiga e para todas as mulheres que não suportam o fato de suas vaginas parecerem sujas, não se preocupem. Ela é saudável. Pare de limpá-la o tempo todo e deixe-a em paz.

A mulher atinge a maturidade ginecológica por volta dos vinte anos. Isso significa que o colo do útero está maduro, as menstruações são regulares, a ovulação ocorre na maioria das vezes (90%, se não mais), ela é fértil e os seios já se desenvolveram por completo. Já está física e talvez emocionalmente pronta para a maternidade.

OVÁRIOS

Os ovários (também conhecidos como gônadas femininas) são análogos aos testículos masculinos. São mais viscosos do que os testículos e só têm cerca de 3 por 2cm. Flutuam na cavidade abdominal e estão acoplados à parte lateral do útero e da parede pélvica por meio de ligamentos. Os ovários não encontram qualquer barreira em suas superfícies, estão desprotegidos no ambiente, da mesma forma que o ambiente está desprotegido com relação a eles (ver página 257).

As gônadas femininas consistem de tecido conectivo (estroma) e vasos sangüíneos. Espalhadas ao longo de todo o estroma estão minúsculas bolsas com fluidos chamadas folículos. Cada folículo é formado por células produtoras de hormônio que carregam um único óvulo. Já nascemos com todos os folículos que teremos durante toda a nossa vida (ver página 191 para observar um desenvolvimento interessante). Eles permanecem adormecidos até a fase inicial da puberdade, época em que começam a produzir os hormônios. Todos os meses, um folículo sortudo e pró-ativo explode dentro da cavidade peritonial, liberando um óvulo. O local em que se encontrava

Ai, meu ovário!

Uma paciente veio ao consultório relatando uma "dor de ovulação" — uma dor que sentia todos os meses, só que, agora, na época errada. Fiquei tentando convencê-la de que não podia ser dos ovários, mas ela insistia. Uma semana depois, telefonou de novo descrevendo a mesma dor. Mais uma vez, garanti que poderia ser causada por muitos motivos, mas com certeza não poderia ser uma ovulação de uma semana. Por fim, ela resolveu visitar seu médico e ele diagnosticou pedras no rim. Acredite. Dor abdominal não tem nada a ver com ovários.

o folículo rompido será restabelecido, mas fica uma pequena cicatriz. Portanto, com o tempo, o ovário vai se assemelhando a um caroço de pêssego.

O ovário é, sem dúvida, o mais precioso órgão do aparelho reprodutor, porque contribui para a forma, o humor, a libido e a saúde feminina. Além disso, dentro deles são encontrados os óvulos, a única forma que temos de passar nossa herança genética.

TROMPAS DE FALÓPIO

As trompas de Falópio são canais que atuam como um local de encontro para os óvulos e os espermatozóides, o que acontece, em situações normais, em sua terça parte externa. Portanto, o mundo se move dentro da trompa. Elas são estruturas tão delicadas que podem ser facilmente machucadas. Suas aberturas, chamadas "fímbrias", são muito estreitas. Parecem-se bastante com frondes de algas-marinhas. As trompas de Falópio têm cerca de 5 a 7cm de comprimento e variam em diâmetro, sendo mais estreitas no meio e mais largas na extremidade inferior. Elas não têm muitas funções, servem apenas como o caminho que leva à reprodução.

Alguns pesquisadores acreditam que o fluido encontrado nas trompas é, na verdade, um nutriente necessário ao desenvolvimento do embrião enquanto ele desliza até o útero, sendo, portanto, parte integrante do processo reprodutivo. Atualmente, dedicam-se muito tempo e dinheiro na tentativa de descobrir mais sobre o ambiente dentro das trompas de Falópio, com o objetivo de reproduzi-lo em laboratórios, para ajudar na fertilização *in vitro*.

O ÚTERO E O COLO DO ÚTERO

O útero (sem feto) é do tamanho de uma ameixa. O colo e como uma continuação do útero, com cerca de 3cm. Juntos, parecem uma pêra de cabeça para baixo.

Quando desocupado, o útero não tem muita serventia. Ele não produz nenhum hormônio importante ou conhecido. E, ainda sim, as mulheres depositam muita emoção nele. Para muitas, é o símbolo da feminilidade ou da maternidade. É a mesma simbologia do coração, que, na realidade, é uma bomba com muitas cavidades... e é o símbolo do amor.

O útero possui três camadas. De dentro para fora, são: o endométrio, o miométrio e a serosa, também conhecida como peritônio. O endométrio é o revestimento que aumenta de tamanho e depois se desmancha, todos os meses, durante os anos de fertilidade. Ele fica fino e inativo depois da menopausa. É onde o embrião se encaixa. É também a parte que os médicos raspam quando realizam uma D&C (Dilatação e Curetagem — um procedimento diagnóstico e/ou terapêutico em que o ginecologista dilata o colo do útero e faz uma raspagem dentro do útero com uma espécie de colher delgada e flexível, chamada "cureta"). O miométrio é o músculo. Ele se expande durante a gravidez e se contrai durante as cólicas ou contrações. É espesso e forte. A serosa é a camada lisa e brilhosa de tecido que cobre todos os órgãos e superfícies do abdômen, inclusive o útero. Sua função é impedir que os elementos encontrados na cavidade peritonial (o espaço vazio logo abaixo do diafragma) grudem uns nos outros.

O colo do útero consiste em tecido conectivo, epitélios escamoso e colunar. As células que ligam o canal cervical são chamadas "epitélio colunar", e este possui fendas como um *muffin* inglês. Tem a espessura de uma camada celular e produz um muco que ajuda o espermatozóide a entrar no útero. O tecido conectivo mantém o colo do útero fechado e impede que ele se abra no momento errado. O epitélio escamoso cobre a parte do colo do útero voltada para a vagina; é o mesmo revestimento que cobre todo o corpo (ou seja, a epiderme). É elástico, permite a respiração, evacua, protege e é à prova d'água. Tem várias camadas de células, e, na abertura do colo do útero, está a junção escamocolunar (normalmente chamada "JEC"), que é onde as células colunares e as células escamosas se encontram. Essa junção exerce uma função muito importante na saúde ginecológica (ver página 294 para obter mais detalhes).

AS REDONDEZAS

Se considerarmos a especialização de funções (ou seja, que diferentes órgãos têm uma única e exclusiva função), um sinal de evolução, então a mulher é o animal mais avançado do planeta. Temos três orifícios perineais, enquanto os homens só têm dois. Cada um tem uma função: um serve para evacuar líquidos, outro para evacuar sólidos e o terceiro para a reprodução.

O colo do útero como um teste de gravidez

Há centenas de idéias antigas sobre o colo do útero e sobre o modo como ele se comporta durante a gravidez. Um médico, por volta dos anos 1950, diria: "Se o colo do útero está azulado, então você está grávida." Ou se ele está muito macio, você está grávida. Ou ainda que se você consegue curvar o útero na direção do colo, está grávida. Ninguém com menos de 80 anos conhece esses testes. Eles não são realizados fora dos círculos de medicina alternativa — vá até uma farmácia, compre um teste de gravidez, faça xixi no bastão. Só assim você saberá (quase que) com toda a certeza se está grávida.

Esta é a boa notícia. Já as notícias ruins são duas. Nossos orifícios estão tão próximos, que a contaminação pode se tornar um grande problema, ou seja, parte do que encontramos nas vaginas não é bom para a uretra. Estes orifícios foram desenvolvidos para um quadrúpede, ou seja, seria melhor que os caminhos peritoniais estivessem paralelos à superfície da terra e, portanto, relativamente imunes à força da gravidade. Agora, graças à evolução, eles estão na vertical, de forma que a gravidade pode atuar de maneira agressiva em relação a eles. Em suma, nossos orifícios são bons em teoria, mas, na prática, nem tanto.

A URETRA

Em primeiro lugar, a uretra é muito curta. Do exterior até a bexiga são cerca de 2,5cm, um caminho que pode ser facilmente percorrido por uma bactéria. Uma bactéria ágil levaria apenas de uma e duas horas para fazer isso. A uretra do homem pode ter 20cm de comprimento (ou pelo menos é isso que dizem).

Todas nós já ouvimos a frase "Pára de me fazer rir, senão vou fazer xixi na calça!" Esse medo é compartilhado da mesma forma por meninas de 3 anos e senhoras de 80. Fibras com poucos músculos formam um ângulo em que a uretra se une à bexiga. Os músculos atuam como uma porta fechada, enquanto você está em pé. Entretanto, quando esses músculos se deterioram, pode ser um tremendo desafio reter a urina, e isto faz com que você comece a se sentir como uma torneira pingando, ou pior, uma torneira totalmente aberta.

Outro problema é que, infelizmente, a uretra fica localizada entre o clitóris e a vagina. Para começo de conversa, você é

Atenção no banheiro...

...é um negócio bizarro. Se você precisar se agachar no vaso sanitário de um banheiro público, pelo amor de Deus, não respingue o assento que será utilizado por alguém com fraqueza nas pernas. Há estudos que mostram diferentes vírus deixados nos assentos e já se descobriu que quase todos, dentro de 15 minutos já estão mortos. Portanto, se a pessoa que usou o assento antes de você estiver com uma ferida de herpes aberta na região interna da coxa, e você se sentar cinco minutos depois, é bem possível que pegue herpes no mesmo local. Então, seu maior risco está no intervalo do teatro, quando 72 mulheres usam o banheiro seguidamente. Mas, em uma situação normal, aquele assento esteve desocupado nos últimos 10 minutos. Existem mulheres (por exemplo, nós duas) que consideram as probabilidades muito ridículas, e que têm artrite (mãe) ou são preguiçosas demais (Liz) e para as quais o agachamento é indesejável. Estima-se que os riscos são de um para cem mil ou menos ainda. Caso você decida se agachar mesmo assim, ou limpe o assento depois, ou levante-o de forma que a próxima pessoa não precise encarar os respingos de sua urina.

obrigada a quase ter de desenhar um mapa para conseguir se comunicar de maneira eficaz com seu parceiro sexual ("Toque aqui, cuidado, mais pra lá, aqui, não ali"). A uretra é muito irritável, portanto, as preliminares sexuais podem ser bem complicadas com um parceiro que não tenha o mínimo de conhecimento sobre nossos órgãos externos. Além disso, com todas as mãos, bocas e seja lá o que for que vá passear lá por baixo, sua uretra entra em contato com milhares de bactérias, sem as quais ela certamente poderia viver.

A BEXIGA

A bexiga também se desenvolveu de forma ineficiente, com poucos músculos para mantê-la funcionando. A parede inferior da bexiga é a parede superior da vagina. O que acontece à vagina, também acontece à bexiga — um trauma causado a uma também é causado à outra. Fraqueza em uma significa fraqueza na outra.

O RETO

Há uma obsessão em relação à função intestinal em todo o mundo, mas em nenhum outro lugar ela é tão forte quanto nos Estados Unidos. A parede inferior da vagina e a parede superior do reto são a mesma. As mesmas regras aplicam-se à parede compartilhada entre a vagina e a bexiga; um dano causado a uma também é causado à outra. Infecções ou problemas retais podem levar diretamente a infecções vaginais.

A progesterona, um hormônio feminino (saiba mais sobre ele na página 41), pode facilmente afetar a função intestinal. Ele desacelera o funcionamento, de forma que não temos a mesma atividade peristáltica (ou seja, as contrações intestinais) que os homens.

Não vamos entrar em pânico por causa disso. O intestino de muitas mulheres funciona normalmente todos os dias, enquanto o de outras funciona duas vezes por semana e, ainda assim, elas são bem felizes. Independentemente da regularidade, as fezes devem ser úmidas, volumosas e não devem exigir muito esforço, pressão, suor, força e longos períodos no assento para sair. A água é essencial para umidificar a função intestinal. A fibra também é de suma importância para manter o cólon saudável. Tudo que o corpo não conseguir digerir (por exemplo, cereais) será eliminado pelas paredes internas do cólon, para sorte de sua saúde.

A VAGINA

As paredes da vagina dependem de hormônios e, em uma mulher funcionalmente madura, são úmidas graças à presença de secreções tão brilhantes quanto a superfície do globo ocular. Essa substância "pegajosa" é em essência formada por água e serve para proteger as paredes da vagina contra atrito e ferimentos. Também é um lubrificante recreativo, uma importância que não pode ser superestimada.

Todas as vaginas estão cheias de bactérias, fungos e vírus. E não seria nada saudável ou mesmo impossível erradicar todas as bactérias. Elas promovem enzimaticamente a limpeza vaginal; ao se alimentarem de fragmentos e ao combaterem umas às outras, elas mantêm o ambiente em um estado homeostático. Toda vagina tem algum tipo de germe, conhecido como Cândida ou Monília. Contudo, elas também possuem um inimigo natural contra os germes — uma bactéria chamada bacilos de Doderlein ou Lactobacilos (a cultura viva encontrada em iogurtes). (Ver página 255 para obter mais informações sobre infecções por levedura.)

Não tem bolso? Use sua vagina!

Uma paciente estava enfrentando um período menstrual muito intenso, e era compreensível que estivesse muito incomodada. Quando veio ao consultório para fazer alguns exames, encontrei um absorvente interno. Ela pediu desculpas — estava sangrando tanto e, distraidamente, se esqueceu. Continuei o exame e acabei encontrando outros três absorventes internos. Apavorada, ela havia colocado mais e mais absorventes internos na tentativa de interromper o fluxo de sangue. O que estamos querendo ilustrar com essa história é que a vagina é um órgão elástico.

GENITÁLIA EXTERNA

MONTE DE VÊNUS, GRANDES LÁBIOS E CLITÓRIS

Em estado natural, a genitália externa é coberta por pêlos, assim como o monte de vênus, a camada de gordura que cobre o osso pubiano, protegendo-o de alguma pancada direta potencialmente dolorosa. Os grandes lábios são os lábios externos da vagina, também cobertos por pêlos. Eles contêm muitos vasos sangüíneos e a misteriosa glândula de Bartholin. Ninguém sabe qual a função dessa glândula, sabe-se apenas que seria mais ou menos como um apêndice. Localizado logo abaixo da parte intermediária do osso pubiano, na extremidade dos pequenos lábios, está o clitóris.

PEQUENOS LÁBIOS

Logo acima do clitóris, há um revestimento de tecido carnudo que se estende até os dois complementos em forma de duas asas, chamado "pequenos lábios". Não possuem pêlos, são finos, sensíveis e em geral não são simétricos. Um colega da

Uma palavrinha sobre a moda da depilação

Meus dias de exames pélvicos revelaram que, com o passar dos anos, há cada vez menos pêlos nos grandes lábios. O "modelo moicano", como costumo chamar, é aquele em que há apenas uma faixa de pêlos no topo do monte de vênus. Há um tipo de depilação muito popular no Brasil que retira quase todos os pêlos da parte externa da genitália. Não sei dizer se existe algum risco à saúde associado à remoção dos pêlos pubianos, mas tenho certeza de que dói muito. E existem muitas mulheres que, na busca incessante de ficar "na crista da onda", transformam sua genitália em algo pouco apresentável, com pêlos encravados, espinhas e irritações — uma conseqüência normal da depilação.

Uma palavrinha sobre insegurança em relação aos lábios

Tive uma paciente cujo marido costumava fazer piadinhas sobre seus lábios longos com os amigos e na frente dela. Expliquei que seus lábios eram perfeitamente normais, mas ela insistia em realizar uma cirurgia "corretiva". A labioplastia é uma correção apenas cosmética de uma deformidade real ou, nesse caso específico, imaginária. Há mulheres com genitálias realmente anormais que nunca consideram a possibilidade de corrigi-las e, desde que estejam felizes, não há mesmo razão para isso. E vejam vocês, logo depois de fazer a labioplastia (à custa do marido, claro), ela se divorciou!

época da faculdade de medicina me contou uma vez que ele e os amigos costumavam analisar as mulheres na praia e tentar adivinhar se eram "destras" ou "canhotas". Hoje, olhando para trás, acredito que ele estava mentindo.

Alguns pequenos lábios são muito pigmentados e escuros. Outros são longos, estendendo-se além dos grandes lábios em cerca de 2,5cm. Alguns são muito assimétricos, um sendo muito mais longo do que o outro. Tudo isso é normal. Mesmo assim, algumas mulheres ficam muito inseguras em relação a eles. É importante lembrar que, na maioria dos casos, elas não vêem nem escutam falar sobre vaginas, nem mesmo sobre a sua própria.

PERÍNEO

Há duas distâncias na região pélvica que são importantes. A primeira é o comprimento do períneo — a área que se estende desde a parte de trás da vagina até o reto. Um períneo muito curto (classificado como de 2,5cm ou menos) é motivo de preocupação para o obstetra durante a gravidez, porque ninguém quer que a vagina se rasgue na direção do reto.

Outra distância importante é da abertura da vagina até o clitóris. Nesse caso, a preocupação é maior da parte da mulher do que do médico, porque, não importa a proximidade, você sempre acha que, se estivessem um pouco mais próximos, a vida seria muito melhor. Nunca estão próximos o suficiente.

* * * * *

FILHA: Afinal, por que escolheu a ginecologia?

MÃE: Quando eu estava na faculdade de medicina, passei por todas as especialidades. Só sabia que queria ser médica. E acabei descobrindo algumas coisas. Os homens são os piores pacientes. Eles resmungam, se entregam às doenças, não saem da cama...

FILHA: Como assim?

MÃE: Eles não gostam de se sentir impotentes. Não gostam de ficar presos ao leito, então parece que voltam à infância. Não me entenda mal, as mulheres também podem ser muito chatas, mas pelo menos toleram melhor os cuidados auxiliares. A enfermeira é ruim, a comida é horrível, blá blá blá. Os homens são muitos difíceis.

FILHA: E você teve de ir para a faculdade para descobrir isso?

Capítulo 2

O PERÍODO MENSTRUAL

Fiquei menstruada pela primeira vez em um vestiário, durante a aula de educação física na escola, quando tinha por volta de 12 anos. Posso dizer que entendi o que tinha acontecido, e minha primeira reação foi olhar para o céu e dizer em voz alta "Oh, não!" Menstruar significava o fim de uma era: nunca mais seria maior e mais forte do que todos os meninos, não poderia mais azucrinar suas vidas. Minha feminilidade estava indiscutivelmente confirmada, o que me parecia um sinal de fraqueza.

Depois, fiquei pensando quanto tempo poderia esperar até contar à minha mãe. Ela não era um exemplo de discrição e sutileza quando o assunto era eu. Havia uma ligeira possibilidade de ela colocar anúncios pra todo lado...

Elizabeth ficou menstruada!
6 de abril de 1988
Aula de Educação Física
Basquete

Então, só contei a novidade à minha mãe bem mais tarde, dentro da intimidade do banheiro de um restaurante japonês das redondezas e a fiz jurar que não contaria a meu pai. Em seguida, impus um período de três anos de moratória antes que o assunto pudesse ser discutido de qualquer forma. É óbvio que nada disso funcionou.

Pelo menos, não foi muito difícil descobrir outras maneiras de azucrinar os meninos sem precisar usar a força física.

Mas eu ainda não fiquei menstruada...

Uma garota pode ter seu primeiro período menstrual em algum momento entre 10 e 16 anos. Em geral, as meninas estão menstruando mais cedo do que antes. Há vários fatores que contribuem para isso, e muitos deles ainda são desconhecidos. É claro que há um elemento hereditário bem marcante em quase tudo, inclusive na menstruação. O peso é outro fator, porque a gordura produz estrogênio. A demora na chegada da primeira menstruação é rara, mas se, até os 16 anos, você ainda não tiver ficado menstruada consulte um ginecologista.

SEU CICLO MENSTRUAL: UM CURSO DE RECICLAGEM

Na puberdade, nosso complexo sistema hormonal para a reprodução desperta para a vida. Como um carro velho que leva alguns segundos até pegar, a menstruação nem sempre funciona perfeitamente desde o início. Primeiro, pequenas atividades hormonais resultam no desenvolvimento de características sexuais secundárias. Os seios das meninas começam a se desenvolver, e surgem pêlos pubianos e na axila. O corpo adquire curvas femininas. Por volta dessa época é que elas costumam ficar menstruadas.

A primeira menstruação ocorre quando o hipotálamo (a parte mais primitiva do cérebro) produz o hormônio liberador de gonadotrofina (GnRH). Isso estimula a hipófise (também conhecida como "glândula mestre") a produzir a gonadotrofina, que inclui o hormônio folículo-estimulante (FSH) e o hormônio luteinizante (LH). Talvez você se lembre desses dois nomes da aula de biologia. A gonadotrofina é liberada na corrente sangüínea, estimulando os ovários a produzir estrogênio e progesterona — os principais hormônios no ciclo reprodutivo. Eles estimulam o útero de forma cíclica.

Dentro do ovário, as unidades de reprodução e produção de hormônios são chamadas "folículos". Elas contêm todos os elementos básicos (um óvulo flutuando em uma pequena bolsa, as paredes celulares que dão origem ao estrogênio e à progesterona) da reprodução feminina. Tecnicamente falando, um folículo é um pequeno cisto cheio de fluido. São esses folículos que nos tornam fêmeas e que nos permitem engravidar. Cada uma de nós tem um número único e finito desses pacotes de reprodução e não pode produzi-los (ver página191).

No começo do ciclo menstrual normal, o FSH interage com os folículos que estão prontos para ser estimulados. O mais eficiente e mais reativo surge na superfície do ovário, deixando os demais para trás — e estes morrem. Todos os dias de nossas vidas, entre a puberdade e a menopausa, dezenas de folículos se preparam para receber o estímulo da hipófise e se tornar o "folículo do mês". Poucos farão de fato a jornada na direção da trompa de Falópio e do útero. Às vezes, dois ou mais folículos podem pegar a estrada ao mesmo tempo e, caso encontrem mais de um espermatozóide, eles se tornarão gêmeos fraternos (ou trigêmeos). De qualquer forma, a maioria dos folículos se desenvolve fora do momento ideal no ciclo menstrual e simplesmente secam e morrem. Portanto, não só usamos apenas um folículo por mês, como destruímos uma média de trinta deles por dia.

Fatos engraçados do período menstrual

De acordo com o Dr. Bruce R. Carr, uma mulher comum de nossa sociedade industrializada atual menstrua 450 vezes na vida. Compare esse valor a uma estimativa de apenas 50 períodos em uma mulher pré-histórica. Mesmo hoje, nas regiões agrárias em todo o mundo, as mulheres só menstruam cerca de 150 vezes.

Cantinho de histórias da mamãe

Antigamente, os médicos acreditavam que folículo rompido era algo diferente do que acabamos de descrever e o chamaram de corpo lúteo ou "corpo amarelo". Somente no século XX percebe-se que o folículo vazio e o corpo lúteo eram a mesma coisa.

Durante duas semanas, desde o primeiro dia do ciclo, as células do folículo produzem estrogênio. Isso estimula o revestimento do útero a se tornar mais espesso, preparando-se para receber um óvulo fertilizado. No momento da ovulação (perto do 14º dia do ciclo), esse "folículo do mês" produtor de hormônio está bem grande, suculento e já cresceu de 2 a 3cm de

O que você pode fazer em relação à menstruação intensa?

Algumas mulheres saudáveis têm períodos menstruais muito intensos. As pílulas anticoncepcionais podem ser úteis nesses casos, mas, em situações extremas, há um novo procedimento chamado "ablação uterina". Como se aplica a poucas mulheres, não é muito comum. Consiste, basicamente, na colocação de uma *roller ball** bem quente no endométrio, destruindo-o, de forma que a cavidade uterina se feche e cicatrize. Também está sendo estudado o uso de *lasers* e água fervendo. É uma maneira radical de interromper a menstruação e não é, obviamente, uma opção para a mulher que desejar ter filhos.

*O *roller ball* é uma espécie de eletrodo que serve para destruir o endométrio. Como as canetas *roller ball*, também possuem uma microesfera na ponta, daí seu nome. *(N. da T.)*

diâmetro. A taxa de estrogênio na corrente sangüínea é alta, circulando pela hipófise. Nesse ponto, a hipófise libera grande quantidade de LH que dura um dia ou menos. Esse hormônio dirige-se ao ovário, estimulando a ruptura do folículo dominante. Ele, literalmente, explode, liberando seu conteúdo. Esse evento é a ovulação.

O óvulo liberado desce pela cavidade abdominal e, com sorte, conseguirá encontrar o caminho até a trompa de Falópio, onde pode encontrar um espermatozóide. Enquanto isso, há um enorme buraco no folículo rompido e, agora, vazio. O líquido saiu e, alguns dias depois, ele parece uma mancha amarela no ovário.

O folículo vazio (corpo lúteo) produz progesterona, além do estrogênio. Portanto, a progesterona só é produzida durante os 14 dias do ciclo (ovulação). Ele só poderá ser produzido se você tiver ovulado e será essencial nas primeiras etapas da gravidez. No final dessas duas semanas, na ausência de gravidez, o ovário interrompe a produção do hormônio, fazendo com que o revestimento do útero, que estava sendo cuidadosamente desenvolvido durante os 28 dias do ciclo, se desmanche. Isso é a menstruação. Depois disso, começa tudo de novo.

O período em si pode durar de dois a oito dias. O ciclo é o número de dias desde o primeiro dia do período atual até o primeiro dia do próximo. Pode ser curto, de 21 dias, ou longo,

O sonho da menstruação leve

Uma pequena porcentagem de mulheres é sortuda o suficiente para ter pouco endométrio. Nesse caso, o corpo recicla o revestimento do útero em vez de desmanchá-lo, resultando em uma menstruação breve e leve. Ninguém tem certeza de como ou por que isso acontece, mas essas mulheres desfrutam uma vida perfeitamente saudável e fértil e livre da menstruação.

de 45. A menstruação pode ser bem leve (só é notada ao se limpar com papel higiênico) ou muito intensa (dois absorventes internos de máxima proteção e um absorvente a cada hora). É uma questão de "sorte". Algumas recebem o passe perfeito, enquanto outras só recebem bola quadrada.

O COMEÇO

Na adolescência, a ovulação pode não ser tão eficiente ou previsível quanto gostaríamos. Quando uma menina começa a ficar menstruada, e para algumas mulheres durante toda a vida, um pequeno detalhe pode bagunçar todo o ciclo. Uma prova final, uma viagem, uma gripe, um choque ou qualquer trauma, por menor que seja, podem causar atraso ou então aumento do sangramento.

Por volta dos 18 anos, os períodos irregulares ainda são bastante comuns. O corpo ainda está trabalhando para aperfeiçoar o sistema. Depois que você já tiver entrado em uma

Outros percalços da puberdade

O ovário também produz testosterona, em geral em quantidades muito menores do que nos meninos, uma vez que é um hormônio secundário para as mulheres. Infelizmente, os hormônios masculinos contribuem para a acne na adolescência (assim como muitas outras variáveis como limpeza de pele, dieta alimentar e exercícios) e provavelmente para a clássica irritabilidade e mau-humor das adolescentes, além daquele sentimento de não ser compreendida.

FILHA: Eu nunca passei por isso.

MÃE: "Ah, mãe, você não entende. É diferente agora. Você não entende nada."

FILHA: Eu disse isso para você ontem.

MÃE: Exatamente.

Lendas de velhas esposas

Algumas pessoas alegam que as cólicas melhoram depois que se tem filho. Talvez isso não seja verdade. A diferença pode estar no fato de as cólicas menstruais não parecerem tão ruins, se comparadas com as do parto.

rotina menstrual, a melhor maneira de julgar se tem algo errado é quando esta rotina está anormal. Caso haja alguma mudança drástica — você começa a sangrar com mais freqüência ou o período dura duas vezes mais do que o habitual, ou se começar a ter pequenos sangramentos entre os períodos (escape), coisa que não ocorria antes — procure um médico.

TENSÃO PRÉ-MENSTRUAL (TPM)

Cólicas

As pessoas têm tentado aliviar as cólicas menstruais desde que começamos a andar com dois pés. Até a segunda metade do século XX, a comunidade médica tinha muito pouco a oferecer. Os analgésicos eram a única opção. Ao longo desse período, foram receitados às mulheres ópio, heroína, morfina e aspirina. Usava-se bolsa de água quente, banhos quentes e estimulantes elétricos. Houve até mesmo uma época em que as mulheres que reclamavam de cólicas eram enviadas ao psiquiatra, porque as cólicas eram consideradas uma rejeição da feminilidade.

Há várias formas naturais de tratar a cólica. O exercício é um tratamento muito eficaz, assim como uma dieta alimentar saudável. O cálcio e a vitamina B_6 já foram associados ao alívio das cólicas. Beber muita água também não faz mal a ninguém, assim como ter longas noites de sono.

Para aquelas que não são perfeitas (como nós), é importante saber que a ciência desvendou a mágica das prostaglandinas, assim chamadas porque foram descobertas nas glândulas prostáticas de uma ovelha. Os suecos demonstraram conclusivamente que os compostos da prostaglandina estão sempre presentes quando há dor em algum lugar. Esses intrépidos cientistas reuniram boa parte dos absorventes (externos e internos) e descobriram que mulheres com cólicas menstruais intensas tinham entre 20 e 30 vezes mais prostaglandina em seu fluxo do que aquelas que não tinham cólicas. Portanto, os antiprostaglandinas (aspirina, naproxen, ibuprofeno), desenvolvidos para pessoas com dor nas articulações e nos ossos, eram os ideais para as cólicas menstruais.

No final das contas, acabamos aprendendo que as prostaglandinas são produzidas pela cavidade uterina em um ciclo de ovulação normal; sendo assim, se você interromper a ovulação, interromperá a produção dessa substância. Como conseqüência, 99% das mulheres sentem um enorme alívio na cólica quando estão tomando pílula. A contracepção sistêmica também elimina as flutuações hormonais que ocorrem durante o período menstrual, as dores nos seios etc.

Não existe uma relação direta entre a quantidade do fluxo e as cólicas. Contudo, se você tiver tendência à formação de coágulos durante o fluxo menstrual, tenderá a ter cólicas mais intensas, porque o útero precisa se contrair com mais força e o colo do útero precisa se dilatar para permitir que eles passem. Como as pílulas contêm estrogênio e progesterona, o revestimento do útero nunca tem a chance de se desenvolver e ficar tão espesso quanto quando o corpo está produzindo o estrogênio sozinho (no início de um ciclo normal). A pílula reduz o fluxo de sangue e, portanto, é um excelente tratamento para mulheres com anemias causadas pela menstruação intensa.

> **Uma dica importante no tratamento das cólicas**
>
> A informação mais essencial em relação às drogas antiprostaglandinas é que elas reduzirão ou interromperão a produção de prostaglandinas, mas não eliminarão aquelas já produzidas. Portanto, para eliminar de vez as cólicas menstruais com esse medicamento, é importante antecipar o período e ingerir o medicamento antes do início da dor. É claro que, se você já estiver sentindo dor, ele ajudará, mas levará um tempo até ser absorvido. Além disso, será necessário tomá-lo mais vezes para que continue aliviando a dor.

Humor

Fazendo uma rápida recapitulação, produzimos estrogênio durante a primeira metade do ciclo de ovulação A partir do meio do ciclo até o próximo período menstrual, o corpo produz progesterona e estrogênio. A produção de progesterona aumenta até o próximo período. Talvez você tenha notado que o aumento na quantidade desse hormônio coincide com o aumento da gravidade de um conjunto complexo de sintomas conhecido como *tensão pré-menstrual* (TPM). Hoje em dia, o termo politicamente correto na comunidade médica é "transtorno disfórico pré-menstrual" (TDPM), que significa que seu médico pode se referir à TPM como TDPM. Use o termo que preferir.

Você decerto sabe que os sintomas da TPM incluem dor de cabeça, irritabilidade, depressão, crises de choro, muitas dores nos seios, distensão abdominal, dores nas costas e aumento de peso. Para tentar ver o lado positivo disso tudo, lembre-se de que a segunda metade do ciclo serve para preparar seu corpo para a chegada potencial de um bebê; nosso cérebro primitivo considera cada ovulação uma chance de gravidez. A

Anemia cíclica

A anemia associada à menstruação pode dar origem a um ciclo terrível. Quando você está anêmica, o sangue fica mais aguado, o que significa que você sangra mais, porque o sangue flui com mais rapidez. Então, uma das principais causas do fluxo menstrual intenso é a anemia, que é agravada por períodos com muito fluxo. Esse ciclo continua até que o nível de hemoglobina esteja tão baixo que você passe a sofrer o risco de entrar em choque. Nesse estado, não existe margem de segurança, no caso de um trauma inesperado.

progesterona estimula nossos seios para que se preparem para produzir leite. Esse hormônio tem um efeito ligeiramente sedativo, de forma que, logo antes da menstruação, é possível que fiquemos um pouco sonolentas. Além disso, ele serve como relaxante para os músculos lisos (de maneira geral, podemos dizer que os músculos lisos são os involuntários), como conseqüência, pode fazer com que o trato intestinal relaxe e fique cheio de gás e de resíduos sólidos. E algumas mulheres não ficam emocionalmente bem. Arrumam discussões, ficam irritadiças, desagradáveis e choram com facilidade.

A TPM existe. É real e complicada. Se você reunir psicólogos, endocrinologistas e ginecologistas, todos concordarão que é um problema multifacetado. Em essência, a TPM está relacionada aos hormônios, mas também está associada ao nosso ambiente físico, ao que está acontecendo em nossas vidas. Em geral, a TPM não é tão ruim durante a lua-de-mel, mas é terrível durante o divórcio. Durante as férias, é tolerável, mas se torna um inferno quando temos um emprego que odiamos. Então, quando estamos tristes, a TPM fica pior. Quando estamos bem, ela nem parece ser um problema.

Teorias sobre a TPM

Alguns pesquisadores demonstraram que as detentas são mais propensas a cometer um crime violento antes da menstruação do que depois. Mary Dalton, médica britânica e auto-intitulada especialista em TPM, afirma que os problemas associados à TPM surgem de um desequilíbrio entre a progesterona e o estrogênio e que o tratamento apropriado é "mais progesterona". Ela testemunhou em julgamentos de assassinatos, afirmando que a raiva pré-menstrual fez a ré cometer o crime, e que ela poderia atenuar o problema com hormônio, o que, infelizmente, não parece ser o caso. Esse caminho já se mostrou ser um beco sem saída. Todos os esforços realizados nos anos 1960, 70 e 80 de aumentar os níveis de progesterona antes da menstruação não tiveram qualquer efeito.

As lojas de comida natural estão cheias de remédios que alegam aliviar a TMP. Há sempre ervas e poções consideradas a nova e "natural" cura para a TPM. Recentemente, concluiu-se de forma incontestável que o óleo de prímula não funcionava. Isso não significa que devemos perder as esperanças em uma cura holística, mas até agora nenhuma delas foi comprovada do ponto de vista clínico.

Sabemos que a progesterona causa a retenção de água. Então outra teoria é a de que o edema cerebral (inchaço do cérebro) faz com que as pessoas fiquem um pouco perturbadas. Algumas mulheres sentem os benefícios de uma dieta com baixa quantidade de sal e de diuréticos naturais antes da menstruação. Muita água, salsa, aspargos, frutas e verduras, em geral, evitam o inchaço. Se notar que, na semana anterior à menstruação, você sempre ganha peso, considere a possibilidade de fazer uso de medicamentos diuréticos. Converse com seu médico.

Nossos cérebros produzem sua própria endorfina, também conhecida como o "hormônio da felicidade". Alguns estudos sugeriram que produzimos menores quantidades dessa substância no período anterior à menstruação, portanto não significa que estamos mais irritadiças, apenas menos tranqüilas. Se essa teoria soar bem para você, tente então a vitamina B_6. É um diurético natural, que combate o edema. Também é uma enzima essencial na produção da endorfina, logo, a B_6 já se mostrou eficaz contra as alterações de humor, depressão, ansiedade e irritabilidade. A vitamina E é outra opção; algumas das minhas pacientes sentiram alívio nos sintomas, embora a comunidade médica não tenha nenhuma explicação para isso. É possível ingerir essas vitaminas em forma de cápsulas ou em alimentos, como em folhas verdes.

Um estudo (provavelmente realizado pelo Dr. Atkins) sugeriu que temos uma intolerância pré-menstrual a carboidratos, ou seja, nossos testes de intolerância à glicose podem estar ligeiramente anormais na semana anterior a nosso período e totalmente normais uma semana depois. Todas nós conhecemos bem a compulsão por chocolate e doces durante o período pré-menstrual. É com certeza cultural — aprendemos a associar chocolate a conforto e indulgência. Ao comer um doce, o nível de açúcar aumenta, deixando-a sonolenta. Então, o nível de açúcar abaixa e você fica irritadiça. Portanto, você come outro doce (esse ciclo não se aplica apenas à TPM). Dessa forma, as constantes alterações de humor acompanham as alterações dos níveis de açúcar no sangue. Dê preferência a verduras, frutas e grãos duros para ingerir toda a quantidade de açúcar de que precisa (adoraríamos estar brincando). Alguns estudos recentes sugerem que altas doses de cálcio (1.000mg por dia) podem ajudar a melhorar o humor nesse período.

Um estudo bastante esquisito sugeriu que mulheres que têm TPMs tão intensas que chegam a exigir a internação sofreram abuso sexual na infância. Essa teoria psiquiátrica defende que a TPM pode ser um momento em que estamos com muita libido (ou seja, muito excitadas). Entretanto, quando estamos sexualmente disfuncionais, essa excitação pode nos deixar bem irritadas. Para aquelas que estiverem sexualmente funcionais, é uma grande ironia que arrumemos discussões com nossos parceiros sexuais justo quando mais queremos o que eles têm a nos oferecer.

Todas sabemos que a cafeína causa irritação, desequilibra nossos nervos e deixa as mãos trêmulas. É uma boa idéia evitar a ingestão de café na semana que antecede o período menstrual, porque ele só colocaria mais lenha na fogueira. Independente da TPM, se você for uma grande consumidora de cafeína (mais de três xícaras grandes de café por dia ou o equivalente), diminua a quantidade. Não há dúvidas de que o excesso de cafeína resulta em sintomas bem desagradáveis (irritação), mas pode levar também a problemas específicos (por exemplo, cardiovasculares).

Quanto aos medicamentos específicos para o período menstrual, costumam ser uma combinação de diuréticos (para evitar o inchaço) e aspirina (para aliviar o desconforto), logo não podem ser considerados remédios milagrosos.

Todas essas teorias provavelmente contêm um pouco de verdade, mas não existe uma fórmula mágica. Se você sentir que sua qualidade de vida está sendo prejudicada, que resolver as causas físicas é secundário, e que já tentou todos os caminhos naturais, a opção de tratamento mais atual é Serafin (Prozac com outro nome). As pílulas antidepressivas e contra a ansiedade foram prescritas com sucesso para a TPM. Isso pode soar um pouco extremo, mas muitas mulheres exaltam as virtudes de um antidepressivo de vez em quando para evitar um inexplicável e longo dia de choro na cama. E existem ainda as pílulas anticoncepcionais, que sempre estiveram na linha de frente no combate à TPM.

Sangramento uterino disfuncional, oligomenorréia, amenorréia

O sangramento uterino disfuncional é o sangramento vaginal incrivelmente anormal, para o qual não é possível identificar qualquer causa física. Isso inclui pequenos sangramentos entre os períodos, períodos prolongados e ciclos curtos. A oligomenorréia ocorre quando a paciente possui períodos menos freqüentes do que o normal, e a amenorréia se dá quando ela não tem qualquer período.

Como no caso de tumores no ovário (ver página 246), o principal caminho que o médico deve percorrer é determinar se existe, de fato, alguma causa física ou hormonal para os ciclos menstruais anormais, incluindo a gravidez, desequilíbrios hormonais da tireóide, da hipófise ou dos ovários, anormalidades estruturais etc. Quando tudo foi testado e nada errado foi encontrado, o médico deve se preocupar com as

Dra. Livoti dá seu palpite

Com muita freqüência, vejo pacientes que não ficam menstruadas simplesmente porque estão muito magras. Tenho uma paciente com sangramento vaginal sempre que discute com a mãe. Outra paciente sangra quando um parente está no hospital, ou quando vai a algum funeral. Você não precisa ser médico para suspeitar que essas mulheres precisam de terapia. Como médica, sugiro, defendo e insisto na terapia... e às vezes funciona. Elas se sentem melhor, comem melhor e lidam melhor com os problemas emocionais latentes e voltam a ter um período menstrual regular e natural. No entanto, essa é a exceção à regra. Muitas pacientes ginecológicas não dão ouvidos a conselhos sobre terapia, a menos que tenham pedido aconselhamento.

implicações no longo prazo. Todas as irregularidades menstruais prolongadas que não tenham causa física identificada podem contribuir para doenças endometriais (câncer).

Tratamento

As irregularidades menstruais sem causa física aparente podem ser atribuídas a uma disfunção hipotalâmica, que está associada ao estresse físico (por exemplo, uma concussão) ou emocional (por exemplo, uma prova final). Há várias formas de resolver isso. A forma mais simples é prescrevendo anticoncepcionais, que fornecem quantidades definidas de progesterona e estrogênio (ver página 109 para obter mais informações sobre pílulas). A progesterona é outra opção. Se ingerida durante dez ou 12 dias seguidos, ela imita, mas não provoca, a ovulação. Dentro de sete dias depois da última dose, a paciente terá um sangramento. Então, a progesterona trabalhou com sua própria produção de estrogênio, desenvolveu e desmanchou o revestimento, protegendo a mulher do excesso de estímulo endometrial. Mais complicado é prescrever hormônios produzidos pela hipófise (FSH e LH) para estimular o folículo, disparando-se sinteticamente a ovulação.

A outra maneira de lidar com períodos irregulares é cortando o problema pela raiz, embora isso vá bem além do papel de um ginecologista convencional. Às vezes, as mulheres não ficam menstruadas por razões diretamente associadas a seu comportamento (por exemplo, não comem) ou um estresse emocional particular que não foi bem resolvido. Tentar incentivar essas mulheres a procurar o tipo de ajuda adequado pode ser muito difícil, uma vez que uma terapia de apoio significa um tratamento muito mais longo, caro e emocionalmente perigoso do que apenas se tomar a pílula.

Não existe uma receita para manter um ciclo regular; algumas mulheres maratonistas não experimentam qualquer problema com o ciclo, enquanto outras começam a correr alguns

Uma dica sobre problemas alimentares

A perda de peso é hoje a principal causa conhecida para a mulher não menstruar. O hipotálamo controla o corpo produzindo hormônios chamados "fatores de liberação", que estimulam a hipófise a produzir todos os demais hormônios do corpo. Quando o hipotálamo percebe que você está emagrecendo muito, ele pensa: "Bom, é melhor não engravidar agora. Melhor não perder mais sangue. Vamos interromper todas as funções que não sejam fundamentais de forma que seja possível preservar nossa nutrição escassa para os órgãos vitais." Se você não estiver comendo por vontade própria ou se exercitando em demasia, seu percentual de gordura em relação à massa muscular pode cair a níveis abaixo dos saudáveis, o que interromperá a produção de hormônios que estimulam os folículos.

O ovário produzirá mesmo assim pequenas quantidades de estrogênio. Isso significa que alguns poucos folículos crescem ligeiramente e produzem hormônio. Em seguida, morrem, porque não receberam estímulo suficiente para continuar crescendo, e não existe hormônio luteinizante para disparar a ovulação. Isso resulta em ovários policísticos e um útero superestimulado, porque não está havendo qualquer equilíbrio com a progesterona (uma vez que você não está ovulando) e, portanto, não está desmanchando o revestimento do útero todos os meses. Em algum momento, isso poderá contribuir para o câncer uterino. Não é necessário dizer que, se o seu *modus operandi* é se alimentar mal e se exercitar em excesso, você está colocando em risco sua saúde reprodutiva no longo prazo.

quilômetros por dia e logo param de menstruar. Algumas mulheres dirigem conglomerados internacionais e são capazes de acertar o relógio de acordo com o ciclo, enquanto outras ficam com o ciclo todo bagunçado só porque entraram de férias.

SEU PERÍODO MENSTRUAL AFETA SUA VAGINA

Na primeira metade do seu ciclo, o estrogênio estimula a vagina e o colo do útero a produzir uma secreção semelhante à gema do ovo cru. É transparente, elástica e possui alta concentração de sal — um ambiente bem hospitaleiro para o espermatozóide. Como é um meio em que eles conseguem nadar com facilidade, ele os ajuda a superar a difícil passagem pelo colo do útero. Essa carga aumenta até você ovular.

Depois de ovular (no meio do ciclo), a progesterona passa a fazer parte da dança de hormônios do corpo. A combinação da progesterona e do estrogênio mudará o volume da secreção vaginal. Ela fica cremosa e grudenta, fechando o colo do útero e impedindo, assim, a entrada dos espermatozóides. O corpo não tem a menor intenção de permitir que outro espermatozóide entre no útero, porque, em teoria, o óvulo fecundado pode estar a caminho da trompa de Falópio. A última coisa que você deseja é um acúmulo de espermatozóides dificultando a missão do embrião, que é se acoplar ao revestimento uterino.

Essa secreção cremosa fica mais forte à medida que seu período menstrual se aproxima e pode ficar com um odor ligeiramente desagradável (daí a reputação de ter cheiro de bacalhau). As secreções ficam mais intensas no final do ciclo. Depois, você fica menstruada, e começa tudo de novo.

Cantinho de histórias da SCT

A síndrome do choque tóxico (SCT) foi manchete quando atingiu várias mulheres na América do Norte. Elas usavam tampões internos muito absorventes, provavelmente abrasivos demais para as paredes vaginais, e foram diagnosticadas com *S. aureus*, um tipo de estafilococo, na vagina. A leve histeria associada a essa condição recentemente identificada fez com que certas mulheres passassem a ter aversão a absorventes internos.

Enquanto tudo isso está acontecendo, desde o primeiro dia do ciclo até o próximo período, o pH (uma medida da acidez) cai drasticamente, e o ambiente da vagina fica mais ácido. Um ambiente desse tipo é muito propenso ao desenvolvimento de germes, motivo pelo qual, conforme você já deve ter notado, a vagina coça um pouco à medida que o período se aproxima. Quase sempre é comum essa sensação passar quando o pH da vagina aumenta durante a menstruação.

SÍNDROME DO CHOQUE TÓXICO

A SCT é definida como a presença de uma bactéria, o *Staphylococcus aureus*, na corrente sangüínea, resultando em febre alta, colapso vascular e, em alguns casos, até em morte. Para ter a mais remota possibilidade de ser acometido por essa síndrome, a pessoa deve ter tido alguma ruptura no tegumento (a superfície do corpo: pele, nariz, vagina), que serve de porta de entrada para a bactéria. E a bactéria deve estar presente no local e no momento da ruptura.

A grande maioria das SCTs não tem qualquer relação com absorventes internos ou vaginas. Os homens também podem

O absorvente interno não é o inimigo

Algumas mulheres ainda têm medo de usar absorventes internos, não só por causa da SCT, mas também pelo desconforto em mexer na vagina. Já tive pacientes que vieram ao meu consultório só para que eu retirasse o absorvente interno, porque não queriam colocar os dedos dentro da vagina. O objetivo deste livro é fazer com que você se sinta mais confortável em relação e ela e a todas as suas idiossincrasias. Toque-a, experimente-a e, se tem evitado fazer tudo isso ultimamente porque tem nojo de sua vagina, faça um *test drive* com absorventes internos. Eles podem mudar sua vida.

pegar. Mulheres que já estejam na menopausa também. E caso você tenha colocado um absorvente interno e ficado mais tempo sem trocá-lo do que gostaria, as chances de pegar SCT continuam sendo quase zero.

Os principais sintomas da SCT incluem uma temperatura de, no mínimo, $39{,}5^{\circ}$C e urticárias avermelhadas por todo o corpo, mais comumente nas mãos e nos pés. Sentir pequenos incômodos e algumas dores não significa que você está com síndrome do choque tóxico. Se estiver preocupada, peça ao ginecologista para fazer uma cultura vaginal. Se não for encontrado *S. aureus* na vagina, então você provavelmente não terá SCT. Caso seja encontrado, tome antibióticos e livre-se dele, para não ficar no grupo de risco nem precisar se preocupar mais com isso.

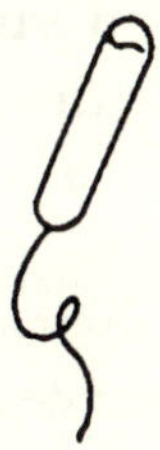

ABSORVENTES INTERNOS *VERSUS* EXTERNOS

Os absorventes internos não são muito adequados para os dias em que o fluxo não é muito intenso, porque eles ficam ensopados com as secreções naturais, o que irrita a vagina, que prefere ficar úmida. Para começo de conversa, se o absorvente interno incomodar um pouco ao ser retirado e sair ainda seco, você nem deveria ter colocado!

As mulheres que usam absorventes externos provavelmente também enfrentam seus próprios reveses, uma vez que eles também irritam a genitália externa. Com todo o respeito aos absorventes externos e às mulheres que adoram usá-los, eles podem subir, podem ficar entrando atrás, sem falar que é

Absorventes internos para adolescentes

Uma vez, uma mãe trouxe a filha de 14 anos ao meu consultório. Ela estava claramente agitada, e tanto ela quanto a filha estavam relutantes em me contar a razão da visita. Por fim, a mãe disparou: "Vai. Anda. Conta para ela!" A questão é que a menina queria aprender a usar absorventes internos, e a mãe acreditava que eram perigosos e pouco saudáveis. Garanti que não era bem assim, levei a filha até a sala de consulta, peguei um espelho grande e mostrei onde deveriam entrar (ela estava mirando o buraco errado). Foi muito emocionante para ela, que saiu do meu consultório se sentindo uma adulta de verdade e muito segura em relação ao uso de absorventes internos.

muito incômodo ter um corpo estranho na calcinha o tempo todo. Por razões óbvias, esse tipo de absorvente não é uma opção atraente para atletas — o suor e o movimento podem tirá-lo do lugar.

Algumas mulheres usam absorventes internos durante o dia e externos à noite. Se você se sente bem assim, ótimo. Se o seu fluxo estiver entre moderado e intenso (o absorvente interno fica saturado a cada duas ou três horas), então os internos são perfeitamente seguros. Se for escasso e você quase não vê qualquer sinal de sangue na ponta do absorvente, então use os miniabsorventes. Ou use o absorvente interno mais fino que encontrar.

HISTÓRIA CULTURAL

Muitas religiões afirmam que a menstruação é algo sujo. É seguro dizer que essa informação errada é promovida como uma forma de incentivar o intercurso vaginal durante o período mais fértil, aumentando, assim, a população. A circulação da crença de que o fluido menstrual é sujo funciona em sociedades em que a proliferação é o principal objetivo. Não há

As coisas mudam

Muitas mulheres costumam ter relativamente o mesmo período entre os ciclos. Apenas no nível macro é que é possível perceber qualquer mudança. É bem possível que seu ciclo menstrual aos 40, seja diferente (mais longo, curto ou com mais interrupções) do que era aos 20.

qualquer verdade nisso — é perfeitamente admissível fazer sexo durante a menstruação. O maior risco é em relação aos lençóis. E gostaria muito que usassem outra palavra no lugar de *sujo.* Não há nada de sujo relacionado à menstruação ou a qualquer fluido corporal, como a saliva ou as lágrimas.

* * * * *

FILHA: Você tem cólica menstrual?

MÃE: Não. Você tem?

FILHA: Não.

MÃE: Mas eu passei por um parto.

FILHA: Obrigada, mãe. Você é um amor.

Capítulo 3

O GINECOLOGISTA

Ir ao ginecologista pela primeira vez foi ligeiramente diferente para mim do que para a maioria das garotas. Eu:

A) estava indo ao consultório de minha mãe;
B) estava totalmente familiarizada com a equipe;
C) sentia-me à vontade com o médico, que era sócio da minha mãe na época; e
D) estava muito confiante de que conseguiria lidar com qualquer coisa que me falassem.

E, mesmo assim, acho que estava bastante nervosa, com um jeito protetor e silencioso, porque não consigo me lembrar de nada.

Os padrões mais recentes estabelecidos pelo American College of OB-GYN (Associação Norte-americana de Ginecologia e Obstetrícia) sugere que a primeira visita ao ginecologista deve se dar, no mais tardar, três anos após a primeira relação sexual e, daí em diante, o ginecologista deve ser procurado uma vez ao ano. Discordo. O ideal é que as mulheres procurem um ginecologista quando estiverem pensando em se tornar sexualmente ativas, para que possam discutir todos os assuntos e as preocupações pessoais com o médico, incluindo a contracepção, mas sem se restringir a isso. Se não for assim, recomendo que as mulheres visitem o ginecologista entre 18 e 21 anos.

Noventa por cento da ginecologia está relacionada ao sexo. Ou você está tentando "não pegar" alguma coisa, verificando

Conselhos da Dra. Livoti

É impossível falar por todos os ginecologistas. Já tentei considerar as possíveis variações de uma visita ginecológica, mas isso se trata de uma visão genérica do que faço com meus pacientes. Por exemplo, o tempo do médico é precioso, e ele pode decidir não realizar exame nas mamas. Então, considere a possibilidade de perguntar a respeito desses exames.

se "não pegou" nada, evitando a gravidez, vendo se não está grávida, tentando ter um bebê ou tendo um bebê. Portanto, muitas das questões relacionadas à ginecologia ou obstetrícia não se aplicam a mulheres que não são sexualmente ativas. Contudo, há exceções: tumores, cistos que saem do controle, infecções vaginais e anormalidades na menstruação, independentes da atividade sexual. Convém que as mulheres adultas façam uma visita anual ao ginecologista.

PASSO A PASSO

O PREÂMBULO

Sua ida ao ginecologista deve ser um autêntico anticlímax. A expectativa é quase sempre muito pior do que qualquer coisa que pode acontecer com você no consultório. É claro que existem ginecologistas que podem se mostrar ligeiramente insensíveis, e você pode não ter muita escolha. Se for esse o caso, agüente enquanto não consegue outro médico. É a sua saúde. Não vale a pena brincar com ela.

O primeiro passo deve ser o seu histórico, que, em geral, vem em forma de um formulário que você deve preencher com as informações ginecológicas, obstétricas e médicas (por exemplo, quantas vezes já ficou grávida, se já teve algum aborto, histórico familiar de câncer, histórico cirúrgico, histórico médico, alergias etc.). Depois de preenchê-lo com todas essas informações, é hora de encontrar o médico no consultório.

Nesse ponto, um bom médico irá examinar o histórico e extrapolá-lo. Ele deve fazer perguntas, tentar esclarecer o que você escreveu e assegurar que nada tenha sido negligenciado e só depois cuidar de suas dúvidas, preocupações e quaisquer sintomas atuais.

Em seguida, você será levada à sala de exames, onde deverá tirar a roupa. Aproveite para ir até o banheiro fazer xixi, uma vez que a bexiga cheia torna o exame pélvico desconfortável e menos preciso. Do ponto de vista do médico, fazer um exame ginecológico em uma paciente com a bexiga cheia é como sentir uma ameixa através de um balão. Além disso, tente não ir ao consultório se estiver menstruada. O preventivo (Papanicolau) não terá resultados tão corretos.

Alguns médicos coletam uma amostra de urina. No meu consultório, só coleto amostras de pacientes grávidas ou se houver algum histórico de problemas na bexiga ou nos rins ou sintomas de infecção. Embora eu acredite que a coleta rotineira de amostras seja um exagero, certamente mal não faz e, às vezes, o médico pode acabar descobrindo algo que, de outra forma, teria deixado passar.

Históricos médicos inesperados

Logo no começo de minha carreira, uma paciente veio me ver. No seu histórico médico, ela havia escrito "terapeuta" como ocupação. Pense bem. Eu estava começando, então tinha todo o tempo do mundo. Enquanto tentava puxar conversa, perguntei: "Você é freudiana ou junguiana?" Ela respondeu: "Sou prostituta." Comentei: "Acho que é mesmo um tipo de terapia." "Acho que sim", ela concordou.

Uma das vantagens de se pesar

A menos que você esteja vivendo em uma caverna, todos nós sabemos que estar acima do peso não é bom para a saúde. Diabetes, doenças cardíacas, problemas nas articulações e centenas de outros problemas de saúde estão associados à gordura. Entretanto, mulheres com mais de 70kg têm muito menos possibilidade de desenvolver osteoporose, porque os ossos ficam fortes, carregando todo o peso adicional. É uma vantagem na qual podemos pensar sempre que tentarmos perder peso. Se você for mais leve, levante peso, para conseguir benefícios comparáveis para os ossos.

Enquanto você está esperando o médico na sala de exame, talvez uma enfermeira ou assistente meça sua pressão ou verifique seu peso. A pressão sangüínea é essencial. Doenças cardiovasculares, incluindo a hipertensão, matam mais mulheres nos Estados Unidos do que as outras 14 causas de morte mais comuns juntas. Medir a pressão é um teste fundamental, simples e não invasivo que deve ser realizado em todas as consultas a qualquer médico (talvez a única exceção seja o dermatologista).

Pesar-se não chega a ser uma diversão para a maioria das pessoas, e algumas das minhas pacientes se recusam a fazê-lo. Olha, ninguém está querendo julgar seu peso. Ninguém vai brigar com você. Ninguém pretende constranger você. Entretanto, se tiver sorte, estará construindo um relacionamento com um médico que poderá durar vinte anos ou mais. E você será a primeira a perguntar em cada visita anual: "Quanto eu estava pesando ano passado?" Com certeza você ficará bem mais aborrecida em ouvir do que o médico em dizer: "Sinto muito. Você se recusou a se pesar." Dessa forma, podemos perceber os primeiros sinais de ganho gradual de peso. É muito mais fácil ouvir que você ganhou 2,5kg do que 25kg. Se você realmente odiar ver os números, suba na balança e feche os olhos. Por fim, a enfermeira mede a altura, se você for um pouco mais velha — perda de altura é um sinal de perda óssea.

LÁ VEM O MÉDICO...

Se a enfermeira for esperta, ela lhe oferecerá uma revista enquanto você aguarda o médico. Ele deverá aparecer dentro de trinta segundos, mas lembre-se de que em geral há uma boa razão para isso não acontecer. É enervante aguardar pelo médico na sala de exame completamente nua por baixo de um avental para que ele faça aquele procedimento horrível com aqueles instrumentos. Não é intencional. Leia *Caras*.

Então o médico entra e, numa primeira visita, pode ouvir as batidas do coração, os pulmões e/ou sentir o pescoço para verificar se a tireóide está inchada ou, ainda, examinar a garganta. Esses são procedimentos que também podem ser seguidos por um clínico geral.

Em seguida, é a vez do exame de mama. Primeiro, o médico fará um exame visual em busca de alterações na pele, inchaços, protuberâncias, assimetrias (que são normais e comuns, mas uma assimetria muita grande pode sugerir a existência de algum problema) ou vermelhidão. Ele também pode pedir para você encolher os ombros ou levantar os braços para verificar se os seios se movem e não estão fixos na parede torácica. Além disso, ele deverá examiná-los enquanto você está sentada, com uma mão embaixo e outra em cima de cada seio, cobrindo toda sua área. Depois, apertará levemente o bico dos seios para verificar se sai alguma substância.

Após esse exame, deite para ser examinada de novo. Dessa vez, o médico poderá usar um travesseiro embaixo da omoplata e colocar o braço do lado do seio examinado, embaixo da cabeça. Ele deverá examinar as axilas para verificar a presença de glândulas inchadas, assegurando-se de que cada centímetro quadrado do tecido dos seios está coberto. Em geral, o exame, com a paciente sentada, busca inchaços superficiais; com a paciente deitada, visa verificar as condições dos seios ou a presença de alguma lesão próxima à parede torácica.

Agora que você está deitada, é hora do exame abdominal. O médico apalpará cada um dos quatro quadrantes do seu abdômen, embaixo das costelas, dos dois lados. Esse exame serve para verificar a presença de inchaços, sensibilidades, caroços ou volumes anormais.

O PONTAPÉ INICIAL

E tem também os estribos. Não sei por que são chamados estribos. Se você tiver uma boa imaginação, verá neles uma leve semelhança com os estribos de uma sela, sem que se coloquem os pés nos buracos. O calcanhar fica colocado na curva do estribo enquanto se está deitada, e os joelhos devem estar afastados. Então, o médico vai posicioná-la puxando seu quadril para a ponta da mesa a fim de acomodar o espéculo.

O espéculo. O terrível espéculo. Em geral, é de metal, mas existem também alguns modelos de plástico, descartáveis. Em geral, já foi esterilizado, mas não costuma ser mantido em um recipiente de esterilização. Da mesma forma que um absorvente interno, ele não precisa estar perfeitamente esterilizado; no entanto, precisa estar limpo. O espéculo é uma adaptação de duas colheres. Se você imaginar a vagina como um tubo elástico, a introdução de duas colheres juntas que se abrem pode ser a maneira perfeita de se ver a parte superior da vagina, onde se encontra o colo do útero, assim como as paredes vaginais. É assim que o médico avalia as secreções vaginais com relação às possíveis infecções, além de verificar se há pólipos, abrasões e irritações.

Garanto que exames com espéculo não doem. É claro que algumas pacientes têm histórias bem desagradáveis relacionadas a médicos rudes ou desajeitados. Com certeza, um espécu-

Cantinho das histórias da mamãe

O espéculo foi inventado por J. Marion Sims, que também fundou o New York Infirmary e é chamado "o pai da ginecologia norte-americana". Ele não era exatamente um homem bom, e muito historiadores retratam isso. Ele foi o pioneiro em cirurgias ginecológicas, as quais costumava praticar em escravas, sem seu consentimento e com certeza sem os benefícios da anestesia. Há uma estátua dele no Central Park, em Nova York. Sinta-se à vontade para ir lá e atirar pedras.

lo gelado pode ser uma tremenda surpresa. É uma técnica que os médicos aprendem na prática, então, se seu médico não tiver muita experiência, poderá ser um pouco inábil, e o exame se tornará ligeiramente desconfortável. Nas mãos de um ginecologista experiente, um exame com espéculo não dói mais do que um exame auditivo.

Nesse ponto, o médico realizará o Papanicolau. Esse exame envolve o uso de uma pequena escova ou espátula para obter células esfoliadas do colo do útero e, no caso de um bom Papanicolau, do canal cervical. Durante o exame, é possível sentir uma leve pontada, mas a maioria das pacientes não sente nada. Não é incomum ter um ligeiro sangramento depois do exame. Nem precisa se preocupar. O conceito por trás desse exame é que as células livres podem nos dizer muito sobre o tecido de onde vêm. Então, se você tiver células livres cuja aparência é anormal, podemos dizer com certeza segurança que essa célula vem de tecido pré-canceroso ou canceroso. O mesmo conceito se aplica ao material coletado da bochecha, nariz ou reto, todavia ele se aplica basicamente ao diagnóstico de problemas cervicais (ver página 298 para obter mais informações sobre o Papanicolau).

Depois da remoção do espéculo, igualmente importante, se não mais, é o exame manual. O médico deve introduzir um ou dois dedos (que devem estar lubrificados) na vagina e colocar a outra mão na parede abdominal. O útero e os ovários podem ser sentidos entre as duas mãos, de forma que o médico possa perceber se o útero está maior, áspero ou sensível. O médico pode mexer no colo do útero; se doer, isso poderá indicar uma irritação ou inflamação. É nessa hora que a bexiga vazia é uma mão na roda. Ela fica à direita do útero, então se estiver cheia, o médico pode ter dificuldade para senti-lo com tanto líquido no caminho. Se for esse o caso, costumo pedir à paciente que esvazie a bexiga.

Ademais, já pedi que algumas pacientes voltassem depois que o intestino funcionasse. Prisão de ventre pode parecer um grande tumor no ovário. O intestino está dos dois lados, logo não é incomum que o médico sinta um volume pélvico em alguém cujo intestino não tenha funcionado ainda naquele dia.

Além dessas questões relacionadas à urina e às fezes, é importante tentar relaxar o abdômen. A idéia é deixar a barriga o mais relaxada possível, porque, se contraí-la, o médico terá de empurrá-la, o que seria desconfortável e traria resultados imprecisos. Se for sua primeira visita e não tiver qualquer sintoma, o médico pode deixar passar. É de extrema importância ter uma paciente que não esteja descontente ou assustada com relação à próxima consulta e que está voluntariamente propensa a voltar ao ginecologista no futuro.

E este é o resumo da ópera. Não há nada a temer, exceto a bronca que levará no caso de ficar mais de um ano longe do consultório. No melhor dos mundos, é essencial desenvolver um bom relacionamento com o médico, um relacionamento que possa durar décadas. Não só isso melhorará a qualidade dos cuidados com sua saúde, uma vez que o médico já conhece você e seu corpo, como também é mais provável que você se consulte com regularidade.

* * * * *

MÃE: Você não se lembra mesmo de nada da sua primeira consulta?

FILHA: Nadica de nada.

MÃE: Você se lembra alguma coisa das outras idas ao ginecologista?

FILHA: Não exatamente. Aliás, já faz um tempinho...

MÃE: Eu também.

FILHA: Faça o que eu digo...

MÃE: ...e não faça o que eu faço.

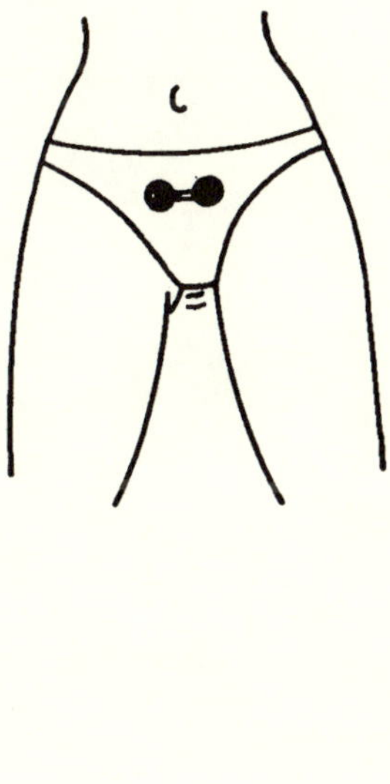

Capítulo 4

MANUTENÇÃO

Graças à indústria de duchas vaginais, agora temos um eufemismo para vaginas malcheirosas. No entanto, essa sensação de não "estar tão fresquinha" não é razão para travar uma guerra. Não apenas o odor e a umidade são apropriados à vagina, como, do modo como acontece com tantas outras coisas, em time que está ganhando não se mexe, ou corre-se o risco de perder o jogo.

Como acontece em muitos outros negócios, as pessoas envolvidas no setor de duchas trabalharam duro para que nos tornássemos inseguras em relação a nossa vagina, a ponto de querermos fazer algo a respeito... o que incluía comprar seus produtos. A primeira medida a ser tomada é não ficar insegura, para começo de conversa. Esqueça as duchas — são desnecessárias e podem criar problemas onde não havia.

Em vez disso, siga os procedimentos simples e fáceis descritos neste capítulo para manter a saúde da sua vagina. O menor esforço hoje pode produzir resultados significativos à medida que você vai envelhecendo e o corpo se torna menos capaz de superar os pequenos obstáculos da vida.

OVÁRIOS

Pode parecer que não acontece muita coisa nos ovários — são bolsas cheias de folículos em estado de entusiasmo suspenso, esperando o momento certo para se desenvolver. E mesmo assim, de outras maneiras, há sempre um folículo se desenvolvendo, um óvulo esperando para sair ou um cisto se formando. A pílula anticoncepcional é a ferramenta mais útil para os ovários, porque ela evita a divisão celular, reduzindo as chances de desenvolvimentos anormais e câncer.

Os ovários são relativamente sensíveis à radiação. É por isso que quando você vai ao dentista, e ele tira um raio X, ele coloca uma placa de chumbo sobre o seu abdômen. Os ovários carregam suas únicas chances de reprodução, são preciosos e finitos. Portanto, Chernobil não é um bom lugar para passar as férias. Se estiver visitando um amigo no hospital e alguém estiver tirando um raio X na cama ao lado, saia do quarto.

Há outras formas mais prováveis de exposição à radiação. Se entrar em uma sala de emergência com um tornozelo torcido ou uma gripe muito forte, provavelmente terá de tirar um raio X. Alguém da equipe do hospital deve perguntar quando foi sua última menstruação para ter certeza de que você não está grávida. Você também está exposta à radiação quando se senta muito próximo à televisão ou ao monitor do computador. Quanto mais longe estiver, menores serão as possibilidades de detectar radiação. Dessa forma, sua mãe estava certa, no final das contas: não se sente muito próximo à televisão. Evite encostar os ovários na porta do microondas. Ademais, você também está exposta quando entra no avião. Estima-se que a radiação presente em um vôo intercontinental é equivalente à radiação de uma mamografia.

Estes exemplos são apenas para que você fique ciente e não regras que devem ser seguidas por toda a vida. Não cancele sua viagem para a Europa só para evitar a radiação.

AS TROMPAS

Não há muito a ser feito no dia-a-dia para manter as trompas de Falópio saudáveis, exceto evitar sexo inseguro. Em caso de gonorréia, clamídia e outras infecções pélvicas, as trompas podem sofrer danos irreparáveis.

O ÚTERO

Quando a mulher não está grávida, o útero fica ali, inócuo, como uma ameixa seca esperando o momento de amadurecer.

O COLO DO ÚTERO

O colo do útero é muito vulnerável a infecções (ver página 296), então, mais uma vez é uma questão do que você coloca na vagina. Não deixe de usar camisinha. Doenças no colo do útero são quase inexistentes em mulheres celibatárias. Quase tudo que acontece no colo do útero está relacionado a sexo. Escolha os parceiros com cuidado.

A BEXIGA

A bexiga é carne de pescoço, mas pense bem como seria sua vida sem ela. Não é feita de aço, aliás, não é nem mesmo bem feita. Por sorte, temos alguns truques para ajudar a tornar nossa bexiga exatamente aquilo que esperamos dela.

Por favor, por favor, POR FAVOR, não se esqueça de fazer os exercícios de Kegel. São exercícios vaginais que equilibram os anos da força gravitacional sobre nossa bexiga. Todas as mulheres devem fazer esses exercícios todos os dias, até o fim da vida. O exercício consiste em parar o fluxo enquanto estiver urinando. Se não conseguir interromper, basta diminuir o ritmo. Faça isso pelo menos uma vez por dia. Isso mantém firmes os músculos que fecham nossa uretra.

Kegel em poucas palavras

URINA-pára-URINA-pára-URINA-pára-URINA (rá-rá-rá)

Fazer esse exercício enquanto estiver urinando é uma forma simples de não se esquecer dele, mas é claro que pode ser feito a qualquer hora. Pense assim: quando estiver fazendo o intestino funcionar, a primeira metade você empurra, a segunda você contrai. Ao fazer esse movimento, você deve sentir como se estivesse puxando o reto na direção da vagina. Aperte, mantenha contraído durante três segundos e, depois, relaxe. Faça isso a qualquer hora, parada no sinal vermelho, enquanto estiver na sala de espera do dentista, em qualquer

Alegoria da água

Imagine que você está caminhando pela floresta. À direita, margeando o caminho, há uma lagoa escura e fétida. Uma verde camada cobre a superfície, interrompida apenas por um ou outro sapo coberto de lodo. Insetos grandes e imundos deslizam sobre a lama. À esquerda, um riacho, com águas cristalinas batendo nas pedras. É uma água deliciosa, refrescante e saudável. O que você quer ser? A lagoa fétida ou o riacho cristalino? O caminho para o riacho é a água. Beba água em grandes quantidades e tudo seguirá correndo bem.

FILHA: Você nunca bebe água.

MÃE: Faça o que eu digo.

FILHA: Não faça o que eu faço.

MÃE: É isso aí.

FILHA: Porque o café não leva você ao riacho cristalino.

MÃE: Já chega...

lugar. Exercício mais simples não há. Ele aumenta o tônus dos músculos vaginais e fortalece todo o períneo. Esse exercício é ainda mais importante depois do parto, mas independente de qualquer coisa, nada pode combater oitenta anos de gravidade, nem tosse ou gargalhadas como o bom e velho exercício de Kegel. Como se não houvesse razões suficientes para fazer esse exercício tão fundamental, os homens costumam gostar muito quando, durante o sexo, você faz esse exercício (sem a parte do xixi, claro).

URETRA

Tudo que a uretra quer é ser deixada em paz.

VAGINA

Sempre que o ambiente natural da vagina for alterado, há o risco de desestabilizar todo o ecossistema. As duchas vaginais podem causar mais problemas do que resolvê-los. As duchas anti-sépticas matam as bactérias normais da flora vaginal que impedem a instalação das bactérias patogênicas. Uma ducha de vinagre é adstringente (como chupar um limão) e seca as secreções naturais, tornando qualquer intercurso ou visita vaginal mais traumáticos. Uma ducha também alterará o pH na vagina, incentivando o crescimento de determinados habitantes naturais além das proporções normais, resultando em sintomas clínicos. E lembre-se de que sempre pode ocorrer um efeito contrário. O corpo pode responder a uma ducha de vinagre com enormes quantidades de secreção extra.

Com isso em mente, há determinadas mulheres que, independente do que dissermos, precisam interferir em seu *status quo*. Para sermos justas, é importante ressaltar que algumas vaginas são mais úmidas do que outras. Isso tende a ser um problema encontrado com mais freqüência no mediterrâneo (ou vantagem, dependendo do ponto de vista), assim como os bigodes e os apetites vorazes. Todavia, se você sentir que tem uma quantidade excessiva de secreções ou se você suar lá embaixo em uma quantidade que a incomoda, limite-se a uma única ducha vaginal adstringente (por exemplo, vinagre), depois da menstruação. Isso apenas se você fizer absoluta questão.

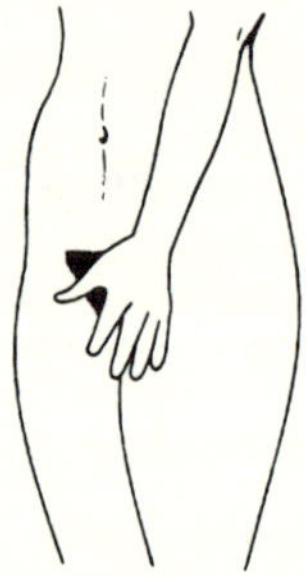

Uma palavrinha sobre cheiro

Não tenha dúvidas: todas as vaginas ficam com cheiro forte no fim do dia. Quanto mais tenso ou ativo for o dia, mais forte será o cheiro. Não há nada melhor do que um bom banho, mas algumas mulheres sentem que o uso de *sprays* desodorantes especialmente desenvolvidos para o local é uma boa alternativa para as ocasiões em que tomar um banho não é conveniente. Não são obrigatórios nem estamos aqui sugerindo seu uso, mas com certeza mal não fazem e podem ajudá-la a se sentir menos constrangida, caso sinta que seu cheiro é particularmente forte. Outra opção é usar absorventes internos com perfume, mas apenas quando você está menstruada, nunca entre menstruações. E independentemente de quão malcheirosa você se sinta, não será tão ruim quanto você pensa.

A usuária crônica de tampões

Independente de qualquer coisa, não use absorventes internos para lidar com secreções vaginais diárias. O resultado seria desastroso. Aproximadamente uma paciente por mês admite usar absorvente interno 24 horas por dia, sete dias por semana, 52 semanas por ano. Os tampões foram desenvolvidos para absorver e vão reter tudo que passar pela sua frente. Eles podem desidratar as paredes da vagina, o que leva a resultados contrários ao esperado, uma vez que a vagina tenta equilibrar a inesperada falta de umidade produzindo cada vez mais secreção. Os absorventes internos podem irritar as paredes da vagina, causando abrasão e inflamação. Qualquer corpo estranho na vagina atrairá mais bactérias. Essa é uma situação insustentável. Como a dependência às drogas, pode levar de semanas a meses para ser corrigida.

A ESCOLHA DA CALCINHA E SUA VAGINA

Não tenho qualquer comentário a fazer sobre calcinha fio-dental. Está bem. Tenho alguns. Elas me parecem terrivelmente desconfortáveis. Já me disseram: "Use uma vez e você nunca mais vai querer usar outra coisa." A área que cobre a abertura da vagina e a genitália externa deve ser de algodão, a fim de permitir a entrada de ar e absorver umidade. As fibras sintéticas não são permeáveis e, portanto, não devem, de forma alguma, entrar em contato direto com a vagina. Já foi demonstrado que a temperatura na abertura vaginal fica mais alta quando se usam fibras sintéticas, promovendo o desenvolvimento de fungos. Além disso, o material cria uma mistura oleosa, que causará atrito e irritação.

Outra coisa que não consigo entender é o uso de absorvente externo. Sei que de vez em quando há secreções que mancham a calcinha. Pese quanto custa trocá-la com mais freqüência em relação ao desconforto, à irritação e à coceira causados por um absorvente. E é claro que os milhões de absorventes de fibra sintética jogados fora todos os dias não ajudam nem um pouco a conservar o meio ambiente. Não me parece uma escolha lá muito inteligente, mas, mesmo assim, muitas mulheres ainda preferem usar absorventes externos.

VOCÊ ACHOU QUE NÃO FALARÍAMOS SOBRE SEXO E VAGINA?

Ainda estamos colhendo os frutos da revolução sexual, então estamos usando nossas vaginas muito mais do que costumávamos. A fricção na vagina irrita as paredes e aumenta a temperatura. Como conseqüência, se você for ter mais relações sexuais do que o corpo é capaz de lubrificar (por exemplo, o seu namorado está voltando da plataforma de petróleo e a mente está querendo, mas o corpo não consegue acompanhar), use lubrificante artificial. Isso ajudará a proteger os tecidos contra danos e a bexiga contra infecção.

Outra coisa a ser considerada quando estiver pronta para aproveitar as maravilhas de muitos momentos de paixão é que cada movimento para dentro do pênis empurra bactérias da abertura da uretra até a bexiga. Lembre-se de que, embora haja muitas bactérias perfeitamente saudáveis e normais na vagina, não deve haver qualquer bactéria na bexiga. Uma vagina seca agrava a situação e, conseqüentemente, não tem graça nenhuma. Como a vagina vai ficando irritada, isso também leva bactérias até a bexiga. No dia seguinte, você fica se perguntando por que está ardendo ao urinar.

Tente não exagerar no sexo. Um aumento brusco na atividade pode causar infecções na bexiga (também conhecidas como cistite da lua-de-mel), infecções vaginais e irritações. É melhor fazer sexo todas as noites do que três vezes só no sábado. Isso funciona muito bem na teoria, mas existem pessoas que moram em cidades diferentes, encontram-se apenas no fim de semana, estão ocupadas com o trabalho etc. Então, entendemos que você faça muito sexo somente aos domingos; entretanto, para ajudar, beba mais água. Vá ao banheiro antes e depois da relação. Antes, evita o bombardeamento do pênis na bexiga cheia. Depois, limpa as bactérias que foram impulsionadas uretra acima pelo coito. Contudo, não podemos dizer que é o suficiente — lubrifique ou vai ficar com a área toda inflamada.

Qual a quantidade de sexo considerada demais? Não podemos dizer. Depende da idade, lubrificação, ângulo, experiência, duração etc. Descubra qual a quantidade que é confortável para você e não exija muito do seu corpo.

Em relação a infecções na bexiga, suco de *cranberry* (uma frutinha vermelha muito comum nos EUA) não é um mito. Ele contém ácido hipúrico, que impede que as bactérias se multipliquem. No entanto, não mata as bactérias já existentes.

Exercitando sua vagina

Para manter o tônus do músculo vaginal, depois de dar à luz vários filhos, por exemplo, você pode comprar bolinhas de metal para carregar na vagina. É um exercício físico passivo constante. De forma inversa, há os dilatadores, se você sentir que é muito apertada.

Dados sobre a prostituição

Você pode estar se perguntando por que as prostitutas não têm infecções constantes na bexiga. Minha teoria é que os "joãos da vida" não tentam persistir muito tempo ou satisfazer muito às prostitutas, portanto as mulheres (sortudas?) sofrem tanta fricção em uma longa noite de trabalho quanto uma mulher em lua-de-mel em sua noite menos movimentada. Ademais, são profissionais. O corpo já se acostumou a essa atividade que causaria tantos problemas a uma amadora.

Logo, se você sentir uma queimação ao urinar, beba a maior quantidade de suco de *cranberry* que puder, assim que possível, o que aumentará as chances de cortar o mal pela raiz. Se continuar com esses sintomas por mais de 12 horas, procure o médico.

O RETO

Em volta da abertura do reto, encontra-se um plexo de veias hemorroidais. Quando você faz força para expulsar as fezes, elas incham, e uma veia hemorroidal inchada é (como você já deve ter adivinhado) uma hemorróida. Pessoas com prisão de ventre ficam com hemorróida. As pessoas com diarréia também, não porque fazem força, mas porque tentam expulsar com freqüência. Já as pessoas que se alternam entre diarréia e prisão de ventre estão realmente encrencadas. É uma indicação da Síndrome do Intestino Irritável.

A abertura retal é frágil. Quando atinge um diâmetro crítico, a pele se divide. Fezes volumosas e muito rígidas podem causar fissura anal, ou seja, uma ruptura crônica no ânus, o que é mais difícil de consertar do que uma fissura perineal (ver páginas 78-79), porque, enquanto é possível se abster de fazer sexo (prometemos), o seu intestino tem de funcionar. Assim que começa a melhorar, já está na hora de esvaziá-lo de novo. É melhor prevenir. Deseje ter fezes úmidas e encorpadas.

Grãos duros, fibras, celulose — a digestão não é feita dentro da corrente sangüínea, você apenas aproveita o que têm de bom e passa o restante diretamente para os intestinos — são componentes essenciais para formar fezes compactas. Coma saladas, aipo, frutas e grãos duros etc.

A água também é um componente essencial para o bom funcionamento intestinal. As fezes são o último reservatório de água. Se você estiver desidratada, o corpo extrairá cada molécula de H_2O do cólon simplesmente para manter a função corporal. Portanto, quando as fezes passarem, serão como pedras, com ângulos e pontas.

Outra importante ajuda para o bom funcionamento intestinal é a prática de exercícios. Quando você está se exercitando, os intestinos também ficam mais ativos, incentivando a peristalse (o movimento em forma de onda dos intestinos que carregam as fezes).

Portanto, o segredo das fezes úmidas e com volume são água, fibras e exercícios — e não laxantes. Os laxantes são irritantes. Eles incitam o cólon a empurrar as fezes. Contudo, causam dependência, ou seja, desenvolvemos uma tolerância a eles, de forma que precisamos tomar laxantes cada vez mais fortes para obter os mesmos resultados. Há laxantes que servem para dar volume às fezes e que, na verdade, são compostos apenas por fibra concentrada (por exemplo, Metamucil). Eles não são prejudiciais e, se preferir tomá-los, vá em frente.

Lembre-se de que a freqüência do funcionamento intestinal é individual. O seu intestino não precisa funcionar todos os dias para que você seja saudável. Como mulheres, nossos hormônios tendem a relaxar os músculos lisos, e o cólon é um

O pesquisador que foi até onde provavelmente ninguém iria

Foi realizado um estudo sobre a associação entre a dieta alimentar e as fezes. Um pesquisador foi até uma região na África em que as pessoas ingeriam grãos extremamente mal processados, misturados, inclusive, com sujeira. Ele acompanhou esses camponeses e avaliou os movimentos intestinais. Eram evacuados quilos de fezes todos os dias. Esse tipo de dieta alimentar faz uma espécie de polimento no revestimento do cólon, mantendo-o liso e esfoliado. Além disso, ela evita o aparecimento de hemorróidas e fissuras.

Depois, ele foi até a Inglaterra, onde a população praticamente não come verduras, e sim grandes quantidades de farinha processada, como nós. Ele analisou os movimentos intestinais e percebeu que eram evacuadas algumas poucas dezenas de gramas por dia. Não é de se admirar que o câncer de cólon — em parte, causado por uma dieta alimentar pobre — seja um dos maiores problemas de saúde nos países desenvolvidos.

músculo desse tipo. Então, podemos não ser tão "regulares" quanto os homens. Se você não sentir nenhum desconforto retal ou abdominal e já faz um dia ou dois que seu intestino funcionou pela última vez, relaxe. No entanto, se você estiver desconfortável, com espasmos intestinais, sentindo que existe uma pedra enorme ali dentro que você não consegue fazer sair, então está com um problema e deve procurar ajuda profissional. Não há contra-indicação em fazer uso de laxantes de vez em quando, e queremos dizer de vez em quando mesmo (quando há um evento, como uma viagem, uma mudança ou prisão de ventre como resultado de algum outro problema de saúde), mas a palavra-chave aqui é de vez em quando.

GRANDES LÁBIOS

Para recapitular, os grandes lábios são aquela parte carnuda da vagina, que costuma ser coberta de pêlos. São cheios de um plexo de veias e contêm a misteriosa glândula de Bartholin. Algumas pessoas teorizam que essa glândula antigamente produzia um odor que atraía os homens das cavernas. A comunidade médica não tem a menor idéia de qual é a função da glândula hoje (se é que tem alguma).

O canal que liga a glândula ao mundo exterior termina na abertura da vagina. Se esse canal ficar muito cheio de muco, o material expelido pela glândula fica armazenado nos lábios, causando inchaço e, às vezes, infecção. Se não tiver infeccionado, chamamos isso de cisto do canal de Bartholin. Se estiver infeccionado, é chamado "abscesso do canal de Bartholin" e precisa ser drenado. Já houve alguns relatos de mulheres cujo cisto de Batholin se tornou canceroso, mas é uma das doenças mais raras.

Depois de fazer sexo, se você tiver usado uma calcinha apertada durante todo o dia ou sempre que sentir que os lábios estão inchados, um banho quente ou uma compressa morna pode liberar o que quer que esteja obstruindo o canal e evitar a possibilidade de desenvolver algum problema. Entretanto, se você não perceber o problema logo no início, consulte um médico e ele reabrirá o canal com um procedimento chamado *marsupialização*, no qual o cisto é cortado e suturado para garantir que o canal fique aberto. Outro procedimento novo é chamado "Cateter Wurm", que permanece inflado dentro do canal obstruído, mantendo-o aberto por pelo menos uma semana. Quando ele é removido, fica um canal permanente. Esse método é mais atraente para algumas mulheres, uma vez que é mais rápido e mais fácil de ser realizado, além de ser feito no consultório médico e não em uma sala de cirurgia. Por outro lado, você fica sentada em um cateter (ou seja, um tubo de plástico oco) durante uma semana, o que pode ser um pouco desconfortável. Também é importante ter cuidado com o cateter, tomando banhos mornos para garantir que ele não fique obstruído.

PERÍNEO

Na abertura da vagina, há uma camada de tecido que faz parte do períneo (a área entre o reto e a vagina). Essa área pode ser facilmente traumatizada durante as relações sexuais, e muitas mulheres ficam com um pequeno corte ali. Como você pode imaginar, isso torna o sexo muito doloroso. Dê um tempo e descanse, e esta fenda cicatrizará. Contudo, uma vez cortado, o tecido pode facilmente rachar de novo e se tornar uma fissura

Como era a faculdade de medicina nos anos 1960

Um amigo percebeu no meio do jogo que a mulher que tinha levado para a cama era virgem e desceu pelo *hall* gritando: "Preciso de um lubrificante!" Então, começamos a procurar na cozinha e no armário de remédios e em todos os quartos na tentativa de ajudá-lo. Ele acabou voltando com gel de cabelo e, mais tarde, alegou que funcionou "às mil maravilhas". É claro que foi uma medida temporária. É melhor usar produtos naturais como azeite de oliva e clara de ovo, caso esteja desesperado, do que produtos que contenham perfume ou álcool. Se você estiver em uma situação difícil, com certeza encontrará algo em casa que servirá; use o bom senso. Se estiver usando camisinha (e provavelmente você deverá estar usando), evite lubrificantes à base de óleo, como vaselina, que tendem a romper o látex e podem fazer com que a camisinha rasgue.

crônica. Às vezes, a fissura se recusa a cicatrizar, e o único tratamento é cortar a parte danificada e costurar o tecido saudável.

Se puder evitar que esse problema persista, você se poupará de muita dor de cabeça. Se perceber que o sexo está desconfortável, tente mudar a posição. Se perceber que não está tão bem lubrificada quanto deveria, coloque lubrificante na parte dolorida. Essa regra de lubrificante é uma solução para muitos dos desconfortos vaginais associados à atividade sexual.

PEQUENOS LÁBIOS

Os pequenos lábios possuem muitas glândulas sudoríferas e terminações nervosas. Depois do clitóris, são a parte mais sensível da genitália e, depois das axilas, podem ser a parte mais malcheirosa do corpo. Os únicos problemas potenciais relacionados aos pequenos lábios são mecânicos — por exemplo, eles podem ser introduzidos na vagina pelo pênis ou por outro corpo estranho. Às vezes é necessário movê-los manualmente e inserir o pênis. O mesmo serve para a aplicação do diafragma ou de um absorvente interno; se precisar, espalhe os lábios e tire-os do caminho.

CLITÓRIS

Como a vagina, o clitóris é coberto por uma membrana mucosa bastante delicada. Se você estiver pretendendo ter alguma atividade prolongada nessa área, é melhor lubrificá-la. É sério: use qualquer coisa em caso de necessidade. A lubrificação natural pode ser suficiente, mas, caso não seja, não pense duas vezes: ajude seu corpo. Mais uma vez, porém, fique longe da vaselina e de outros lubrificantes à base de óleo, que podem rasgar a camisinha.

* * * * *

Os bidês

Sempre que alguns norte-americanos viajam para a Europa, eles ficam impressionados com o segundo acessório encontrado nos banheiros. É o bidê — a solução européia para a higiene. Em vez de simplesmente limpar com papel higiênico o bumbum, levam para o banheiro uma toalhinha e um sabonete e usam o bidê.

MÃE: Você se lembra da sua primeira viagem para a França, quando tinha 6 anos de idade?

FILHA: Como se fosse hoje.

MÃE: Foi muito engraçado. Ficamos metade do tempo procurando parques, pôneis e zoológicos. A outra metade do tempo a gente comia.

FILHA: E não foi a melhor coisa a fazer?

MÃE: E minha calça jeans ia ficando mais e mais apertada. E eu acabava sempre tomando longos banhos quentes em cada hotel em Burgundi.

FILHA: Porque...

MÃE: É isso mesmo. Cisto de Bartholin, por sua causa.

FILHA: Obrigada, mãe. Você é um amor.

Estética

Já vi tatuagens, anéis labiais, anéis clitoridianos (ui!) e sei que existem algumas tendências decorativas muito pessoais pelo mundo afora. Contanto que esses apetrechos sejam colocados em um ambiente esterilizado, não deve haver maiores riscos para a saúde.

Capítulo 5

SEXO

Na vida de todas nós, sempre tem de haver um pouco de turbulência. Quase toda mulher que conheço já experimentou o infeliz clichê de dormir com um cara e depois nunca mais ouvir falar dele. Você revê cada detalhe do evento, procurando uma razão. Por quê? Por quê? POR QUÊ? Você analisa o corpo, o rosto, o cabelo, a lingerie. Experimenta usar um desodorante diferente, um novo perfume. Começa uma dieta. Explora revistas em busca de colunas com conselhos sexuais. Interroga as amigas. Mas, no final, deixa eu contar o segredo: não tinha nada a ver com você. Relaxe. Há um monte de idiotas espalhados por aí, e, às vezes, eles são captados em nosso radar. Já aconteceu até mesmo comigo uma vez. Olha, realmente me fez sentir uma porcaria. Obrigada, Johnnie McDonald, seu cachorro sarnento.*

A melhor defesa contra as DSTs (doenças sexualmente transmissíveis) é conhecer o parceiro. É constrangedor e exige muita coragem, mas nunca é demais pedir um pequeno histórico médico ao parceiro: Já teve herpes? Gonorréia? Clamídia? Alguma ex-namorada já afirmou ter adquirido alguma doença da parte dele? Já fez teste de HIV? Não são perguntas que devem ser guardadas para o momento em que o pênis está na abertura vaginal, porque, a essa altura, se preciso for, ele afirmará para você ser um anjo... só para continuar. Os dias de

*O nome foi alterado para proteger o réu.

relações sexuais anônimas acabaram. Seja esperta. Proteja sua vagina.

Um lembrete

Nunca é demais repetir: a manutenção da saúde ginecológica requer a monogamia. Não estamos falando apenas de camisinha, que são absolutamente essenciais, mas também de certa dose de cuidado na escolha do parceiro. Quanto mais pessoas você beijar, mais chance terá de pegar uma gripe. Infelizmente, o que você pode pegar durante uma relação sexual nem sempre tem cura.

PRELIMINARES

Apesar de tudo o que você já viu na mais recente comédia romântica, o caminho entre estar totalmente vestida e a penetração completa não é exatamente um ônibus expresso que leva direto a uma experiência sexual satisfatória. Muitas mulheres precisam esquentar os motores antes de dar um passeio com a Ferrari. Comunique-se com o parceiro. Diga a ele ou ela do que você precisa para aproveitar ao máximo a relação sexual.

Não há como fornecer instruções sobre qual seria a melhor rotina de penetração para você. Algumas mulheres precisam de sexo oral, outras odeiam sexo oral, algumas preferem se tocar, outras nunca se tocam (embora devessem), e há sempre aquelas mulheres que, apesar de tudo que já dissemos, gostam de ir direto ao assunto. Não podemos dizer como você se sente — pense nisso como uma viagem de autoconhecimento.

É um mantra. Nada pode ser considerado errado entre adultos que consentiram estar ali juntos. O mais importante a ser lembrado é que não existem duas pessoas com as mesmas respostas sexuais, desejos ou fantasias. Pegue três adolescentes quaisquer, e cada uma delas terá uma quedinha por três astros do cinema diferentes. No meu caso, o melhor era o Marlon Brando, já para minha melhor amiga Patty Fiangreco era o Guy Madison.

* * * * *

MÃE: Eu vi o filme *Sindicato de Ladrões* umas 12 vezes.

FILHA: Sério?

MÃE: Ou melhor, sete vezes. Isso, sem falar em *O Selvagem, Um Bonde Chamado Desejo* e *Espíritos Indômitos*, onde ele fazia um paraplégico maravilhoso.

FILHA: Legal, mãe.

* * * * *

O GRANDE MOMENTO

O ato de penetração vaginal, que é basicamente uma experiência sexual, é um pênis entrando na vagina, em movimentos de entrada e saída (de preferência) durante um tempo e, em seguida, ejaculando o resultado desse evento dentro da vagina. Essa ejaculação é teoricamente carregada de espermatozóides. O espermatozóide vai até o óvulo, e a mulher fica grávida. Não deve ser nenhuma novidade para você que o sexo seja em essência uma forma de reprodução. Para nossa felicidade, nós humanos temos cérebro e logo aprendemos a aproveitar as vantagens e os benefícios das relações sexuais por prazer.

Ao longo dos milênios, fomos desenvolvendo a abrangência de nossas atividades sexuais e refinamos nossas preferências. É o mesmo que acontece com a comida; costumávamos

Com certeza você sabe mais do que sua mãe sabia

Não nascemos sabendo tudo sobre sexo, sobre nosso corpo ou sobre o corpo do sexo oposto. Meu primo mais velho, Leonard, médico, me contou uma história sobre uma colega da aula de anatomia na faculdade de medicina. Eles estavam trabalhando na genitália masculina e ela ficava cortando, cortando, cortando. Até que finalmente Leonard perguntou: "O que você está procurando?" Ela respondeu: "O osso." Ele começou a rir, aí eu pensei: "Não tem osso?"

comer carne semicrua de mamute e agora gostamos de salada de atum e suflê. É claro que, mesmo nas cavernas, nossos ancestrais provavelmente degustavam carne fresca com muito mais freqüência do que uma carcaça que estivesse ali há alguns dias. O mesmo se aplica ao sexo; é provável que naquela época ele também fosse prazeroso de vez em quando, mas agora já passamos por milhares de melhorias milênios afora e de forma indireta melhoramos nossa vida sexual.

Talvez você não se sinta assim. Muitas pessoas estão convencidas de que todo mundo tem uma vida sexual melhor do que elas têm. Muitas pessoas olham à sua volta e acreditam que todas as outras são especialistas, enquanto elas são apenas amadoras. A verdade é que todos nós podemos melhorar, podemos nos tornar mais comunicativos. E outra verdade é que nada disso importa. Independente de você estar esquiando na pista para iniciantes ou na pista avançada, a única coisa que importa é você estar aproveitando.

Sexo deve ser divertido. Podemos nos levar a sério na aula de educação física, no consultório médico, em nossas amizades e, por que não, em nossas vidas sexuais. Se você quiser experimentar algo novo que não pareça ser capaz de resultar em ossos

Tradições sexuais norte-americanas

O sexo era algo controvertido para a mulher comum na primeira metade do século XX. Na época em que cresci, nos anos 1950, muitas mulheres sentiam que havia uma linha muito tênue entre aproveitar o sexo e passar por prostituta ninfomaníaca. Quase meio século depois, aparentemente houve uma mudança de mentalidade. Um livro didático da faculdade creditava essa mudança aos soldados que voltavam da Europa e que haviam experimentado mulheres que de fato pareciam gostar de sexo. Então, talvez eles tenham passado a incentivar as namoradas a aproveitar o que acontecia na cama. Mas quem pode garantir isso? De repente, os norte-americanos dos anos 1950 poderiam já fazer muito sexo não-convencional — apenas não falavam sobre isso tanto quanto os franceses.

quebrados, experimente. Se quiser tentar uma posição, local ou hora do dia diferente, execute — isso traz dinamismo ao seu relacionamento.

Quando se chega ao âmago da questão, acredite, não sou especialista em sexo, mas posso dar um ou outro conselho. Alguns terapeutas sexuais acreditam que a posição mais terapêutica é com a mulher em cima, porque ela certamente não será esmagada com o peso do outro. A mulher mantém o controle do ato e pode se inclinar de forma que o pênis entre na vagina na posição que lhe é mais conveniente. E claro que o clitóris fica mais acessível para um estímulo extravaginal. Para a mulher que se sente desconfortável ou um pouco sufocada quando está embaixo, vale a pena tentar mudar. Com isso não queremos dizer que ficar em cima passará a ser sua posição favorita, mas é um ótimo ponto de partida para a mulher passar a conhecer o próprio corpo.

SEXO ORAL

Ah, o sexo oral. Em nenhum outro assunto da atividade sexual feminina as opiniões são tão controversas. Podemos dizer que muitas mulheres rezam para ter sexo oral, mas há uma minoria considerável para a qual isso é desconcertantemente íntimo, e uma minoria menor ainda não o tolera de jeito nenhum. Em muitos casos, esse desconforto associado ao sexo oral é o resultado direto da insegurança e da ignorância sobre a vagina. Se você não gosta do cheiro de sua vagina e do fato de ela ser meio suja, certamente não permitirá que o namorado coloque o rosto nela.

Nossas regras

As diretrizes básicas para o sexo são bastante intuitivas. A primeira e a última regra são não causar danos. Algumas pessoas associam dor ao sexo, mas não acredito que essa dor deva deixar cicatrizes ou resultar em sangramento. Algumas mulheres gostam de apanhar. Claro, se gostar, vá em frente! Contudo, se sua idéia de sexo bom exigir intervenção cirúrgica, você precisa rever seus conceitos. E se estiver em qualquer atividade que seja seguida por sangramento abundante, procure um médico.

Para aquelas que estão interessadas em sexo oral, só não se esqueçam de se comunicar de forma eficaz. Você não imagina como a vagina e seu ambiente são confusos para os homens — muitos deles ficam completamente perdidos. Converse, aponte, mexa, solte gemidos, faça um desenho, faça o que for necessário para ajudar o parceiro a melhorar a vida sexual dos dois.

Em geral, você espera que o parceiro mexa no clitóris com os dedos, lábios e língua. No começo gentilmente e depois com mais pressão. É provável que ele mexa no seu clitóris de uma forma que seja única para você. Em círculos, de frente para trás, com pequenos toques, sugando... e milhares de outros métodos que valem a pena ser explorados.

SEXO ANAL

Diferente da vagina, o ânus é uma abertura frágil. Se ele for estendido além de um determinado ponto, pode distender ou correr-se o risco de sofrer alguma lesão. O segredo do sexo anal, ainda mais do que o vaginal, é a lubrificação, porque não há nenhum mecanismo lá atrás para suavizar o caminho. Uma entrada lenta, gentil e lubrificada é essencial.

A maior implicação à saúde de uma aficionada por sexo anal é a condução de bactérias do reto e sua introdução na vagina, o que pode causar infecções graves. Se você for introduzir o pênis ou outro instrumento no ânus, ele deverá ser

Você encontrou o quê?

Outro perigo do sexo anal inclui a introdução de corpos estranhos. Todo médico tem uma história de alguém que apareceu na sala de emergência com algo enfiado no lugar errado. A mais assustadora que escutei foi de uma lâmpada dentro do reto de um pobre homem, o que é algo extremamente cruel para se fazer com alguém. Tiveram de usar fórceps obstétrico para remover a lâmpada intacta, enquanto o paciente foi mantido sob efeito de anestesia geral. Um colega meu encontrou um pote de maionese na vagina de uma paciente. A lição aqui é não ficar bêbada ou chapada e nua com alguém que acabou de conhecer. Pode parecer a maior curtição na hora, mas você ficará completamente mortificada e muito desconfortável quando tiver de ir ao hospital.

completamente limpo antes que possa entrar de novo em sua vagina.

ORGASMOS

O orgasmo é fisicamente manifestado por uma liberação neurogênica (ou seja, que começa nos nervos) e ocorre ao mesmo tempo por todo o corpo, acompanhada de contrações involuntárias da vagina. A sensação é maravilhosa. Como o orgasmo feminino não é essencial para a reprodução, durante muito tempo não se colocou muito esforço científico nessa direção. Além disso, há algumas décadas, poderia parecer um pouco perigoso incentivar as mulheres a terem orgasmos, porque se o sexo fosse melhor para elas, haveria a possibilidade de procurarem isso fora do casamento.

De acordo com Masters e Johnson, a primeira etapa da excitação sexual envolve o aumento da pulsação, da respiração, da transpiração, um rubor no peito, aumento da lubrificação vaginal e inchaço ou aumento das paredes da vagina, dos lábios e do clitóris. Esse concerto de eventos é seguido pelo orgasmo, que pode ser descrito como contrações involuntárias de todo o trato reprodutivo e uma subjugante onda de prazer e alívio, seguida por uma sensação de bem-estar e sonolência. Gostaríamos de poder dizer algo mais pessoal, mas temos de parar em algum momento.

ONDE ESTÁ O MEU ORGASMO?

Se você não tem orgasmos, deve pensar no assunto. A palavra "frigidez" não é mais usada na medicina. Esse foi um termo cunhado nos anos 1930 para mulheres que não tinham orgasmo. Não só era inapropriado, como também preconceituoso.

O termo que usamos agora é "pré-orgástica", o que significa que a mulher simplesmente não teve ainda o orgasmo. Cerca de 11% das mulheres nos Estados Unidos estão nesta categoria.

A falta de orgasmo é causada por um problema físico em menos de 1% dos casos. As causas físicas das mulheres com dificuldade de chegar ao orgasmo em geral envolvem o uso de certos medicamentos (como Prozac). Felizmente, os problemas estruturais que poderiam levar a esse triste resultado são raros. No entanto, há muitíssimas razões não físicas para a pré-orgasmia, e elas se aplicam à maioria esmagadora dos casos.

Embora sejam raros, a primeira medida a ser tomada em mulheres pré-orgásticas é eliminar os problemas físicos. Sente dor durante o sexo? Ninguém consegue ter orgasmo se estiver com dor (a menos que essa seja a sua "praia"). A lubrificação inadequada é o primeiro problema. Algumas mulheres têm infecções vaginais que interrompem o prazer. Outras têm endometriose, o que pode causar muita dor, caso o pênis vá na direção errada. Algumas mulheres ficam tão tensas e amedrontadas que não conseguem relaxar e permitir uma penetração sem dor. Se não relaxar o suficiente durante a penetração, é realmente muito complicado chegar ao orgasmo.

A segunda medida é oferecer um espelho a elas e mostrar sua anatomia. Mesmo pacientes com namorados carinhosos, pacientes e zelosos já disseram: "Ah! Então é AÍ que fica o clitóris!" Às vezes, o simples fato de mostrar onde tudo está já leva a resultados prazerosos.

Não desista!

Tive uma paciente de 82 anos que me disse que era pré-orgástica. Eu disse: "Sorte sua!" Ela estava freqüentando uma terapeuta sexual. Antes tarde do que nunca. Espero que ela viva bastante.

SAI FORA!

A masturbação é muito importante para as mulheres pré-orgásticas (está bem, para todas as mulheres). É impossível dizer a outra pessoa o que lhe dá prazer, se você mesma não consegue se dar prazer. Pense em como é difícil ensinar alguém a tocar piano, se você nunca viu um piano antes na vida. Pegue um espelho e olhe. Toque e descubra o que lhe agrada e o que não agrada.

Há muitos tipos de técnicas de masturbação já incansavelmente descritas. Não conhecemos todas, porque costumamos ficar com aquela que funciona conosco. Algumas mulheres se masturbam deitadas de barriga para baixo, outras de barriga para cima e outras na banheira, algumas com os dedos, outras com a palma das mãos e outras com vibradores. Uma boa técnica para iniciantes envolve a água — um chuveirinho manual funcionará ou, se você for suficientemente flexível para entrar

O clitóris não é perfeito

Algumas mulheres costumam perguntar sobre a possibilidade de aproximar o clitóris da vagina. Isso só pode ser má idéia, uma vez que movê-lo implicaria cortar seu abastecimento nervoso. Outra teoria superficial sobre a melhora na resposta sexual feminina é "descobrir" o clitóris (remover a membrana que o protege). Isso é perigoso demais. O clitóris é tão sensível que do prazer para a dor é um passo. Essas mulheres podem enfrentar problemas para se sentar ou para usar calças justas. Andar a cavalo, então, nem pensar. Tal cirurgia não se tornou popular. Pelo contrário: há 100 anos, a remoção do clitóris não era incomum na cidade de Nova York para mulheres que eram "muito exigentes". Obrigada, mais uma vez, J. Marion Sims (ver página 61 para obter mais informações sobre esse importante ginecologista).

Camaradagem na masturbação

Estive em um *spa* que incluía uma enorme banheira de água quente para vinte pessoas no vestiário feminino. Quanto entrei, uma mulher estava saindo, com uma aparência bem relaxada. Ela me disse: "Terceira torneira à esquerda." Eu passei apenas um fim de semana lá e, sempre que olhava, aquela torneira estava ocupada. Finalmente, na tarde de domingo, a torneira estava vazia. Ela tinha toda razão. Era maravilhosa.

embaixo da torneira da banheira, coloque as pernas para cima dos dois lados e deixe fluir. Você pode simplesmente deitar e deixar a água correr sobre o clitóris — se aguardarem um tempo, muitas mulheres chegam ao clímax.

Depois de chegar ao orgasmo pela primeira vez, em geral você consegue repetir a façanha. O truque é conseguir a primeira vez. É preciso coordenar milhares de variáveis a fim de encontrar o caminho até um local desconhecido. Você deve, em última instância, se concentrar no clitóris como pontapé inicial. Para 99,99% das mulheres, um orgasmo envolve estímulo direto ou indireto ao clitóris. Não queremos discutir a experiência de ninguém em particular, mas para muitas mulheres o orgasmo vaginal será sempre um grande mistério. É claro que existem várias histórias sobre casos raros de mulheres que tiveram o clitóris removido, mas ainda assim chegam ao orgasmo. Há transexuais que não têm clitóris e têm orgasmos com uma vagina sintética e cirurgicamente construída. Decerto não podemos explicar todos os tipos de orgasmos.

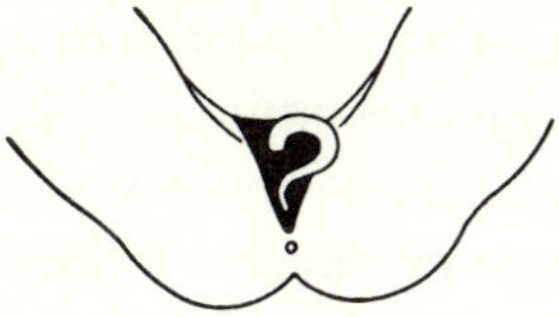

> **O mito do orgasmo vaginal**
>
> Sob a perspectiva da ginecologia, Sigmund Freud era um completo idiota. Suas idéias sobre a vida e as mulheres eram bem ridículas; ele acreditava que o objetivo era o orgasmo vaginal e que, de alguma forma, esse era o único tipo de orgasmo possível. E sentia que se você tivesse de estimular o clitóris diretamente, então o orgasmo era inferior ou pueril, e não me venha com aquela história de "inveja do pênis". Isso é uma tremenda bobagem. Qualquer orgasmo — clitoridiano, vaginal ou de qualquer outro tipo — é fantástico.

O GRANDE ORGASMO

Os orgasmos são maravilhosos, mas não mantêm sua saúde. Você não vai morrer se não tiver um. Há mulheres que dizem já ter tentado de tudo. Gostam de sexo, ficam excitadas, mas não atingem o orgasmo. Pode ser que um terapeuta sexual ajude, mas, se você estiver feliz, é o mais importante.

Por outro lado, tive uma paciente que uma vez me contou estar muito, muito, mas muito ocupada; ela era casada com um homem muito, muito, mas muito ocupado; e juntos tinham uma vida muito atribulada... não tinham muito tempo para sexo. Perguntei: "De que freqüência estamos falando?" E ela me disse que faziam sexo cerca de uma vez por ano. Sugeri que isso poderia ser um sinal de alerta. Ela disse: "Sou feliz. Meu marido também." Se duas pessoas estão de fato confortáveis com sua vida sexual, não importa quão escassa ela pareça. Quem sou eu para dizer que há algo errado?

Entretanto, chegou um momento em que os dois decidiram ter um filho, e esse casal muito, muito, mas muito ocupado passou a fazer sexo duas vezes por ano. Eu disse: "Bom, você não vai conseguir engravidar transando duas vezes por ano; acho que devemos considerar uma terapia sexual." Isto mudou suas vidas.

O casal foi fazer terapia e desenvolveu uma paixão por sexo. Perceberam que tinham um enorme problema de comunicação. Ela ficou grávida dentro de alguns meses, e eles continuaram com a terapia sexual ao longo de toda a gravidez. Ela me disse que era a única cliente que usava roupas de grávida na sala de espera do consultório da terapeuta.

Não pretendo aqui parecer fanática por sexo, mas, em minha opinião, a melhora na vida sexual mudou toda a vida dessa mulher. A princípio, ela era ligeiramente desagradável e, depois, tornou-se uma mulher afável e alegre, com dois filhos, um marido que a adorava e uma excelente imagem sexual. A solução era mesmo simples.

Contudo, nem todos conseguem milagres. Um orgasmo pode movimentar sua vida, mas não faz mal a ninguém ser realista. Uma jovem paciente perguntou uma vez se ela poderia estar tendo orgasmos sem perceber. A terapeuta sexual para quem telefonei disse que há casos em que as mulheres têm tan-

Ele teve, ela teve

Um homem que consiga segurar o orgasmo é considerado um grande amante. Uma mulher que demore muito é um porre. Por que esperam que tenhamos um orgasmo num piscar de olhos e os rapazes são considerados heróis se conseguirem segurar? Ninguém tem orgasmos rápidos o tempo todo. Pode-se estar estressado no trabalho, esgotado fisicamente, estar com uma leve dor de cabeça, tenso porque acabou de chegar da ginástica, seja qual for a causa, você pode levar um tempo até esquentar o motor. Outras vezes, você pode ter passado o dia todo pensando nisso, nem vê a hora de chegar em casa, está excitada antes mesmo de abrir a porta e BUM!

tas expectativas que acabam perdendo o fato em si, enquanto aguardam a terra se mover. Também tive pacientes mais velhas que me disseram: "Sabe, eu costumava conseguir quatro vezes por dia, e meus orgasmos eram muito fortes. Agora, tenho 60 anos, e meus orgasmos são bons, mas..."

ADOLESCENTES E SEXO

AS ADOLESCENTES ESTÃO FAZENDO SEXO?

As adolescentes estão fazendo sexo. Nem todas, com certeza, e talvez nem mesmo a maioria delas. Contudo, muitas estão. E todas elas estão pensando nisso. Isso não é um manifesto; é biologia. Na puberdade, tanto os meninos como as meninas têm uma necessidade natural de investigar essas estranhas e maravilhosas sensações. É o cúmulo da estupidez dizer: "Vamos simplesmente dizer a elas que digam 'Não'." De acordo com a Columbia University e o *New York Times,* a maioria das adolescentes que alegam abstinência faz sexo mesmo assim, e a maioria nem mesmo se protege contra as DST.*

Cada menina amadurece no seu próprio ritmo. Algumas podem estar prontas para ter experiências sexuais mais cedo do que outras ou antes do que pensamos ou gostaríamos. Por outro lado, é bastante triste quando as meninas fazem sexo pelas razões erradas. Pressões dos colegas e um tremendo desejo de ser popular ou fazer parte da "galera" são questões terrivelmente reais e importantes para os adolescentes.

A VERDADE NUA E CRUA SOBRE OS HÍMENS

O hímen é uma membrana situada na abertura vaginal, a cerca de 2,5cm dentro do corpo, no início da vagina. Há vários tipos de hímens. Alguns são espessos e não muito hospitaleiros a

---

*Jane Brody, "Abstinence Only: Does it Work?", *in The NewYork Times,* 1º de junho de 2004.

Amor sem medo...

...era o título de um livro da nossa biblioteca paroquial que apenas os mais velhos tinham permissão de ler. Aos 18 anos, muitas meninas estavam prestes a se casar. O livro era considerado uma introdução útil ao sexo no casamento, embora ele não dissesse nada de realmente útil. O lado positivo era que o sexo era apresentado como algo do qual não precisávamos ter medo. Por outro lado, deixava claro que era dever da esposa e, portanto, era pecado se recusar a fazê-lo. Então, era pecado dizer "não" ao marido, mas também era pecado dizer "sim" a qualquer outra pessoa. Sei que a intenção era boa, mas as freiras não são exatamente qualificadas para ensinar sobre educação sexual.

visitantes, enquanto outros mal são percebidos e não representam qualquer barreira a um visitante vaginal. A grande maioria dos hímens não detém os absorventes internos, mas é possível que você sangre um pouco durante a primeira relação sexual, à medida que seu parceiro(a) esticar o hímen. Muito raramente, há mulheres cujos hímens parecem ser impermeáveis ao extremo. A himenotomia, uma microcirurgia que alarga o hímen, é muito rara. Ela também é realizada em poucas mulheres que possuem uma entrada pequena demais para liberar o fluxo menstrual. Independente do que acontecer ao místico hímen, você é virgem até se tornar sexualmente ativa.

CONSELHOS DE MAMÃE PARA OS PAIS

Amor incondicional é essencial. Nada que aconteça irá jamais comprometer seu amor pelos filhos. Se sua filha não desejar lhe contar alguma coisa, se estiver sendo discreta em relação a algum assunto ou se existem coisas que ela simplesmente não quer compartilhar com você, tudo bem. No entanto, se ela tem medo de contar alguma coisa que realmente *esteja precisando* contar, então você está perdendo algo muito importante.

A ociosidade é nossa inimiga. Uma adolescente ociosa fará coisas que nunca pensaria em fazer se estivesse ocupada, ativa, envolvida em atividades extracurriculares, férias, reuniões de família etc. Acredito que a melhor solução para uma adolescente rabugenta é a atividade física. Qualquer atividade distrai, mas a atividade física não só é saudável como também proporciona alívio ao estresse. A prática de esporte é uma excelente maneira de os adolescentes gastarem toda aquela energia a mais que, caso contrário, poderia ser mal utilizada.

Se você for conversar com sua filha adolescente sobre sexo *uma única vez*, recomende/peça/implore que ela use camisinha. Conversar sobre sexo não significa uma permissão para ela fazer sexo; da mesma forma que varrer a poeira para debaixo do tapete não fará a sujeira desaparecer. Além do mais, também é importante levá-la ao ginecologista, caso ela se sinta mais confortável conversando com um profissional. Comprar um livro como este também é uma boa opção.

CONSELHO DA LIZ PARA AS MENINAS

A única pessoa que sabe se você está realmente pronta para fazer sexo com outra pessoa é você. Contudo, só porque você tem certeza de que está pronta, isso não significa que seu parceiro esteja, que a ocasião é a melhor, que ele ou ela é a pessoa certa etc. etc. etc.

Se você sentir qualquer pressão em relação a isso, caia fora. No fim das contas, eu prometo, ninguém vai gostar mais ou menos de você se não for sexualmente ativa. Uma das lições mais importantes que aprendi é que as pessoas acabarão gostando ainda mais de você se você pensar por si mesma e defender aquilo em que acredita, *em especial* quando sua posição é diferente da posição da galera.

Quanto a um rapaz que ameaça acabar o relacionamento se você não dormir com ele, ele definitivamente não vale a pena. Acredite. Conheço esses caras hoje e, quando tinham vinte e poucos anos. Eles se tornaram um bando de homens bobos, que estão ficando carecas e gordos e que quebram a cabeça para descobrir por que não conseguem transar.

Você vai se lembrar dessa experiência pelo resto da vida. Os elementos mais importantes são respeito mútuo, sentir-se confortável com o outro e maturidade emocional suficiente para lidar com *todas* as possíveis repercussões do ato. Sei que nada disso soa romântico, mas é a mais pura verdade.

Ainda menos romântica é a realidade da situação, que é embaraçosa, desconfortável, confusa etc. Ser virgem significa ser uma noviça, uma iniciante, marinheira de primeira viagem. Não espere saltar em seu primeiro par de esquis e ganhar uma medalha de ouro nas Olimpíadas. Como em todas as outras situações, é preciso ter paciência e prática. Diferente de muitas coisas, a prática é muito divertida.

INFERTILIDADE E SEXO

O problema sexual mais triste é a infertilidade. De repente, as pessoas se vêem fazendo sexo em horários determinados, com freqüências diferentes, na época da ovulação, e os homens ficam se masturbando no banheiro de um consultório médico com uma revista erótica na frente. Isso pode arruinar qualquer relação sexual. É de dar pena. Fico arrasada em ver essas pessoas.

Quando um casal só quer saber da concepção, não é incomum que o homem desenvolva problemas sexuais, ou seja, tenha disfunção erétil. Para um homem, ter de fazer sexo em um determinado horário, porque a esposa está ovulando e esperando para ser inseminada deve ser a pior e menos *sexy* das sensações. Enquanto isso, a mulher está tirando a temperatura, com o *kit* sobre ovulação na mão, tomando remédios para a fertilidade, e eu estou dizendo a elas qual a melhor hora e freqüência com que devem fazer sexo. É muito complicado manter a assertiva de que "isso é divertido". Vocês dois começam a pensar: "Temos que fazer sexo de novo, mas queria tanto assistir a um programa."

É fácil falar

Durante o primeiro mês em que seu pai e eu tentamos engravidar, descobri o fim de semana em que estaria ovulando e disse: "Vamos viajar para algum lugar romântico, com lareira, com uma cama bem grande, muitos travesseiros macios, música e velas." Encontrei um hotel que parecia encantador, mas quando chegamos lá, estava infestado de crianças. Era como um hotel na Disney. Que tipo de sensualidade poderíamos encontrar em um lugar assim? Chovia sem parar, enchendo nosso quarto com aquele cheiro desagradável. Então, fizemos sexo e eu disse: "Está bem. Temos que esperar 36 horas para que seu esperma possa se restabelecer. Seu pai perguntou: "Você quer dizer que não podemos fazer mais por prazer? Está chovendo!" Mandei que ele fosse ler um livro.

No sábado, o hotel estava se tornando um lugar insuportável. Então, decidimos ir para outro local, tão horrível quanto, chuvoso e frio. Comecei uma série de lamentações, porque estava certa de que era infértil. Por fim, encontramos um hotel que poderia nos oferecer um quarto com lareira, mas o que acontece quando você tenta acendê-la com lenha molhada? Levamos cerca de 45 segundos para que o quarto ficasse cheio de fumaça. Enquanto isso, estávamos em um sofá-cama de casal que ficava abrindo e nos derrubando no chão. Depois de três minutos, estávamos tossindo tanto por causa da fumaça que tivemos de deixar o quarto. A aventura terminou com um terrível resfriado, e eu não consegui engravidar.

Não se esqueça de que não é porque você tem de fazer sexo em determinada hora que não pode fazer durante o restante do mês, só por prazer. Quando você estiver excitada, não deixe de fazer sexo. Tente se lembrar de como era quando você estava fazendo simplesmente por prazer. Tente evitar transformar o sexo em uma operação para fazer um bebê.

Se você tiver menos de 30 anos, peço que se lembre de que um ano de tentativas de engravidar significa um ano de excelente sexo. Não olhe para o relógio. Não pense em óvulos. Pense apenas em um novo lugar para fazer sexo.

Pense em usar uma roupa nova e *sexy*. Encontre um novo alimento para brincar na cama (ou na pia da cozinha). Você certamente se arrependerá se tornar isso desagradável. Aproveite. Se tiver mais de 30 anos, as regras mudarão um pouco, e se tiver mais de 40, elas mudarão demais, porque, a essa altura, o tempo já se transformou em seu inimigo.

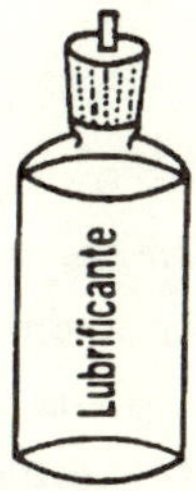

QUESTÕES VARIADAS SOBRE SEXO

Algumas pessoas bastante sortudas fazem muito sexo, em especial no início da paixão e dos relacionamentos. A vagina não foi feita para isso. Dentro dela há todos os tipos de membranas mucosas, que são delicadas. Não estamos dizendo: "Não faça muito sexo", e sim: "Cuidado com as necessidades do seu corpo." Use muito lubrificante.

Muito sexo também pode aquecer as paredes da vagina, fazendo com que os fungos que vivem ali cresçam fora de controle e se transformem em uma infecção grave. Os movimentos de entrada e saída do pênis podem empurrar bactérias para a bexiga, causando infecção. Chamamos esse problema de "cistite da lua-de-mel" porque quase sempre é causada por um aumento súbito da atividade sexual. Não é incomum — muitas mulheres só conseguem encontrar os namorados nos fins de semana, período em que compensam fazendo muito sexo. Na segunda-feira, estão com uma sensação de ardência quando urinam.

Lembre-se de beber muita água e urinar depois da relação (para limpar a bexiga). Depois de três vezes, tudo fica cansado. Mesmo quando a mente deseja, o corpo resiste. Já dissemos isso antes e vamos repetir — o segredo é lubrificação. O lubrificante é a escolha mais óbvia, mas você com certeza tem algo em casa que servirá em uma situação de desespero: clara de ovo, saliva, azeite de oliva são ótimas opções de última hora.

Ser grandão e muito musculoso nem sempre significa ser melhor

Traumas na vagina são muito comuns quando há o chamado "sexo selvagem". Fiz um estágio na Jamaica onde aparentemente a penetração forçada era o hábito. Muitas mulheres vinham à sala de emergência todas as noites com lacerações no alto da vagina e na abertura vaginal. O tamanho também pode ser um fator. Posso dizer que talvez menos de seis vezes na minha carreira encontrei uma paciente que reclamasse que o pênis do marido era muito pequeno, mas dezenas de mulheres reclamaram que o pênis do parceiro era grande demais. O tamanho pode exigir lubrificação extra, uma entrada lenta e gentil, com uma negociação cuidadosa em relação à posição. A combinação tamanho e método pode ser muito traumática.

* * * * *

FILHA: Isso foi bonito.

MÃE: O quê?

FILHA: Não a história da Jamaica, mas, você sabe, aquela outra história. Esse negócio de manter as linhas de comunicação abertas e não me julgar quando eu era adolescente em relação ao sexo e tudo mais...

MÃE: Você já fez sexo?

Capítulo 6

CONTRACEPÇÃO

Houve uma época, e não faz muito tempo, em que as pessoas arriscavam a vida e a liberdade para lutar pela escolha de reprodução para as mulheres de seu país. Somos muito sortudas porque hoje nos beneficiamos desses primeiros esforços, uma vez que agora existem muitas opções para evitar a gravidez. Há métodos contraceptivos para mulheres de todos os tipos: preguiçosa, esquecida, meticulosa, controladora ou avessa à medicação.

Infelizmente, há menos opções para se proteger contra doenças e infecções. Pode nem ser a sua escolha dentre todas as possíveis, mas, quando você inicia um novo relacionamento sexual, você só tem uma opção: a camisinha.

Desde os registros históricos até as placas antigas dos assírios, as duas preocupações médicas universais eram contracepção e alívio para as dores do parto. Muitas descobertas médicas têm origem nessas duas preocupações. Em relação à contracepção, já avançamos muito desde o infanticídio, que era padrão em algumas culturas nos casos de bebês indesejados ou imperfeitos. Muitos avanços na contracepção surgiram nos últimos 100 anos, acompanhando o surgimento dos direitos das mulheres. Não é coincidência. Não estamos mais à mercê dos órgãos reprodutivos.

Declaração feita, o fato é que sempre que um pênis entra em uma vagina há a possibilidade de gravidez. É claro que as mulheres não ficam grávidas sempre que têm relações sexuais, mas nunca se sabe quando isto pode ocorrer.

Factóide ginecológico de mamãe

A gravidez mais jovem registrada foi de uma menina chamada Linda Medina. Ela era sul-americana e tinha cinco anos quando engravidou. O pai era também o pai da criança. A puberdade precoce, uma desordem rara, revelou seu crime.

Não há qualquer proteção contra a gravidez indesejada, exceto o celibato. Todos os métodos contraceptivos possuem taxas de gravidez estabelecidas para "uso perfeito" (um número teórico que conjectura a eficácia de um determinado método, se usado da forma correta) e "uso regular" (como nós humanos imperfeitos realmente seguimos as instruções). Portanto, embora não seja possível manter relações sexuais com a garantia de que não se ficará grávida, quase sempre, vale a pena correr o menor risco possível. A vida sem sexo seria muito chata!

TRATAMENTOS HORMONAIS SISTÊMICOS

De todas as opções, os tratamentos hormonais sistêmicos oferecem a proteção mais eficaz e flexível contra a gravidez, além de um conjunto de benefícios à saúde como resultado. Dentro dessa categoria, há várias opções que variam em conteúdo (quais hormônios) e método de introdução (como são introduzidos no corpo). Os contraceptivos sistêmicos contêm estrogênio e progesterona ou apenas progesterona, e os métodos incluem pílulas, injeções, adesivos, anéis e DIUs (dispositivos intra-uterinos). A principal forma de contracepção sistêmica, e ainda a mais popular entre a grande maioria, é a pílula anticoncepcional, que mudou a vida das mulheres e vem fazendo história.

A PÍLULA ANTICONCEPCIONAL, QUE MUDOU A VIDA DAS MULHERES E VEM FAZENDO HISTÓRIA

Uma breve história da pílula

A pílula foi desenvolvida nos anos 1950 com base na premissa de que o ciclo menstrual pode ser modificado de forma a não haver um folículo do mês e, portanto, não haver a liberação de um óvulo quando a mulher ingere estrogênio e/ou progesterona de qualquer forma. Convém lembrar que a hipófise estimula o ovário a produzir estrogênio e progesterona. Então, esses hormônios voltam através do fluxo sangüíneo, passando pela hipófise. Ao perceber a presença desses hormônios, a hipófise diz: "Aha! estimulei o ovário. Meu trabalho foi feito." Portanto, ela pára de produzir os hormônios — FSH e LH — que estimulam o ovário a produzir um folículo maduro. Sem folículo = sem óvulo. Sem óvulo = sem bebê. Você só menstrua quando pára de tomar a pílula, interrompendo o fluxo hormonal, e o corpo pensa que é hora de desmanchar o revestimento do útero e reiniciar o ciclo.

* * * * *

FILHA: Então, mãe, se tomar pílula a vida toda, quando você pára, tem muitos óvulos sobrando? Você poderia, assim, ficar tomando pílula e depois ter os filhos quando tiver 60 anos?

MÃE: Não. Ninguém sabe por que não ficamos com óvulos sobrando se tomamos pílula a vida toda. Existem mais coisas por trás disso do que sabemos — mais hormônios no cérebro, mais hormônios produzidos pelo ovário e algum relógio biológico que decreta que o tempo passou. Você só poderá usá-los dentro do tempo adequado.

* * * * *

Quando a pílula foi desenvolvida, não se sabia ao certo o que aconteceria. Os químicos sugeriram a prescrição de hormônios da mesma forma que os ovários faziam, com um intervalo de uma semana para que o endométrio pudesse se desmanchar. Eles desenvolveram esse processo para simular um ciclo normal de 28 dias, porque os médicos estavam tentando simular eventos naturais. Além disso, esse período menstrual sintético era uma garantia de que as mulheres que estivessem tomando pílula não ficariam grávidas — uma informação essencial para as cobaias que não tinham certeza se poderiam confiar naquelas pílulas.

A primeira marca de pílula anticoncepcional foi Enovid. Com 5mg de estrogênio por pílula, o Enovid fornecia uma quantidade de hormônio relativamente grande. Hoje, as pílulas tendem a conter cerca de 35mg, ou um terço de um miligrama. É claro que o Enovid funcionava com benefícios imediatos. Os períodos eram bem menos dolorosos, se não completamente indolores para mulheres que tomavam pílula, e o revestimento uterino era muito mais fino; como conseqüência, o fluxo era bem menor.

No entanto, em função das enormes quantidades de estrogênio, havia muitos efeitos colaterais. As mulheres que tomavam Enovid ficavam um pouco inchadas — como se tivessem engolido toneladas de ar. Os seios ficavam inchados e doloridos. Apesar dos sintomas de *overdose* de estrogênio, quase nenhuma delas queria parar de tomar a pílula. Não há nada mais glorioso e libertador do que poder controlar sua reprodução — em especial quando isso era uma completa novidade.

Não era incomum que essas mulheres que tomavam Enovid minimizassem os sintomas para manter a produção dessas pílulas tão importantes, o que decerto contribuiu para o surgimento de muitos problemas sérios. Eram os tempos da flebite (inflamação de uma veia da panturrilha), coágulos, derrames e todos os tipos de alterações vasculares devido às excessivas doses hormonais.

Inconvenientes da pílula

De início, a pílula causou certo medo. E se os ovários nunca mais "acordassem", causando esterilidade permanente? Nos primeiros dez anos, os médicos faziam as pacientes interromperem o uso da pílula durante um mês por ano, só para testar se elas ficariam menstruadas normalmente. É claro que era nesse mês que todas ficavam grávidas. Parece que os ovários não percebem a diferença entre três meses, três ou trinta anos; sempre que o uso da pílula é interrompido, os ovários voltam à ativa. Há pouquíssimas exceções em que as mulheres demoram vários meses para menstruar de novo, situação chamada "supressão pós-pílula". Essa condição é temporária e rara.

A comunidade médica continua a aperfeiçoar a pílula. Parece que a carga hormonal é a menor possível. Com 20mg de estrogênio, houve um pequeno aumento no número de gestações. Então, provavelmente ficaremos mesmo com 30, mas nunca se sabe. As empresas farmacêuticas continuam apostando nas possibilidades da pílula anticoncepcional. Ela pode ser mais conveniente? Pode ajudar em outras áreas da vida da mulher? Fique ligada.

A pílula hoje

Há dois subconjuntos principais de pílulas — monofásicas e trifásicas. As pílulas monofásicas ("uma fase") são todas iguais, exceto as pílulas de placebo ingeridas no final do ciclo, quando você fica menstruada. Em relação às pílulas trifásicas ("três fases"), a dosagem de hormônio muda a cada semana. Às vezes, a quantidade de estrogênio é a mesma, e a da progesterona é alterada; outras vezes, o contrário. Em algumas, as quantidades de hormônios são aumentadas exatamente antes da menstruação, e, em outras, o pico hormonal é no meio do ciclo. A vantagem dessa pílula é que o consumo geral de hormônio no final do ano é ligeiramente menor, o que está tornando essa opção bastante popular. Além disso, há uma leve diminuição no sangramento (ver páginas 110-111) com dosagens trifásicas.

Independentemente do tipo de pílula escolhido, muitas mulheres tomarão pílulas ativas durante três semanas, seguidas por uma semana de pílulas de placebo. As pílulas ativas possuem hormônios, enquanto as de placebo não possuem nada — servem apenas para guardar posição no seu cronograma diário de pílula. A semana de placebo se dá quando a mulher fica menstruada, uma vez que o corpo fica privado do fornecimento controlado e constante de hormônio.

Todas as pílulas anticoncepcionais carregam o mesmo conjunto maravilhoso e importante de benefícios e poucos riscos. Elas reduzem o risco de câncer no ovário; o ovário não funciona, então as células se dividem menos, o que significa que menos células sofrem mutação, levando a menor incidência de câncer. Além disso, elas também reduzem o câncer endometrial, porque o revestimento do útero permanece mais fino do que ficaria normalmente. A pílula reduz qualquer problema associado à ovulação, como cólicas menstruais fortes, anemia causada por fluxos intensos e, até mesmo, as terríveis e multifacetadas TPMs. Em vez de flutuações naturais, mas imprevisíveis, a pílula mantém um bom nível hormonal. Ela reduz a endometriose, que precisa da menstruação normal para se perpetuar. Reduz a incidência de infecções pélvicas, porque há menos congestão no sistema durante o período, então há menos alimento para as bactérias.

Problemas com a pílula

O mais comum e desagradável efeito colateral da pílula é o *escape*, que é um leve sangramento anormal ou sangramento no momento errado. Chamamos de escape, porque ocorre quando a paciente perde o controle da pílula. Isso acontece com mais freqüência quando a paciente esquece de tomar um dia ou com muito mais freqüência ainda quando começa a tomar a pílula. Isso não é de forma alguma um problema médico, contudo a única maneira de resolvê-lo durante a contracepção via oral é por tentativa e erro. Algumas vezes a solução é outra pílula ou um método de ingestão diferente. A descoberta de qual é a melhor opção para cada caso pode levar algum tempo.

Há uma condição ginecológica que não se reduz estatisticamente com o uso de pílulas — câncer no colo do útero. Esse tipo de câncer é causado pelo papilomavírus humano (HPV — ver página 296). Caso você contraia esse vírus, há uma chance de desenvolver câncer no colo do útero, chance esta que antes não existia, uma vez que o HPV é um antecessor necessário a esse tipo de câncer (isso não quer dizer que todas as mulheres que contraírem HPV desenvolverão câncer de colo de útero, mas sim que toda mulher que tem esse tipo de câncer, contraiu o vírus). Nos Estados Unidos, onde a realização do exame Papanicolau é predominante, as chances de uma mulher desenvolver câncer de colo de útero são muito reduzidas. As mulheres que tomam pílula costumam ser mais ativas sexualmente e menos cuidadosas com o uso de camisinha, expondo-se, assim, às DSTs, incluindo o HPV. Então, essa estatística é explicada pela realidade desnecessária de que o número de mulheres que contrai HPV é maior entre mulheres que tomam pílula, e, portanto, esse grupo tem maiores chances de desenvolver câncer de colo do útero.

Há tantas pessoas hoje em dia com HPV que a tendência é que a correlação entre a pílula e o câncer de colo do útero diminua. A idéia mais atual a respeito do HPV, que certamente continuará atualizada mesmo no momento em que você estiver lendo este livro, é que quase todo jovem norte-americano sexualmente ativo tem ou já teve esse vírus em algum momento. Em geral, é assintomático e parece deixar o sistema dentro de três a cinco anos.

A pílula e as doenças

Lembre: a pílula anticoncepcional não protege seu corpo contra nenhuma DST. Não existe qualquer barreira entre você e a infecção quando você está tomando pílula. Apesar de odiar, se estiver começando um relacionamento novo, não deixe de usar camisinha.

A formação de coágulos é uma outra preocupação, mas apenas para as fumantes. Até os 35 anos, não há um aumento significativo no risco de coágulos, derrames, pressão alta, doenças cardíacas, e outras, com a combinação entre pílula e cigarro. Entretanto, à medida que a mulher vai ficando mais velha, o significativo risco à saúde causado pelo cigarro mais o risco mínimo causado pela pílula é superior ao risco da soma dos dois. Uma fumante que toma pílula e tem mais de 35 anos pode ter até dez vezes mais chances de ter um derrame. Se você se encaixar nessa categoria, cuidado com dores no peito, tosse crônica e, em especial, tosse com sangue.

* * * * *

FILHA: Mas, mãe, por que tive que parar de tomar pílula quando operei o joelho?

MÃE: Muitas regras mudam em uma cirurgia que não seja de emergência, porque temos tempo suficiente para alcançar a situação pré-operatória ideal. Sempre incentivo minhas pacientes a estar na melhor forma possível, seguir uma dieta rica em ferro e dormir bastante. Isso ajuda a criar imunidade e, em geral, é uma maneira de estar saudável. Além disso, insisto que as pacientes interrompam o uso da pílula durante um tempo.

Vale a pena evitar o risco de ter um sangramento, ainda que minúsculo.

* * * * *

Além dessas preocupações bem reais, há um conjunto de outros problemas associados à pílula que são numerosos demais para serem listados aqui. Para cada um milhão de mulheres que tomam pílula, há um milhão de experiências únicas e opiniões sobre ela. As reclamações comuns incluem uma alteração na libido, ressecamento vaginal, mau humor e inchaço. Algumas mulheres ficam com os seios doloridos, em outras eles ficam maiores, e elas acham isso o máximo. Algumas ficam enjoadas, outras com fome. Podemos atribuir muito dessa disparidade de experiências à reação do corpo, que é particular em cada pessoa para cada situação. Também podemos atribuir parte dessas reações diversas ao efeito do placebo e ao poder de sugestão.

As queixas relacionadas à pílula tendem a ser muito sugestivas. Para 90% das mulheres, não há sintomas ou, pelo menos, nenhum sintoma sobre o qual desejam conversar com um médico. Dez por cento delas reclamam de efeitos colaterais. Pelo menos 50% desses problemas são resolvidos com uma alteração na dose ou no método de ingestão. Os 50% restantes de mulheres que reclamam acreditam que os sintomas

Por que domingo?

Originalmente, a indústria farmacêutica acreditava estar fazendo um favor. Ao fazer com que a cartela de pílula fosse iniciada em um domingo, o objetivo era proporcionar fins de semana sem menstruação. No entanto, é possível começar em qualquer dia dentro de uma semana desde o primeiro dia da menstruação.

são inaceitáveis e, portanto, decidem parar de tomar contracepção sistêmica.

O ADESIVO

O adesivo é um dispositivo de fornecimento hormonal, quadrado, de cerca de 4cm e bege. Em vez de tomar uma pílula todos os dias, durante 21 dias, circulando progesterona e estrogênio pelo revestimento do estômago, o adesivo transmite as mesmas quantidades de hormônio através da pele. É monofásico, uma vez que o mesmo adesivo deve ser reaplicado toda semana durante três semanas. Na semana em que o tratamento deve ser interrompido, não há hormônio algum mantendo o revestimento do útero, logo, é o momento da menstruação.

O adesivo é uma boa idéia para aquelas mulheres que têm problema para lembrar de tomar uma pílula todos os dias, mas que são bem capazes de lembrar de algo uma vez por semana. Para aquelas com problemas de fígado (e que devem evitar a ingestão de pílulas metabolizadas pelo fígado, como a pílula anticoncepcional) ou que têm problema para engolir comprimidos, é uma ótima opção. Atletas ou pessoas extremamente limpas perderão o adesivo no terceiro jogo de tênis ou depois do quinto banho do dia. E as mulheres obesas (com mais de 90kg) em geral não podem usar esse adesivo porque acaba entrando na corrente sangüínea uma dose de hormônio menos eficaz.

O ANEL VAGINAL

Se você for do tipo que não consegue se lembrar de tomar a pílula e não consegue viver sem nadar (por exemplo), o anel vaginal pode ser o método ideal. É um anel pequeno, transparente, flexível, de cerca de 5 a 8cm de diâmetro. Ele deve ser inserido no alto da vagina, onde deve permanecer durante três semanas. Não atrapalha as relações sexuais e libera as mesmas quantidades de hormônio que os adesivos e as pílulas monofásicas. Se você tiver nojo de enfiar o dedo na vagina (embora não devesse ter), esse método com certeza não servirá para você.

LUNELLE

A injeção mensal que combina estrogênio e progesterona, Lunelle, deve retornar ao mercado norte-americano em breve. Quando foi lançada, a dosagem era muito baixa, e acabou havendo um aumento nas taxas de gravidez. Os laboratórios estão trabalhando para equiparar a dose da injeção (dada uma vez a cada 30 dias) à dose da pílula (ingerida todos os dias). Ainda não está claro se esse método exigirá uma visita mensal ao consultório médico ou se a própria paciente poderá aplicar a injeção. A única chance de erro é não se lembrar de tomar a injeção uma vez por mês. A desvantagem é que depois de tomá-la, a paciente deverá agüentar os hormônios um mês inteiro, enquanto, no caso das pílulas, basta interromper o uso, e os hormônios saem do sistema dentro de alguns dias.

PROGESTERONA

A diferença entre usar a contracepção padrão — estrogênio mais progesterona — ou apenas progesterona é que, neste último caso, você continua ovulando todos os meses; entretanto, o útero permanece sendo um local inapropriado para um óvulo fecundado. Funciona assim: você está tomando apenas progesterona e está fazendo sexo. O corpo pode liberar um óvulo no mês, e o espermatozóide pode fertilizá-lo. Contudo, a progesterona torna o revestimento do útero um local inóspito para o óvulo fertilizado. Ademais, a progesterona altera a camada mucosa da vagina (ver páginas 41-42).

As pílulas de progesterona são especialmente adequadas para mulheres que não podem ou desejam ingerir estrogênio, mas desejam ter os mesmos benefícios da pílula convencional, composta por progesterona e estrogênio. Isso funciona bem

> **Por que o Norplant voltou para a prancheta**
> Lembra do implante Norplant, o sistema de fornecimento de progesterona de longa duração? Talvez você se lembre de ter visto anúncios de pequenas hastes de plástico introduzidas debaixo da pele do antebraço. Esses pequenos bastões liberavam progesterona de forma contínua durante até sete anos. Começaram a surgir problemas quando chegava o momento de remover o dispositivo: muitas vezes tinham se formado cicatrizes em volta dos bastões, e eles tinham de ser removidos cirurgicamente. Então, o Norplant teve de voltar para a prancheta.

com mulheres que estão amamentando e não podem tomar estrogênio porque ele interrompe a lactação. Outras situações que levam as mulheres a essa escolha incluem determinados problemas vasculares que causam coágulos. Essas mulheres costumam ser aconselhadas a ficar bem longe do estrogênio. Se você cair em uma dessas categorias e estiver tomando pílula, discuta com o médico a possibilidade de passar a usar as opções que só incluem progesterona.

INJEÇÕES DE PROGESTERONA

Depo Provera é o nome da marca da injeção de progesterona administrada a cada três meses. O lado bom é que você só precisa se lembrar de tomar uma vez a cada três meses, além de ser super eficaz. Além disso, este método faz com que o revestimento do útero fique tão fino que você nem fica menstruada. Por isso, é muito popular entre mulheres jovens.

A PÍLULA DO DIA SEGUINTE É TÃO-SOMENTE A BOA E VELHA PÍLULA

Bom, você está tendo aquela maravilhosa experiência sexual com alguém que você começou a namorar. Vocês já passaram por aquela fase desconfortável, e ele está usando camisinha sem reclamar. Mas um dia, ela rasga. Rapidinho, você faz as contas... hoje é dia 14, e... você está ovulando! Milhões de espermatozóides estão nadando tão depressa quanto suas pequenas caudas permitem em direção àquele inocente óvulo. Você sabe que esses ansiosos espermatozóides levam pelo menos alguns dias para chegar até o óvulo, antes de conseguir fertilizá-lo. Quatro dias depois, ele já estará pronto para se implantar no útero.

Alguém brilhante diz: "Espera aí! A progesterona altera o revestimento do útero e o torna um local inóspito para um óvulo fertilizado. Vamos administrar uma enorme quantidade de hormônio agora mesmo." Quando o óvulo fertilizado chega, não encontra um lar. Sai nadando de um lado para o outro em busca de um bom lugar para ficar e, quando não encontra, morre.

É assim que funciona a "pílula do dia seguinte". Trata-se de um conceito bem simples. Tome de quatro a cinco pílulas anticoncepcionais (dependendo da marca) imediatamente depois do preocupante evento. Doze horas depois, tome mais quatro ou cinco. Se ficar receosa de esquecer de tomar a segunda dose, simplesmente tome as oito pílulas de uma vez. Para ser mais precisa, pergunte ao ginecologista quantas pílulas da sua marca deve tomar para evitar a gravidez depois de fazer sexo sem proteção, uma vez que, se sua pílula for mais forte, a quantidade será menor.

É quase impossível conjeturar a eficácia desse método, porque não temos muitas formas de saber quantas mulheres ficariam grávidas se não tivessem tomado a pílula do dia seguinte. Dependendo da fase do ciclo, você pode ter até 25% de chance de engravidar durante relações sem proteção. Esse risco pode ser reduzido em 75% com essa pílula.

Nos Estados Unidos, há duas empresas que produzem a pílula do dia seguinte, cada uma com um nome diferente; uma é a Preven, a outra é a Plan B. A Plan B só contém progesterona, e a Preven é a tradicional pílula anticoncepcional composta por estrogênio e progesterona. Em uma manobra política sem precedentes, a diretoria da FDA (Food and Drugs Administration) votou recentemente a venda livre da pílula Plan B. Contudo, se não houver uma farmácia 24 horas nas redondezas, qualquer amiga que tome pílula pode correr até sua casa com uma cartela. Se essa não for uma possibilidade factível, não deixe de telefonar para o ginecologista. FICO MUITO FELIZ em prescrever essa pílula e ajudar a salvar uma paciente da desgraça e de muitas dores de cabeça. Lembre-se, porém, de que, depois da pílula do dia seguinte, é preciso realizar testes de DSTs na próxima consulta médica.

A pílula — Perguntas freqüentes

Vou engordar?
(Essa é a pergunta *mais freqüente*)
Depois de uma informação errada ter se espalhado e popularizado, é quase impossível erradicá-la. Um dos mitos mais comuns é que tomar pílula engorda. Estudos cegos realizados concluíram cientificamente que o aumento de peso não é um efeito colateral das pílulas anticoncepcionais. De 95 a 99% das mulheres que tomam pílula não têm qualquer problema relacionado ao peso. Algumas perdem peso. Outras ganham. E todas culpam a pílula.

Entretanto, é provável que seja válido argumentar que se você acreditar que ganhará peso, então de fato ganhará. Há também diferenças comportamentais que podem passar despercebidas. Por exemplo, quando uma mulher começa a tomar pílula, é muito mais fácil colocar a culpa de qualquer ganho de peso naquele pobre comprimido. Algumas pacientes novas na pílula já me disseram que começavam a dizer coisas tipo: "Eu bem que podia comer mais um pedaço de bolo, estou tomando pílula mesmo."

E se eu esquecer de tomar um dia? Devo tomar duas de uma vez?
Sempre que esquecer de tomar uma pílula, você estará aumentando meio ponto nas chances de engravidar, porque está permitindo que o ovário abra um olho. Esse esquecimento aumenta o risco de começar a desmanchar o revestimento do útero, então é possível haver sangramento. Por tradição, pedimos que as pacientes tomem duas pílulas no dia seguinte, o que pode ajudar. Hoje em dia, costumo pedir que continuem tomando uma por dia até a cartela terminar, porque é menos agressivo. Esse método significa uma fração de 1% em termos de evitar a gravidez, portanto, se você não for muito sensível à pílula e desejar ser bastante cuidadosa, vá em frente e tome duas para recuperar essa porcentagem de segurança perdida.

E se eu esquecer mais de um dia?
Se esquecer de tomar por mais de dois dias, use métodos alternativos de contracepção. A forma mais segura é parar de tomar a pílula por sete dias, começar uma nova cartela no oitavo e então você estará segura outra vez depois de sete dias. Como resultado, você estará incomodada durante duas semanas.

Se você precisar mesmo fazer sexo sem camisinha por alguma razão e estiver na última semana da cartela (ou seja, você ficará menstruada na próxima semana), é possível enganar seu corpo em troca de uma semana de inconveniência. Descarte a cartela incompleta e comece uma nova, sem qualquer risco de gravidez. Se tiver pulado duas pílulas nas primeiras duas semanas da cartela, o mais provável é que haja uma ovulação inesperada. Pare de tomar a cartela, comece de novo em sete dias e estará tudo bem depois de mais sete dias.

Independente da solução escolhida, caso costume esquecer com freqüência de tomar a pílula, estará correndo o risco de uma gravidez indesejada e talvez fosse uma boa idéia considerar o uso do adesivo, anel vaginal ou injeção.

Existe algum risco futuro na minha fertilidade?
A pílula aumenta a fertilidade porque se os ovários estão adormecidos, eles, assim como você por tabela, têm mais chance de se manterem saudáveis. Ao enganar o ciclo natural do corpo, a pílula interrompe a atividade e a divisão celular, reduzindo as chances de ocorrer mutação celular, cistos anormais e câncer.

Ela não é muito nova?
As adolescentes ou jovens universitárias, em geral, desejam usar pílula e nem sempre usam apenas para fins de contracepção. Às vezes, querem tomar a pílula para ajudar no combate à acne e às cólicas, embora os pais acreditem que, se derem para as filhas métodos anticoncepcionais via oral, estarão emitindo uma licença para que desenvolvam uma vida sexual selvagem. Outros se preocupam com seus efeitos negativos no longo prazo.

Relaxe. A pílula não transforma jovens mulheres em ninfomaníacas. Na verdade, em geral, o comportamento é o mesmo, independente da pílula. Então, se você estiver tendo relações sexuais, é melhor estar mesmo tomando a pílula; se não estiver, então você consegue uma ajuda no curto prazo para resolver o problema da acne e das cólicas. Além disso, como seu fluxo é menor, menores são as chances de ficar anêmica ou de desenvolver qualquer tipo de infecção pélvica. Como os ovários estão menos ativos, há muito menos possibilidades de desenvolver doenças no ovário ou endometriose. E claro que, para uma mulher com uma carga hormonal variável e um calendário social, não há como desprezar a importância de um fluxo regrado. E não — a pílula não causa nenhum efeito no longo prazo.

O que acontece se eu ficar grávida e continuar tomando pílula?
A pílula anticoncepcional é um hormônio do sexo; portanto, pode acontecer todo tipo de confusão em caso de gravidez.

Contudo, é óbvio que ao longo dos últimos anos observamos com carinho mulheres que não sabiam estar grávidas e continuaram a tomar a pílula. Não há relato de nenhum defeito de nascença que possa ter sido atribuído à pílula. Suspeitamos que os hormônios presentes na pílula são como um grão de areia na praia de todos os hormônios produzidos por uma mulher grávida. É claro que se estiver tomando pílula e descobrir que está grávida, pare imediatamente.

Qual é a diferença entre as marcas e como sei qual é a mais indicada para mim?
Em relação às pílulas anticoncepcionais, assim como com quase tudo, o *marketing* é o principal fator que distingue as marcas. Isso não quer dizer que não haja pequenas diferenças entre elas, mas sim que ninguém pode dizer qual é a melhor opção para você. Se na primeira tentativa não der certo, tente de novo.

Existe hoje nos Estados Unidos uma nova marca muito interessante, chamada Seasonal, que é igual à pílula convencional. Só que, em vez de tomá-la durante três semanas e depois uma semana de placebo, você deve tomar pílulas ativas durante 12 semanas e, em seguida, tomar uma semana de placebo. Essa forma de utilização facilita sua vida, uma vez que você só fica menstruada quatro vezes por ano.

Por que ter um ciclo menstrual de 28 dias? Tenho mesmo de ficar menstruada?
Lembre que o ciclo menstrual é definido como o período entre o primeiro dia da menstruação e o primeiro dia da próxima menstruação. Vinte e oito dias são o período médio. Todavia, não há necessidade médica de se ficar menstruada enquanto estiver tomando pílula. Como você está tomando progesterona e estrogênio todos os dias, o revestimento do útero nunca recebe estímulo (como aconteceria em um ciclo normal ou se

estivesse tomando apenas estrogênio) e não é obrigatório desmanchar o endométrio. Você pode tomar essas pílulas hormonais duplas e ativas, contínua e indefinidamente, sem que isso faça qualquer mal. Em algum momento, porém, muitas mulheres acabarão deixando de tomar e terão um pequeno sangramento vaginal. Não interrompa a pílula por mais de sete dias (ou você pode ovular) e, em seguida, recomece.

É natural que a falta de menstruação em mulheres que não tomam pílula seja preocupante e possa ser um sinal de distúrbios hormonais, de excesso de exercício, má alimentação, estresse ou diversas outras razões.

Qual pílula faz bem à minha pele e por quê?
Muitas pílulas fazem bem à pele, mas, para poder alegar esse benefício na bula, a FDA exige que o fabricante comprove o fato. Em outras palavras, embora muitas pílulas ajudem no combate à acne, a primeira empresa que se deu ao trabalho de provar isso foi a Ortho Tri-Cyclen.

Não obstante, no primeiro mês, a pele pode piorar um pouco e depois melhorar. As espinhas tendem a aparecer no começo do ciclo hormonal, então tenha paciência, dê um tempo. Seria adequado e justo esperar três meses antes de decidir se a pílula está fazendo bem à pele ou não.

MÉTODOS DE BARREIRA

Os métodos contraceptivos de barreira funcionam com um princípio muito mais simples do que os tratamentos hormonais sistêmicos; eles simplesmente impedem que o espermatozóide encontre o óvulo.

CAMISINHAS

De modo geral, o melhor método contraceptivo é a camisinha, porque, embora haja uma ligeira taxa de gravidez associada a seu uso, as chances de pegar uma infecção são drasticamente reduzidas. Não só elas impedem que o espermatozóide encontre o óvulo, como também impedem que a ejaculação entre na vagina e no colo do útero. Muitas doenças sexualmente transmissíveis residem no sêmen. Melhor evitá-lo. A camisinha ajuda a evitar a transmissão de um punhado de DSTs que podem ser passadas através da pele (ou seja: herpes e verrugas), porque a pele da genitália do homem nunca toca na sua. Dito isso, nunca, nunca mesmo, sob nenhuma circunstância, faça sexo com alguém que esteja com feridas de herpes — com camisinha ou não, as feridas de herpes são altamente contagiosas.

Por melhor que sejam, é sempre bom lembrar que a camisinha forma uma barreira contra muitas doenças, mas reduz o risco de contrair todas elas. Em outras palavras, a camisinha não significa sexo seguro e sim sexo *mais* seguro. Quando um pênis entra em uma vagina, a mulher pode pegar muitas coisas. Os homens também.

Há muitas vantagens no uso da camisinha. Por exemplo, tem venda livre nas farmácias. Não há desculpa para não ter sempre uma com você. Se ele está a ponto de bala, tem de estar disposto a pegar uma camisinha (ou vice-versa). Ela é descartável. Um tamanho, em geral, serve para quase todos. É tecnicamente fácil de usar. Não há qualquer efeito colateral ou risco de nenhuma natureza.

Há diversos tipos de camisinha: látex, poliuretano, membrana animal, com reservatório na ponta ou não. A camisinha de látex com reservatório na ponta é a melhor opção. As de poliuretano são ideais para os alérgicos a látex. Já as de membrana animal são um conceito bom e natural, mas não protegem contra as DSTs — então só é recomendado para pessoas em um relacionamento monogâmico, que não tenham qualquer doença.

Mesmo as camisinhas de látex não são perfeitas. Em estudo recente, foram encontrados pequenos orifícios em 10% das

ALERTA SOBRE AS CAMISINHAS

Um estudo recente realizado pelo Lancet (periódico da Sociedade Médica de Londres) recomendou evitar o uso de camisinha com espermicida (Nonoxinol 9). Aparentemente, o Nonoxinol 9 compromete e/ou irrita a pele, tornando-a mais suscetível a infecções e doenças. Por enquanto, não se recomenda mais o uso de camisinhas revestidas por espermicida.

luvas cirúrgicas. Muitos cirurgiões passaram a usar duas luvas, o que reduziu drasticamente as taxas de infecção. Entretanto, se as luvas usadas em uma sala de operação possuem orifícios, o mais lógico é que as camisinhas também possuam. A preocupação aqui não é somente a gravidez, mas as doenças, que muitas vezes não são reversíveis.

Sabemos que a camisinha tem fama de não ser *sexy*. Muitos homens alegam que "é como chupar bala com papel". Outros dizem que é tão desestimulante que não conseguem manter a ereção enquanto a colocam (reclamações sem qualquer imaginação!). Enquanto isso, algumas mulheres acreditam que parece premeditado e vulgar ter camisinha na mesinha-de-cabeceira.

Cantinho de histórias da mamãe

A camisinha foi inventada pelo Marquês de Sade, que costumava amarrar um pedaço de tecido de algodão na base do pênis. Ele não estava exatamente preocupado em não engravidar as mulheres, e sim em se proteger contra infecções. Os rumores são de que ele também inventou o diafragma, usando uma metade de um limão (essa história não foi comprovada). Talvez tenha sido uma primeira tentativa de combater um odor desagradável.

Curiosidade lingüística

Os britânicos chamam a camisinha de *carta francesa*. Do outro lado do canal, elas são chamadas *capuz britânico*.

São pequenos detalhes diante de algo que, para ser bem franca, pode ser uma questão de vida ou morte. Se você estiver fazendo sexo com alguém sem estar em um relacionamento contínuo e monogâmico, se está em uma nova relação, ou se vocês dois nem mesmo estiverem envolvidos, seria uma grande loucura não usar camisinha.

Pense nela como um novo brinquedinho. Aprenda a colocá-la com a boca. Há diversos tipos de camisinha — lubrificadas e não lubrificadas, onduladas, cor-de-rosa, com sabores etc. Aprenda a ficar *sexy* com elas. Desafie-se a usá-las de maneira criativa e você perceberá que podem ser divertidas.

O DIAFRAGMA

Uma forma de barreira muito menos eficaz é o diafragma. Ele parece um solidéu de borracha, vem em tamanhos diferentes e é flexível, de forma a se ajustar, por trás do osso pubiano, à vagina e ao osso sacro, a fim de cobrir de maneira confortável o colo do útero. Conforme podemos imaginar, o tamanho do diafragma precisa ser definido por um profissional. A idéia é manter os espermatozóides do lado de fora do diafragma. Como o óvulo estará do outro lado, eles nunca se encontrarão.

O diafragma pode ser introduzido com espermicida até duas horas antes das relações sexuais, mas quanto mais próximo da relação ele for inserido, mas eficaz será, porque o espermicida faz boa parte do trabalho. Menos de duas horas é um excelente período. Depois de fazer sexo, você deve continuar com ele por pelo menos mais seis horas, até todos os espermatozóides estarem fora de combate.

Uma ode a Margaret Sanger...

...que entre tantas outras contribuições para os avanços na reprodução feminina também trouxe o diafragma da Europa para os Estados Unidos nos primeiros anos do século XX, arriscando sua própria liberdade. Era crime oferecer qualquer dispositivo ou conselho contraceptivo e, por isso, ela foi presa. Era uma mulher que entendia o significado do controle de natalidade.

Infelizmente, esse não é um bom método para evitar a gravidez. Em situações de uso perfeito, há uma taxa de gravidez de 6%. No uso real, com espermicida aplicado antes de cada relação sexual, a taxa de gravidez é de 20%. Durante o sexo, a vagina fica inchada e dilatada. Nesse ambiente modificado, o diafragma mexe-se de um lado para outro. Se você colocá-lo de forma que fique confortável durante a relação sexual, será bastante incômodo mantê-lo dentro do corpo durante as próximas seis horas. Outra característica pouco atraente é que ele aumenta as chances de infecções na bexiga.

O ESPERMICIDA

O espermicida é outra forma de contracepção local e não hormonal, bastante auto-explicativa. O Nonoxinol 9 (principal ingrediente encontrado no espermicida) mata os espermatozóides antes que consigam entrar no óvulo. Há muitos cremes, supositórios, produtos e dezenas de preparos espermicidas de venda livre em farmácias que uma mulher pode comprar sem prescrição médica. A idéia é colocar o espermicida o mais próximo possível do colo do útero, onde só é eficaz durante um curto espaço de tempo (em geral, seis horas). Portanto, com a esponja, por exemplo, funciona durante seis horas, depois é preciso esperar mais seis horas. São seis horas sem sexo para você.

ALERTA!

Conforme mencionado na seção sobre a camisinha, um estudo recente sugere que o espermicida aumenta o risco de infecção uma vez que compromete o epitélio (ou seja, irrita a pele, o que facilita a entrada de infecções na corrente sangüínea). Diretrizes atuais sugerem limitar o uso de espermicida a uma vez por dia. Uma freqüência maior do que essa pode aumentar o risco de contrair HIV.

É possível encontrá-lo em uma farmácia próxima, em geral, perto da seção de absorventes e ceras depilatórias. Se você for do tipo de mulher que gosta de comprar direto no balcão, sem prescrição, e é monogâmica, portanto, não precisa se preocupar com DSTs, o uso de espermicida uma vez por dia será uma boa solução.

CAPUZ CERVICAL

Você provavelmente nunca ouviu falar do capuz cervical — um pequeno dispositivo de borracha, rígido, muito parecido com o diafragma —, que é mantido no colo do útero por meio de sucção. A verdade é que se Margaret Sanger tivesse conhecido os distribuidores do capuz cervical antes de conhecer os representantes do diafragma na Europa, seria bem provável que as mulheres norte-americanas usassem capuz cervical e que o diafragma fosse apenas uma opção secundária.

Talvez não. O capuz cervical não é muito prático. Nos anos 1930, as mulheres costumavam ir ao consultório médico depois do período menstrual para colocar o capuz e voltar logo antes do próximo período para retirá-lo. Além de esse procedimento ser inconveniente, com o aumento da precisão do Papanicolau, percebeu-se um aumento significativo nos resultados anormais em pacientes que usavam o capuz. Com isso, não estamos dizendo que o capuz aumente a incidência de doenças, mas sim que leva ao surgimento de inflamações e mais células atípicas.

À medida que as mulheres se tornavam donas de sua saúde reprodutiva, passaram a exigir mais opções contraceptivas, e o capuz cervical foi durante algum tempo um dos queridinhos do movimento feminista. Contudo, sem a ajuda de um médico, o uso do capuz cervical pode ser um transtorno, e 20% das mulheres nem mesmo podem usá-lo — ele não cabe.

Se a descrição anterior do capuz cervical lhe parecer atraente, embora nunca tenha sido popularmente usado, há ainda hoje algumas poucas opções. O único capuz disponível atualmente nos Estados Unidos é chamado FemCap. Em vez de ser sugado para dentro do colo do útero, ele se estabiliza nas paredes da vagina. Lea's Shield é a marca de outro novo capuz que, em breve, estará disponível no mercado americano. Pode ser que haja mulheres por aí que adoram seus pequenos capuzes de borracha, entretanto, existem tantas outras opções tão melhores, mais eficazes e mais simples, que acho muito difícil sugerir a alguém em busca de um método anticoncepcional o uso do capuz cervical.

Capuzes cervicais e colos de útero primitivos

Um dos principais obstáculos para os fãs do capuz cervical é encontrar o tamanho certo. Até a revolução sexual, a contracepção era dirigida a mulheres casadas, e nunca solteiras. A cada bebê nascido de parto natural, o colo do útero aumentava permanentemente (como a cintura de muitas mulheres). Os capuzes tinham como objetivo essas mulheres. Portanto, em geral, são muito grandes para uma mulher que nunca tenha tido filhos.

O DIU

O dispositivo intra-uterino (ou DIU) é a forma mais barata e eficaz de contracepção reversível. É um dispositivo pequeno, em geral em forma de T, que se adapta ao formato do útero, onde deve ser colocado por um médico. Quase sempre a introdução do DIU é feita na época do período menstrual, quando o colo do útero se dilata um pouco, o que facilita a colocação de um corpo estranho. Ao desorganizar o ambiente do útero (e bloquear o caminho dos espermatozóides), o DIU impede que o óvulo fertilizado se implante. A parte do útero onde se encontra o DIU se desmancha todos os meses, sem afetar ou irritar o útero propriamente dito.

O DIU passou por muitas fases até chegar a ser a opção segura e eficaz que é hoje. No início do século passado, a introdução do DIU era irreversível, tornando a mulher (que em geral já tinha construído sua família) estéril. Esses dispositivos costumavam ser de ouro e acompanhavam as proprietárias até o túmulo. Hoje, a FDA e os estabelecimentos médicos exigem que seja removível.

Além disso, todo dispositivo contraceptivo deve ser fácil de inserir e deve ter uma taxa de eficácia documentada. Os DIUs são estaticamente tão eficazes quanto a esterilização cirúrgica, com uma taxa de gravidez de 0,6%. Muitos dos primeiros problemas associados ao DIU já foram resolvidos, e só recomendamos seu uso a mulheres monogâmicas e que desejam ter um método contraceptivo duradouro. Uma coisa que não pode ser esquecida é que o DIU não impede a gravidez ectópica; então, se você usar esse dispositivo e enfrentar dores pélvicas, esse deve ser o primeiro local a ser examinado na sala de emergência.

Embora o grande temor relacionado ao DIU fosse a doença inflamatória pélvica (DIP), algumas informações atuais sugerem que ele não aumenta as taxas dessas doenças. Mulheres monogâmicas que usam DIU possuem menos de 1% de chance de desenvolver uma infecção, porque sua flora e a de seu parceiro acabam ficando praticamente iguais. É até um pouco romântico, na verdade. Quando você passa a dividir a cama com alguém, vocês se tornam um só ecossistema. O pênis fica cheio de bactérias mais do que familiares.

Há dois DIUs disponíveis hoje — o tipo T de cobre, ou Paragard, e um DIU que libera progesterona, chamado sistema intra-uterino de liberação de levonorgestrel ou Mirena. O DIU de progesterona não é comercializado como DIU, mas como um sistema de fornecimento de progesterona que altera o muco de forma que o espermatozóide não consegue nadar. Como todos os DIUs, o Mirena também altera o revestimento do útero de maneira a tornar o endométrio um local inóspito para um possível embrião. A progesterona tem efeito relaxante e, como conseqüência, reduz os tradicionais problemas de cólicas e sangramento durante o período menstrual. Vinte por cento das mulheres que usam Mirena param de menstruar depois de um ano. Esse tipo de DIU dura cinco anos. A vantagem do "T" de cobre é que ele dura dez anos, mas pode aumentar as cólicas e o fluxo. Caso você ultrapasse o tempo-limite aprovado de qualquer um dos dois tipos, há um ligeiro aumento no risco de gravidez.

Sabedoria ginecológica

A história conta que os condutores de camelo no Oriente Médio colocavam pedras dentro do útero dos camelos fêmeas para que não engravidassem durante as longas caravanas e, portanto, não precisassem de mais água. Essa é considerada a origem do DIU. Embora seja uma história interessante, nunca foi verificada. Nenhum condutor de camelo de verdade ouviu falar dessa técnica.

O DIU pode estar voltando a se popularizar, porque é tão eficaz quanto qualquer outro método e não exige se lembrar de tomar uma pílula ou inserir um anel. Embora exista uma pequena possibilidade de você reagir mal a um DIU — desconforto, cólicas, sangramentos inesperados —, com o de progesterona há 20% de chance de você parar de menstruar dentro de um ano, até a remoção do dispositivo.

A HISTÓRIA DO DIU — O DALKON SHIELD

É provável que o Dalkon Shield tenha sido o mais triste desastre em nossa luta pela liberdade reprodutiva. Ele era um DIU que parecia uma tartaruga: um dispositivo de plástico, triangular e com pequenas sondas que saíam por todos os lados. O fio que se estendia dentro da vagina para facilitar a remoção era de polifilmanto (era trançado). Esse dispositivo foi lançado ao público depois de testes muito rápidos e com certeza inadequados.

Acontece que os fios escolhidos — na maioria dos DIUs e particularmente no Dalkon Shield — serviam como meio de transporte entre o mundo exterior à vagina e o útero das pobres mulheres. Muitas jovens com DIU tiveram febre, infecções pélvicas e abscessos. O problema com o Dalkon Shield, que teve as maiores taxas de infecção registradas, era o fio trançado, que rapidamente ligava as bactérias da vagina ao útero.

Isso levou ao aumento significativo de infecções pélvicas, à medida que muitas mulheres não monogâmicas passaram a usar o Dalkon Shields e outros DIUs. No primeiro ano de sua introdução no mercado, algumas mulheres engravidaram, apesar do DIU, e morreram — com o progresso da gravidez, o dispositivo perfurava o útero, causando infecções fatais.

Pode ser complicado entender como uma omissão desse tipo pode ter ocorrido, entretanto, nos anos 1960, havia um esforço muito grande no planejamento familiar e na contracepção. Como as mulheres estavam se tornando mais ativas

DIU da mamãe

Eu usei DIU. Aos 35 anos, ainda fumava, então tive de parar de tomar a pílula. Para mim, era o paraíso. Para a pessoa certa, é a forma ideal de controle de natalidade. Você se esquece completamente de que deve se preocupar com a contracepção. Não precisa se lembrar de tomar pílulas. Não precisa colocar nada ou tirar nada. É uma maravilha.

politicamente, a FDA era pressionada a fornecer o maior número possível de opções. Médicos receitavam DIU para as mulheres sem levar em consideração seu estilo de vida, a idade ou os desejos reprodutivos. E logo aprendemos que uma mulher com vários parceiros sexuais tinha muito mais risco de contrair infecção pélvica caso usasse um DIU, porque estava se expondo a muitas bactérias diferentes que poderiam ser levadas pelo dispositivo até o útero.

PLANEJAMENTO FAMILIAR NATURAL (ANTES CONHECIDO COMO MÉTODO DA "TABELINHA")

A idéia por trás do planejamento familiar natural é descobrir a época do mês em que você ovula e evitar manter relações no período. Como existem vários sinais teóricos e reais da ovulação, é fácil descobrir a época em que ocorre e só fazer sexo depois e até o próximo período menstrual. É muito mais difícil calcular o intervalo seguro entre o período e uma data de ovulação projetada.

Há muitos sinais da ovulação. Se você quiser, poderá examinar o colo do útero todos os dias, introduzindo um dedo a fim de tocá-lo. Você perceberá que, depois de ovular, ele fica mais macio. Você também pode examinar o muco cervical todo dia. Quando ficar viscoso, você está ovulando. Além disso, a temperatura sobe um pouco depois da ovulação, porque a progesterona é hipertérmica (aumenta a temperatura do corpo). Outra possibilidade é usar um *kit* de teste de ovulação, que, nos Estados Unidos, a 20 dólares por unidade, pode sair bem caro depois do terceiro teste no mês. Esses *kits* podem prever a ovulação entre 12 e 36 horas antes de ela ocorrer. Portanto, se você estiver tentando engravidar, é um bom momento para usá-lo. Se estiver tentando evitar a gravidez, terá de esperar 72 horas até o óvulo morrer e poder retomar as atividades sexuais. Existem também computadores de bolso que podem ajudar a prever os momentos férteis e inférteis, caso não tenha paciência para ficar acompanhando o calendário ou o colo do útero.

Os ciclos menstruais variam de mulher para mulher. Se você tiver períodos realmente regulares (e nunca aposte muito dinheiro na previsão de quando será seu período), você ovulará no 14º dia de um ciclo de 28 dias. Portanto, você deve parar de transar pelo menos uma semana antes da ovulação. Isso significa que você pode manter relações sexuais regulares sem qualquer proteção anticoncepcional enquanto estiver menstruada e até o sétimo dia depois da menstruação. Logo, você pode manter atividade sexual até três dias antes da ovulação, durante a menstruação e até o sétimo dia após o fluxo. São 18 dias em um ciclo de 28 durante os quais você pode brincar à vontade.

Quanto mais dias conseguir se manter sem sexo próximo à ovulação, mais eficaz será o método. Há algumas mulheres bastante disciplinadas que fazem sexo durante dois ou três dias por mês. E adivinha só? Sem engravidar. Contudo, a mente humana é muito engraçada — você acaba deixando passar uns dias de abstinência e fica grávida. Ou você é disciplinadíssima ou, naqueles dias em que diz “Ah, dane-se!”, use camisinha.

> **Outra forma de controle da natalidade**
>
> Lembro de um casal na faculdade que estava muito apaixonado, mas era religioso. Uma vez ela me contou que eles se revezavam no controle da atividade sexual: um se concentrava em esfriar e o outro relaxava e aproveitava o que quer que fosse que estivessem fazendo. Quando percebiam que o pênis estava muito próximo da vagina, quem estivesse na vez dizia: "Ok, pára!". Ela queria casar virgem.

Conheço muitas mulheres que tiveram uma gravidez inesperada usando o método da tabela e muitas outras que nunca tiveram qualquer surpresa.

COITO INTERROMPIDO

O mais incerto de todos os métodos anticoncepcionais é o coito interrompido, cuja estimativa de taxa de gravidez é de 20%. Neste método, o homem "tira" um pouco antes de ejacular, evitando que boa parte do sêmen entre na vagina. Essa não pode ser considerada uma boa opção para quem realmente não quer engravidar. Não é um método confiável, mas se você estiver lendo este livro e costumar utilizar o coito interrompido sem qualquer falha nos últimos dez anos, então continue com ele.

LAQUEADURA DAS TROMPAS

Também conhecida como "ligar as trompas", a laqueadura é o método contraceptivo mais utilizado nos Estados Unidos (e também no Brasil). Com uma taxa de gravidez de 0,5 a 3,5%, a laqueadura é extremamente eficaz e pode ter um custo muito alto se realizada enquanto a paciente ainda tem alguns bons anos de fertilidade. O procedimento leva cerca de trinta minutos, e a mulher deixa o hospital no mesmo dia. Algumas mulheres voltam a trabalhar depois de dois dias, enquanto outras podem levar duas semanas para se recuperar — depende do nível de conforto da paciente. As duas principais desvantagens desse método é que é uma cirurgia e, portanto, carrega todos os riscos da anestesia geral (uma em cada dez mil pessoas morre), além de ser considerada uma técnica permanente.

Avanços na tecnologia reprodutiva permitiram que mulheres que tinham ligado as trompas se tornassem mães biológicas. Um especialista em fertilidade pode armazenar os óvulos de uma mulher, por meio de um tubo, e implantar um óvulo fertilizado em seu útero. Isso exige, naturalmente, muito tempo, dinheiro e energia. Então, uma boa idéia é ter certeza de que a gravidez está fora de seus planos antes de fazer a cirurgia.

Há algumas formas de ligar as trompas, e certamente seu médico tem sua maneira favorita. O procedimento Pomeroy é o mais utilizado quando há uma cirurgia abdominal, ou seja,

Contracepção na Itália

Algumas pessoas dizem que a principal forma de contracepção na Itália é o sexo anal. Não tenho a menor intenção de ser processada pelo país que amo mais do que qualquer outro, mas que isso tem uma certa lógica, tem. Você continua sendo virgem, não há chances de engravidar e ainda se diverte.

Nós amamos Nova York

A cidade de Nova York é única no mundo por várias razões, inclusive por seu código de saúde, que exige um período de espera de 30 dias para qualquer laqueadura de trompa voluntária (esterilização). Isso ajuda a evitar a principal complicação desse método: o arrependimento.

no momento de uma cesariana. Nele, o cirurgião pega cada uma das trompas, dobra no meio, amarra com uma sutura e corta as alças. As suturas são biodegradáveis e, uma vez dissolvidas, a paciente fica com duas lacunas no meio das trompas de Falópio. O espermatozóide pára no caminho cicatrizado, e o óvulo fica preso do outro lado.

Também é possível fazer a laqueadura utilizando-se um laparoscópico (um pequeno dispositivo médico composto por uma câmera e *lasers*), método que envolve uma incisão muito menor pelo umbigo. Nesse procedimento, o cirurgião queima a parte intermediária da trompa para alcançar o mesmo resultado. A vantagem desse procedimento é que, em geral, é mais bem tolerado pela paciente, permitindo que ela volte às atividades normais mais depressa, além de deixar uma cicatriz quase invisível. Essa técnica está se tornando o principal método de laqueadura, em especial em mulheres que não precisam realizar qualquer cirurgia abdominal.

Apenas diga não

Deus a abençoe se você conseguir e quiser.

UMA BREVE E SUBJETIVA RETROSPECTIVA DA LAQUEADURA DAS TROMPAS

A laqueadura foi desenvolvida como uma forma rápida e permanente de esterilizar uma mulher, de maneira a ainda permitir que ela voltasse a trabalhar quase imediatamente. Não exige muito tempo ou grandes conhecimentos médicos. Não é surpresa que esse método de esterilização tenha sido desenvolvido nos campos de concentração nazistas na Alemanha.

Quando eu estava na faculdade de medicina, havia muitos mitos em torno da laqueadura. Em Porto Rico, existia a idéia errada de que se você ligasse as trompas voltaria a ficar fértil em cinco anos. Muitas mulheres traziam as filhas teimosas a fim de que se submetessem ao procedimento e depois acreditavam que eu estava escondendo delas a mágica contraceptiva de cinco anos. Também vi muitas mulheres que ligaram as trompas e depois de seis anos não entendiam por que não engravidavam.

Quando estive na Jamaica nos anos 1970, as mulheres relutavam em fazer a laqueadura, porque havia uma espécie de teoria das "cotas". Essa superstição dizia que as mulheres estavam destinadas a ter um determinado número de filhos. Enganar o destino seria um convite à maldição. Conversei com profissionais que acreditavam que isso era uma herança dos dias de escravidão, quando as pessoas que cuidavam da saúde da comunidade escrava eram pagas pelos proprietários e, portanto, queriam mesmo era incentivar o maior número de bebês possível. Então, as jamaicanas não viam com bons olhos qualquer restrição à função reprodutiva, em especial as permanentes.

Como as histerectomias (ver página 275), as posturas e os métodos da laqueadura variam de país a país e, dentro dos Estados Unidos, de região para região. Essa variação está diretamente associada ao início e ao fim da reprodução, além da facilidade relativa do procedimento. Tive uma paciente que

Contos de velhas esposas

Acreditamos ter coberto todas as medidas contraceptivas legais. Esqueça práticas como usar ducha vaginal logo depois da relação sexual, pular depois de fazer sexo, a camisinha no último minuto ou a idéia de que se você não tiver um orgasmo não poderá engravidar. Se isso fosse verdade, o Baby Boom não teria acontecido.

visitava o pai que estava morrendo em Minnesota e foi parar na sala de emergência com uma gravidez ectópica. Ela estava assustada, chateada e sem dormir. O médico do hospital disse: "Acho que temos que operar, acreditamos ser uma gravidez ectópica. Mas já que já estamos aqui mesmo, você gostaria de ligar as trompas?" Ela tinha cerca de 35 anos. Embora muitas mulheres ainda comecem suas famílias aos vinte e poucos anos, 35 (que é muito mais do que a média nacional) é quando minhas pacientes comecem a pensar em engravidar. Ela disse ao médico: "Faça o que tiver que fazer." Ele considerou isso um consentimento e ligou a outra trompa.

A triste ironia é que ela veio ao meu consultório muitos anos depois, porque estava com dificuldade para engravidar. Esse médico acreditava estar fazendo um grande favor. Não preciso dizer que quando ela descobriu que a outra trompa havia sido ligada, ficou chocada.

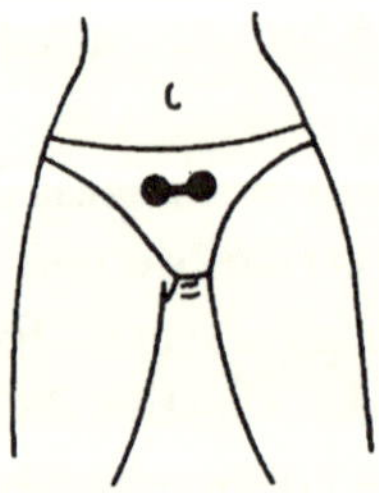

		TAXAS DE GRAVIDEZ	PROTEÇÃO CONTRA DST	RX	OBSERVAÇÕES
Contraceptivos "Orais", ou seja, estrogênio e progesterona combinados	**Pílula**	0,5% Uso perfeito*	NENHUMA	Sim	Você tem de se lembrar de tomar uma pílula todos os dias. Os novos benefícios: Orto Tri Cyclen — bom para a acne. Yasmin — bom para inchaço. Seazonal — quatro períodos por ano.
	Ortho Evra (adesivo de pele)	0,5% Uso perfeito 3% Uso típico	NENHUMA	Sim	Menos eficaz se você pesar mais do que 90kg. Precisa trocar o adesivo toda semana. Algumas mulheres reclamam de irritação na pele.
	Nuva (anel vaginal)	0,5% Uso perfeito 3% Uso típico	NENHUMA	Sim	Só precisa lembrar-se uma vez por mês de retirá-lo, aguardar uma semana e colocar um novo. Um tamanho serve para todas as mulheres.

*O Uso Perfeito é a eficácia teórica máxima. No entanto, no dia-a-dia, esquecemos, perdemos pílulas, tomamos quatro horas depois do horário regular etc., o que aumenta a taxa de gravidez. A Organização Mundial da Saúde (OMS) calcula as taxas de gravidez em mulheres/anos, o que significa que a cada 100 mulheres em um ano, que fazem uso de determinado método contraceptivo, tantas engravidam.

		TAXAS DE GRAVIDEZ	PROTEÇÃO CONTRA DST	RX	OBSERVAÇÕES
	Lunelle (injeção mensal)	0,5% Uso perfeito 0,3% Uso típico	NENHUMA	Sim	Você tem de ir ao consultório do médico uma vez por mês para tomar a injeção. Ainda está sendo reestruturado.
Somente progesterona	**Pílula**	0,3% Uso perfeito 8% Uso típico	NENHUMA	Sim	Não impede a lactação.
	Depo Provera	3% Uso perfeito 3% Uso típico	NENHUMA	Sim	Injeção a cada três meses. Popular entre adolescentes. nove milhões mulheres em todo o mundo. Em geral, a mulher não menstrua.

		TAXAS DE GRAVIDEZ	PROTEÇÃO CONTRA DST	RX	OBSERVAÇÕES
	Sistema intra-uterino de liberação de levomorgestrel (DIU)	0,1 - 0,2%	NENHUMA	Sim	Não impede a lactação. Não precisa se preocupar com nada. Válido por cinco anos. 20% das mulheres não ficam menstruadas. Bom para diversos problemas menstruais e ginecológicos. Mesma taxa de gravidez da laqueadura, mas sendo reversível. A mulher DEVE ser monogâmica.
Implante subcutâneo	**Implanon, Norplant Norplant-2**	0,05%	NENHUMA	Sim	Não disponível nos Estados Unidos
DIU	**Paragard T**	0,6%	NENHUMA	Sim	Válido por dez anos. Pode aumentar as cólicas e o fluxo.

		TAXAS DE GRAVIDEZ	PROTEÇÃO CONTRA DST	RX	OBSERVAÇÕES
	Sistema intra-uterino de liberação de levonor-gestrel	Veja acima	Veja acima	Sim	Veja acima.
Barreiras	**Camisinha (masculina)**	3% Uso perfeito 14% Uso típico	Muito boa	Não	É o método escolhido por pessoas não monogâmicas. Evitar camisinhas naturais — use apenas as de látex, a menos que seja monogâmica.
	Camisinha (feminina)	5% Uso perfeito 21% Uso típico	Excelente	Não	Provavelmente a melhor forma de se proteger contra DSTs.

		TAXAS DE GRAVIDEZ	PROTEÇÃO CONTRA DST	RX	OBSERVAÇÕES
	Diafragma	6% Uso perfeito 20% Uso típico	NENHUMA	Sim	Maior risco de infecção vaginal e na bexiga. Inconveniente. Deus a abençoe, Margaret Sanger, mas este deveria ser o primeiro método a ser eliminado.
	Capuz Cervical	9% Uso perfeito 26% Uso típico	NENHUMA	Sim	Difícil de usar. Parece causar resultados anormais no Papanicolau.
	Espermicida	6% Uso perfeito 26% Uso típico	NENHUMA	Não	Nonoxinol-9 foi recentemente associado a um aumento nas taxas de infecção, em especial HIV, e ao uso freqüente. Camisinhas revestidas com Nonoxinol-9 não são mais recomendadas.

		TAXAS DE GRAVIDEZ	PROTEÇÃO CONTRA DST	RX	OBSERVAÇÕES
	A esponja	9 a 40%	NENHUMA	Não	As taxas de gravidez aumentam muito depois de um parto normal.
Planejamento familiar natural	**Tabela**	19 a 25%	NENHUMA	Não	Quanto mais dias de abstinência, maior a eficácia contraceptiva. Boa sorte!
	Coito interrompido	?	NENHUMA	Não	Tenho muitas pacientes que usam esse método e nunca engravidaram, mas não recomendo.
Cirurgia	**Laqueadura das trompas**	0,5 a 3,5%	NENHUMA	Sim	Principal método contraceptivo nos EUA. Este método tem uma taxa de mortalidade — porque é uma cirurgia — de 1 em 10.000 mulheres. A principal complicação é o arrependimento.

* * * * * *

MÃE: Quando eu estava na faculdade, todas as meninas moderninhas foram até o centro médico em busca de um diafragma.

FILHA: Então, você usava diafragma na faculdade?

MÃE: Eu demorei a desabrochar.

FILHA: Você já usou?

MÃE: Durante uns três dias.

FILHA: Por que só isso?

MÃE: Bom, você conhece seu pai, né? É só deixar ele sozinho por cinco minutos e ele dorme. Então, eu pedia licença e, quando voltava, ele já estava roncando.

FILHA: Credo! Eu podia ir dormir sem essa hoje...

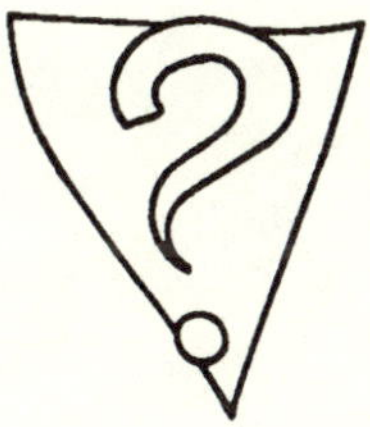

Capítulo 7

DOENÇAS SEXUALMENTE TRANSMISSÍVEIS

Hoje em dia, ouvimos "epidemia de Aids" e logo pensamos na África. Durante a época em que passei no sul e no leste deste continente, a doença estava em toda a parte e misteriosamente ausente. Há escassos esforços visíveis de Saúde Pública e, em alguns lugares, é possível até mesmo se esquecer o problema por completo; até alguém fazer um comentário sobre sua própria condição de HIV positivo. É possível encontrar casas funerárias por todos os cantos dos municípios nos arredores de Johannesburgo, como a cadeia de lojas GAP nas ruas de Nova York. Fotos de jovens ilustram obituários; as listagens citando discretamente "doença longa" como a causa da morte. Meninos de rua — a maioria órfãos da Aids — em pequenos grupos seguem os turistas, pedindo dinheiro. Nas lojas, os balcões exibem arranjos de flores de funeral, feitos de sacolas de plástico coloridas que foram jogadas fora. Talvez o pior já tenha passado no Ocidente, mas na África está apenas começando.

Antes de tratar das especificidades das infecções sexualmente transmissíveis, vamos tentar desmistificar alguns estigmas sociais e culturais que envolvem esse subconjunto de doenças. São doenças como quaisquer outras. Não se sinta menos digno porque está doente.

Todas as doenças transmitidas através do ato sexual são doenças sexualmente transmissíveis, embora quase todas as doenças infecciosas possam ser contraídas por meio de contato sexual e quase nenhuma DST possa ser contraída por um comportamento não sexual. Pense em um resfriado comum, por exemplo. Se você transar com alguém que esteja resfriado, é bem provável que você também fique; contudo, essa doença não é classificada como DST, porque é possível contraí-la por contatos muito mais casuais. Por outro lado, se você estiver com uma ferida de herpes na boca, tocá-la e depois passar as mãos nos órgãos genitais, vai contrair herpes genitais.

Existem cerca de 25 DSTs conhecidas. A maioria delas é tropical, o que significa que essas bactérias são tão frágeis que não sobrevivem a climas frios. Existem também algumas doenças que não são tão fortes no Norte, devido à prevalência da monogamia e da prática mais disseminada de sexo seguro. Todas as DSTs se encaixam em um destes três grupos: a bacteriana, a viral e a parasitária.

DSTs BACTERIANAS

GONORRÉIA E CLAMÍDIA

A boa notícia em relação às bactérias é que podemos tratá-las de forma bastante eficaz. A má notícia é que entre 75 e 80% das mulheres com gonorréia e clamídia são assintomáticas. Alguns sintomas que podem ser observados é ardência ao urinar ou um corrimento vaginal ou peniano. Nas mulheres, esses sintomas sugerem grande chance de ser uma infecção bacteriana. Já nos homens, eles significam especificamente gonorréia ou clamídia, até que se prove o contrário.

A gonorréia e a clamídia são detectáveis de três a seis dias a partir da exposição. Em geral, a cultura cervical detectará o problema. Depois de diagnosticadas, o tratamento é à base de antibiótico. No entanto, como essas infecções podem se manter discretas, o diagnóstico pode ser bem traiçoeiro e, se não forem bem cuidadas, podem se desenvolver e se tornar um problema que, além de doloroso, pode ameaçar a fertilidade.

Se você fizer sexo sem proteção com um homem com gonorréia ou clamídia, as bactérias serão levadas pelo sêmen e depositadas no colo do útero, um ambiente muito amigável para seu desenvolvimento. Mais cedo ou mais tarde, você ficará menstruada, e, quando em contato com o sangue, as bactérias fazem a festa e se reproduzem. Ao final do período, elas se dirigem ao útero e às trompas, em busca de mais alimento. Essas bactérias famintas danificam as trompas de Falópio, causando cicatrizes e, às vezes, fechando as extremidades das trompas, próximas ao ovário.

A condição que costuma se desenvolver se chama doença inflamatória pélvica (DIP), que os residentes em meu hospital carinhosamente chamavam de "pus bem ali". É o nome que usamos para qualquer infecção que afeta o ovário e as trompas de Falópio. As DIPs podem ser dolorosíssimas e desnecessariamente trágicas. Se não forem tratadas logo, e bem tratadas, os danos causados às trompas de Falópio podem levar a cicatrizes e infertilidade (ver página 263).

Vá ao ginecologista e faça uma cultura vaginal caso esteja com um parceiro novo ou tenha praticado sexo sem proteção. Se receber um telefonema de um parceiro sexual dizendo: "Acho que estou com uma infecção. Quando faço xixi, arde", leve a sério (agradeça a ele!) e aja rápido. Não espere uma semana ou duas até ter tempo, porque, nesse ínterim, as bactérias podem estar danificando seu aparelho reprodutivo. Não deixe de pelo menos telefonar imediatamente para o médico. Para uma mulher que deseja ter filhos, isso é tão importante quanto qualquer outra consulta.

SÍFILIS

A sífilis começa como uma ferida cerca de duas semanas depois do contato. Muitas vezes não se dá muita atenção ao fato, uma

Espiroquetas

A doença de Lyme e a sífilis são causadas por estranhas bactérias em forma espiralada. São perfeitos imitadores de outras doenças e possuem a capacidade de se alojar em uma grande variedade de lugares. Dependendo de onde fiquem, podem causar um conjunto de sintomas vagos, como gânglio, anemia, além dos sintomas iniciais de um resfriado, até a deterioração intelectual e úlcera necrótica, caso a doença não seja tratada.

vez que pode aparecer e desaparecer com muita rapidez. Algumas semanas depois, surgem manchas vermelhas. A característica mais marcante dessa etapa é que a doença afeta as palmas das mãos e dos pés (lugar em que normalmente não surgem manchas). Por essa razão, até os anos 1980, a sífilis era diagnosticada e tratada por dermatologistas.

Depois da fase das manchas, as espiroquetas encontram um lugar para viver — em algum músculo, no cérebro ou no

Aventuras idiotas na Medicina

Como médica interna, passei pela clínica de dermatologia do hospital. Um rapaz veio com uma mancha na palma da mão, e o residente me pediu que fizesse o diagnóstico. Por baixo das manchas, a pele estava cheia de espiroquetas; uma etapa muito contagiosa da doença. Estava observando a mancha o mais próximo possível, com o rosto bem perto da mão do rapaz. Pareceu-me uma boa idéia lamber meu dedo e esfregar a mancha na palma da mão, e quando eu fiz isso, o residente disse: "Eu não acredito. Pare agora mesmo!" Era sífilis secundária. Eu me senti uma completa idiota...

sistema nervoso. Não sabemos quanto tempo a doença pode permanecer adormecida, porque, a essa altura, ela já deve ter sido diagnosticada e curada ou então já pode ter caminhado para a etapa final. Portanto, não temos chance de controlá-la desde o início. Depois que a bactéria tiver se alojado, o paciente pode parecer estar perfeitamente saudável por até vinte anos, antes de começar a desenvolver sífilis terciária. A sífilis terciária pode danificar os órgãos, incluindo o sistema nervoso ou o cérebro, a ponto de exigir a internação. Entretanto, há tempo suficiente para tratar o problema antes que ele se torne uma ameaça à vida.

Exames de sangue e licenças de casamento

Em alguns estados norte-americanos, antes de se casar os casais são obrigados por lei a realizar exames de sangue para verificar a presença ou não de sífilis. Essa prática, que agora parece arcaica, servia para proteger a esposa virgem do marido sem-vergonha. Desnecessário dizer que o exame de sangue e o paradigma da esposa virgem são antigüidades esquisitas, apesar de acontecer de verdade em alguns estados e com alguns casais.

Os testes de sífilis são comuns, e a doença é facilmente tratável. É provável que você faça exames de sangue para sífilis sempre que se submeter a uma cirurgia ou estiver grávida. Ela pode ser curada com penicilina. Portanto, caso contraia a doença e a identifique dentro de um espaço de tempo razoável, não precisa se preocupar. No entanto, durante a gravidez, é bastante perigosa, porque pode passar para o bebê, causando defeitos e um aumento no risco de se ter um natimorto.

> **Cantinho de histórias da mamãe**
>
> Às vezes, um aneurisma relacionado à sífilis pode comprimir um dos nervos das cordas vocais, forçando a pessoa a falar com uma voz rouca. Essa condição era chamada, no século XIV, "sussurro de prostitutas". Nem é preciso dizer que, se você costuma visitar damas da noite, deve evitar aquelas com voz rouca.

VIROSES

Os vírus podem ser tratados, mas não curados por meio de remédios. Em outras palavras, não podemos prescrever algo que mate os vírus como matamos bactérias. Na verdade, o corpo possui defesas próprias sob a forma de anticorpos. Com alguns vírus, como o do sarampo, você consegue se recuperar completamente e para sempre. Outros continuam no corpo.

HERPES

O herpes é um dos mais difamados vírus e é, infelizmente, muito, muito contagioso. É uma das poucas DSTs que podem ser transmitidas por contato de pele.

Depois da exposição, o tempo de incubação é de dois a 21 dias, o que significa que você desenvolverá uma lesão dentro desse período, caso tenha contraído o vírus. A família de vírus da qual a herpes faz parte gosta de viver e afetar as raízes nervosas, ou seja, dentro do período de incubação, é comum o aparecimento de sintomas neurológicos — dor nas pernas, dor na pélvis ou até mesmo dores gerais. Os nervos da bexiga podem ser afetados, dificultando urinar. O vírus circula pela corrente sangüínea, o que leva a sintomas semelhantes aos de um resfriado ou um mal-estar generalizado — os pacientes costumam dizer que sentem como se estivesse "ficando com

O estudo de Tuskegee

Nos anos 1930, um grupo de cientistas se juntou para determinar se a sífilis se comportava da mesma forma nos afro-americanos e americanos caucasianos. Observaram um grupo de negros com sífilis por décadas, bem depois do surgimento da penicilina. Os cientistas deixavam que a doença progredisse para os sintomas terciários nesses infelizes sujeitos do experimento, incluindo a morte e os danos cerebrais. Essa foi uma das grandes manchas na história da nossa medicina. Hoje, não continuamos com os estudos clínicos depois de descobrir uma cura ou se percebermos que estamos causando algum mal aos pacientes.

alguma coisa". Essa é a primeira manifestação ou manifestação primária e, em geral, é a pior delas.

Contudo, há algumas exceções a essa regra. Se você estiver particularmente saudável, pode não sentir qualquer sintoma ao contrair o vírus do herpes. Um ou dois anos depois, é possível que você fique esgotado e estressado, o que pode ser o primeiro sinal da doença.

Na maioria das pessoas, a pior fase do vírus é a do aparecimento de lesões. No início elas parecem uma bolha. Quando estoura, a lesão se torna uma ferida aberta. Em geral, elas levam de sete a dez dias para desaparecer. É sempre bom repetir que a pior fase é a primeira, que pode produzir várias feridas na vagina, nos pequenos e grandes lábios, colo do útero e reto e gânglios inchados e dolorosos na virilha.

Um dos principais sintomas dos vírus ou de qualquer infecção na genitália são os gânglios inchados na virilha. Os gânglios filtram a entrada de qualquer corpo estranho na corrente sangüínea. Por exemplo, sempre que há uma abertura na pele e uma bactéria entra, os vasos linfáticos drenam os perigosos germes antes que cheguem ao coração. Os gânglios da viri-

De volta à Biologia I — Uma introdução técnica aos vírus

Os vírus são organismos intracelulares, o que significa que vivem dentro de células saudáveis e compartilham parte de seu DNA para realizar as funções metabólicas vitais, como a reprodução. Isso significa que as células virais não vivem muito sem uma célula hospedeira saudável. Os testes de vírus são bem enganosos, porque eles ficam bem contentes vivendo dentro das células, que servem de camuflagem. A maneira mais comum de testar a presença de um vírus é testar seus anticorpos — a defesa natural do corpo contra ataques virais. Depois de se alojar em uma célula, as células virais se multiplicam, e a célula hospedeira explode. As células virais liberadas buscam novos hospedeiros, e o processo começa de novo em uma escala cada vez maior.

lha são responsáveis por remover qualquer material perigoso e indesejável da genitália externa e das pernas. Se você sentir algum caroço na virilha, isso poderá ser sinal de um vírus, como o da herpes (ou de que você acabou de depilar a perna com cera).

Depois do diagnóstico, um exame de sangue pode distinguir entre uma manifestação primária ou recorrente. Ou a paciente terá anticorpos de herpes ou terá um aumento no número de anticorpos, cerca de duas semanas depois. Se tiver anticorpos no momento em que acreditar estar tendo a primeira manifestação, poderemos afirmar que é uma infecção recorrente. Quando não há dúvidas de que as lesões genitais são herpes, uma cultura da ferida também determinará com bastante precisão a gravidade da doença.

É muito importante determinar se a manifestação é primária ou secundária, por duas razões. Primeiro: uma manifestação primária durante a gravidez pode ser muito perigosa,

Herpes I, Herpes II

Quando o primeiro vírus do herpes foi identificado, fez-se uma distinção entre herpes I (oral) e herpes II (genital). É possível que você não perceba que feridas, úlceras ou qualquer outra lesão dolorosa na boca seja herpes. Graças ao sexo oral, hoje em dia muitos vírus do tipo herpes I residem nas genitálias, e do tipo herpes II podem ser encontrados na boca. Essa diferença é basicamente acadêmica e, em geral, diagnosticada por local em vez de por tipo.

uma vez que o vírus pode atravessar a placenta e causar complicações. Uma manifestação recorrente não coloca o bebê em risco. Segundo: muitas pessoas desejam saber, se possível, onde pegaram o vírus. As casadas são especialmente "curiosas" quanto a isso.

Depois de contrair herpes, as recorrências podem variar desde raras (nunca) a muito freqüentes (duas vezes por mês). A freqüência está diretamente associada ao bem-estar físico e

Não confie em ninguém!

Uma vez tive uma paciente bastante jovem, uma bailarina muito independente. Tinha cerca de 16 anos. Veio ao consultório com sua primeira manifestação de herpes. Prescrevi um remédio para ajudar a controlar os sintomas. No dia seguinte, o namorado dela me telefonou perguntando por que eu havia prescrito aquele remédio, uma vez que as duas mulheres com quem ele havia transado antes tinham tomado um outro. Perguntei o que, afinal, ele julgava estar fazendo. E ele respondeu: "Bom, doutora, um homem tem mais é que aproveitar a vida."

emocional. Estresse de qualquer tipo pode ser um convite a uma manifestação, porque enfraquece o sistema imunológico. Se esse sistema já não estiver muito bom, os riscos aumentarão ainda mais. Entretanto, contanto que a imunidade não esteja clinicamente comprometida (como, por exemplo, em recém-nascidos, em pessoas em quimioterapia e com Aids), sua vida não estará em risco.

LEMBRE-SE

Nunca, nunca mesmo, faça sexo com alguém que esteja com manifestação de herpes — com ou sem camisinha, é um vírus extremamente contagioso, quando as feridas estão abertas.

Tratamento

Já conseguimos percorrer um longo caminho no controle da herpes, embora não haja cura. Há medicamentos antivirais de vários níveis (por exemplo, Zovirax, Valtrex e Famvir), que vêm em pílulas de doses maiores ou menores ou na forma intravenosa, para quando o sistema imunológico do paciente estiver comprometido. As pílulas de alta dosagem são indicadas para uma intervenção aguda, em geral para aquelas primeiras e terríveis manifestações. Algumas vezes, os médicos também prescreverão Zovirax, que é menos eficaz do que os tratamentos sistêmicos, mas também ajuda. Para manifestações recorrentes e graves, em especial se não forem freqüentes, um curto período tomando pílulas de alta dosagem pode ajudar. Para o caso de manifestações muito freqüentes, mais do que seis por ano, os pacientes podem tomar pílulas de baixa dosagem para evitar o aparecimento de novas manifestações. Depois de um ano de medicação constante, os pacientes costumam reduzir as doses para o limite mínimo considerado eficaz.

A gravidez não é um momento para segredos

Tive algumas pacientes grávidas com herpes. Uma veio com o marido, aos oito meses de gravidez. Estava com uma lesão esquisita. Eu disse: "Parece herpes", e o marido ficou vermelho de raiva. Ele sempre soube disso e nunca contou. A esposa descobriu apenas duas semanas antes do parto do primeiro filho. Tive uma outra paciente casada, que estava grávida, tinha herpes e não me permitia, sob nenhuma circunstância, contar ao marido. Eu disse: "E se você tiver uma manifestação?" Ela respondeu que, nesse caso, eu teria de inventar alguma coisa. "Mas ele estará lá, vai ver que o bebê está bem", acrescentei. Por fim, concordamos em arrumar uma desculpa para fazer uma cesariana. Todavia, foi muito difícil para todas nós, e não acredito que manter um segredo desse tipo seja saudável para o relacionamento. Sei que é assustador e constrangedor contar ao parceiro que você tem uma DST. No entanto, não importa o quão terrível seja a reação, nunca é tão ruim quanto imaginamos. Pelo amor de Deus, conte ao rapaz! Encare isso como um teste de caráter. Se ele for embora, não valia mesmo a pena.

Herpes e gravidez

A maior preocupação em relação ao herpes é durante a gravidez. Se houver uma lesão ativa quando a paciente estiver em trabalho de parto, o bebê não poderá ficar exposto a ela enquanto atravessa a vagina. Dentre o leque de sintomas físicos, ao herpes pode danificar o cérebro do recém-nascido. Se a paciente grávida tiver uma manifestação no momento do parto, não há outra opção que não a cesariana. Contudo, o médico tem de ficar sabendo que a paciente tem herpes antes do parto. Ele poderá prescrever antivirais três semanas antes da data do parto, evitando uma manifestação, o que permitiria a realização de um parto normal.

Esse procedimento parece ser bem-sucedido e, portanto, já resolveu muitas questões na obstetrícia.

PAPILOMAVÍRUS HUMANO (HPV)

O papilomavírus humano é a doença sexualmente transmissível mais comum e costuma ser inócua. Qualquer verruga que apareça no corpo é causada por algum tipo de HPV e é contagiosa através do contato da pele. Quase todos os adultos jovens e sexualmente ativos têm HPV em algum momento. A partir de 2004, o HPV passou a ser considerado um vírus relativamente inofensivo e transiente em 95% das mulheres jovens. Isso significa que o corpo remove o vírus do sistema em três ou cinco anos, sem quaisquer sintomas ou efeitos.

Existem quase 100 grupos de vírus identificados, dentre os quais apenas dois são preocupantes. O primeiro grupo, chamado de "baixo risco", causa verrugas genitais muito feias, mas inofensivas. O segundo grupo, chamado de "alto risco", causa câncer no colo do útero, quase nunca fatal se diagnosticado e tratado a tempo, em especial antes de progredir para um câncer propriamente dito.

Alguns poucos tipos de HPV de baixo risco causam verrugas. Qualquer pessoa que tenha tido aula de educação sexual sabe que as verrugas genitais estão entre as coisas com aparência mais desagradável que podem acontecer no corpo humano. Elas crescem a taxas imprevisíveis e podem ser muito contagiosas. Em geral, nós as removemos com *laser*, nitrogênio líquido ou simplesmente com o bisturi. Se essas opções irritarem sua pele, existem alguns tratamento tópicos que estimulam as defesas naturais a combater as verrugas. Depois de três ou cinco anos, elas já terão desaparecido, e o Papanicolau voltará a apresentar resultados normais, ou seja, você está tão saudável quanto qualquer outra pessoa. Em geral, não há mais a presença do vírus HPV no sistema.

O HPV é um precursor necessário ao câncer de colo do útero e, portanto, podemos afirmar que ele é sua causa. Cerca

Câncer viral?

Para um oncologista, o HPV é uma infecção fascinante. O HPV é o único vírus que conhecemos que causa tumores e câncer, e, teoricamente, temos muito a aprender com ele. Até agora, as descobertas se limitaram à prevenção eficaz do câncer de colo do útero. No momento, a medicina está trabalhando em uma vacina contra HPV para os grupos de maior risco. As vacinas não funcionam se você já estiver sido exposta, então seria algo que poderíamos dar a pré-adolescentes no futuro.

de 10% dos tipos de HPV são considerados carcinógenos de alto risco.

Antes do Papanicolau, o câncer de colo do útero era o principal câncer genital nos Estados Unidos e ainda é um problema sério em países em desenvolvimento. Como muitas mulheres norte-americanas têm acesso ao exame, pelo menos de vez em quando, esse tipo de câncer é o terceiro na classificação de cânceres ginecológicos mais comuns, atrás do câncer no ovário e no útero. Consulte o capítulo sobre problemas importantes no colo do útero (página 296) para obter mais informações sobre essa doença e as opções de tratamento.

HEPATITE B

A hepatite B é a única DST que tem vacina. A vacina consiste em uma série de injeções aplicadas com intervalos de alguns meses.

Ela se manifesta como um resfriado forte. Os primeiros sintomas incluem fadiga, febre, vômito, um amarelado na pele, urina escura e fezes moles. Por razões desconhecidas, os fumantes, quando estão com hepatite, costumam perder a vontade de fumar. Em geral, é o máximo a que a doença chega e dura alguns meses. No entanto, a doença ataca o fígado e, especialmente em casos mais graves, pode levar ao câncer de fígado e até à morte. Cerca de 10% dos adultos que contraem a hepatite morrem.

Não existe nenhum tratamento para a hepatite B. Em geral recomendamos repouso, boa alimentação e paciência enquanto perdurar a doença. Depois que o corpo tiver combatido o vírus, ele não será mais contagioso. Em alguns poucos e raros casos, a doença se torna crônica. O vírus vive no fígado do paciente para sempre, causando sintomas que podem variar de leves a graves e pode acabar levando à morte. Atualmente há alguns esforços para evitar os danos causados ao fígado pela hepatite B crônica por meio de medicação.

Quase todos os bebês nascidos nos Estados Unidos já são vacinados contra a hepatite B com poucas semanas de vida. Esperamos que em breve a hepatite B seja como a poliomielite e a febre bubônica — uma doença raríssima.

VÍRUS DA IMUNODEFICIÊNCIA HUMANA (HIV) E SÍNDROME DE IMUNODEFICIÊNCIA ADQUIRIDA (AIDS)

Embora o HIV e a doença à qual ele leva, a Aids, tenham recebido mais atenção da imprensa do que qualquer outra DST desde o herpes, há pouquíssimas pessoas que conseguem explicar com exatidão como o vírus funciona e as diversas estratégias de tratamento.

Lembre-se do que mencionamos antes: as células virais entram em células saudáveis, onde vivem e se reproduzem até ficarem muito populosas. O vírus HIV vive em células T, cujo nome tem origem no timo, glândula onde amadurecem. Com o tempo, esse vírus ataca e mata essas células. As células T são um dos muitos soldados do nosso complexo sistema imunológico, responsáveis, sobretudo, pela resistência a muitas doenças que antes eram raras ou só encontradas em idosos. São problemas que um corpo saudável (com células T saudáveis) consegue combater sem dificuldades.

Uma história pessoal

Em toda a minha carreira médica só recebi um teste de HIV com resultado positivo. Infelizmente, era de David, meu amigo desde que me levou ao baile de formatura do primário. Ele tinha dividido uma casa de praia com cerca de dez outros homossexuais. Todos eles acabaram morrendo por causa de complicações relacionadas ao HIV. Ele estava se sentindo muito cansado fisicamente e perdia peso. Quando me contou, alguns anos antes disso, que havia terminado com um namorado porque ele queria usar camisinha, quase voei em seu pescoço, mas... estávamos no início dos anos 1990. Coletei o sangue e, uma semana depois, fui até seu apartamento para lhe dar pessoalmente a terrível notícia. Anos depois, ele morreu.

Com o HIV e a Aids, portanto, a métrica básica usada pelos médicos para determinar sua saúde relativa é a contagem de células T. Uma contagem maior do que 300 é considerada adequada. Pessoas com Aids já desenvolvida podem ter uma contagem de células T de até zero. Outro teste usado para controlar o HIV é medir quantos vírus existem no sistema, chamado "teste de carga viral". Quanto maior a carga viral e menor a contagem de células T, mais doente estará o paciente.

O vírus HIV está presente no sangue, no sêmen, nos fluidos vaginais, nas lágrimas, na saliva e no leite materno, em quantidades relativas. De todos esses itens, o sangue é o que possui as maiores concentrações virais, enquanto as lágrimas têm as menores. Embora classificado como uma DST, o HIV também pode ser transmitido de um usuário de drogas injetáveis a outro, caso compartilhem a seringa, ou de uma mãe HIV positiva para o recém-nascido ou o bebê que esteja amamentando. Cerca de 30% das mulheres grávidas e HIV positivas dão à luz bebês HIV positivos. Esse risco é reduzido para 7% se

Formas (mais) seguras de brincar

É muito difícil dizer que tipo de comportamento sexual tem o maior risco de transmissão — ou seja, poucas pessoas transam sem beijar. Os médicos partem do princípio de que o comportamento mais arriscado é o que envolve a troca de fluidos com a maior carga viral, e que o menos arriscado não envolve qualquer troca de fluidos, como masturbação mútua ou, melhor ainda, sexo pelo telefone. Qualquer ferida na pele de uma das duas pessoas pode aumentar o risco. Se você tem problemas na gengiva e fizer sexo oral em um homem e ele ejacular na sua boca, o vírus poderá entrar na corrente sangüínea através das gengivas. Se fizer sexo anal e houver uma abrasão ou laceração, os dois estão correndo altos riscos. Transe com cuidado.

durante a gravidez a mulher receber tratamento adequado. Como resultado, a lei do estado de Nova York obriga que mulheres grávidas façam teste de HIV e, caso não tenha sido testada, que a criança seja testada no momento do nascimento.

Os sintomas transientes semelhantes aos sintomas de um resfriado em geral se desenvolvem alguns dias depois da transmissão do HIV. As pessoas não costumam dar muita atenção a esses sintomas, uma vez que aparecem e, em seguida, desaparecem. Só são notados em retrospectiva. Os próximos sintomas incluem qualquer problema não muito grave que simplesmente não vai embora, como uma infecção persistente que sobrevive a qualquer tratamento e que já dura meses.

Para fazer um teste de HIV, procuramos anticorpos produzidos naturalmente pelo corpo em resposta ao vírus. Eles não surgem do dia para a noite. Um teste de HIV pode levar até seis meses para ter um resultado negativo. Os sintomas podem levar dez anos para aparecer, e uma pequena parcela de pacientes HIV positivos permanece assintomática indefinidamente.

Relacionamentos e famílias com HIV

Tenho muitas pacientes com HIV, e muitas outras cujos maridos são HIV positivos, embora elas continuem HIV negativas. Tive duas pacientes que tiveram bebês saudáveis e permaneceram saudáveis mesmo com maridos HIV positivos. É um plano caro, que envolve fertilização *in vitro* (nos Estados Unidos) e/ou técnicas de lavagem do esperma e inseminação (apenas na Europa). Esses homens estavam com o vírus há 12 e 18 anos, respectivamente, e estão os dois saudáveis.

O grande perigo da Aids é que problemas de saúde comuns se tornam uma grande ameaça. As células T combatem problemas obscuros, como a actinomicose, que é um fungo comum que fica fora de controle em pacientes com Aids. O herpes pode se tornar uma encefalite. A toxoplasmose, um parasita que causa uma doença transitória em uma pessoa saudável, pode entrar no cérebro e causar demência. Então, a Aids não mata as pessoas.

O surgimento da Aids

Quando o HIV surgiu, nos anos 1970, a comunidade médica ficou assombrada. O Dr. Marvin Cooper, um hematologista que conheço, me ligou para perguntar: "Você já viu muitos casos de sarcoma de Karposi em homens jovens?" Disse que nunca tinha visto um só caso em minha carreira. É, por tradição, um câncer que aparece em homens mais velhos — não é terrivelmente agressivo, mas algo que você tem quando vive o bastante e o sistema imunológico já está mais frágil devido à idade. De repente, a incidência de sarcomas de Karposi em uma comunidade bastante saudável e jovem aumentou sem qualquer explicação. Foi o primeiro sinal vermelho.

Na verdade, o que acontece é que a perda das células T e da imunidade torna o corpo vulnerável o suficiente para sucumbir diante de um enorme conjunto de problemas.

Tratamos o HIV com anti-retrovirais, que estendem as vidas indefinidamente. Os anti-retrovirais são como um vírus que age contra o vírus do HIV — eles se infiltram na célula viral (que está dentro de uma célula saudável) e corrompem o DNA. Há, hoje em dia, 22 tipos diferentes de medicamentos disponíveis.

O esquema de tratamento prescrito por um médico a um paciente é chamado "protocolo". O ponto principal durante um tratamento de HIV é adaptar o protocolo ao paciente e construir uma estratégia adequada. Os dias de complicados coquetéis farmacêuticos ficaram para trás. Em geral, os pacientes precisam tomar os medicamentos de uma a duas vezes por dia, no máximo.

Embora a logística não seja mais complicada, esses medicamentos atuam no sistema de forma muito agressiva, de várias maneiras. Por exemplo, alguns medicamentos para HIV causam diarréia, então se o paciente já tiver colite, deverá tentar outro tipo de tratamento. Se o paciente tiver um histórico de problemas cardíacos, não deverá tomar os medicamentos que aumentam o risco de ataque cardíaco. Ainda que em

Como ser responsável

O ex-cirurgião geral C. Everett Koop recomendava que um novo casal sempre fizesse teste de HIV. Se os dois fossem negativos, eles poderiam transar com camisinha e, depois de seis meses, se ainda fossem monogâmicos, deveriam repetir o teste. Se continuassem negativos, poderiam presumir que nenhum dos dois era contagioso em relação ao HIV e poderiam começar a transar sem camisinha.

Um pequeno memorial

Nos últimos 20 anos, vi meu melhor amigo, meu fornecedor, dois decoradores e meu cabeleireiro morrerem de Aids. Todos enriqueceram minha vida. Sinto muita saudade de cada um deles.

alguns poucos casos de sorte os médicos consigam controlar a doença, é muito difícil viver com o HIV. Visitas regulares a consultórios médicos passam a fazer parte da vida do paciente. É como viver com uma diabete difícil de controlar.

É essencial para o paciente com HIV tomar os medicamentos. Se der uma chance de o vírus desenvolver resistência, o paciente se tornará o que os especialistas em Aids chamam de "falha no tratamento". Caso isso aconteça, dá-se início à "terapia de salvamento", uma tentativa muito mais agressiva e complicada de dominar o vírus.

Embora a Aids seja a mais perigosa de todas as DSTs, ela não é, felizmente, uma doença fácil de contrair. Uma velha e conhecida história sobre um marido e uma esposa ilustra bem essa questão. A esposa fica grávida e, no momento do parto, precisa de uma transfusão de sangue. Isso foi antes dos testes sangüíneos para verificar a presença do vírus. Sete anos depois, quando ficou grávida de novo, o teste de HIV já era obrigatório. Acontece que ela era HIV positiva, devido à transfusão de sangue recebida antes. Os bebês e o marido, com quem havia feito sexo sem proteção durante anos, eram HIV negativos. Essa história não é desculpa para a pessoa ser irresponsável, mas sim uma razão para não ser alarmista.

SOBRE OS PARASITAS

Um parasita é um ser vivo que varia de tamanho, desde um organismo de uma única célula (como a ameba) até um organismo completo (como o piolho). Como os vírus, os parasitas, por definição, não podem viver de maneira independente; eles vivem em uma criatura hospedeira. Por exemplo, um carrapato vive em um mamífero — ele tem de estar acoplado a uma criatura com sangue quente, que serve como seu alimento. Diferente dos vírus, os parasitas não são intercelulares (isto é, não vivem em uma célula saudável).

Os médicos costumam tratar os parasitas basicamente de duas formas: ou os ignorando ou os erradicando. Vivemos em um estado simbiótico constante com milhares de organismos parasitários. As bactérias presentes no nosso intestino são o que fazem as fezes cheirarem tão mal. Só nos preocupamos em nos livrar daqueles parasitas que nos incomodam ou machucam.

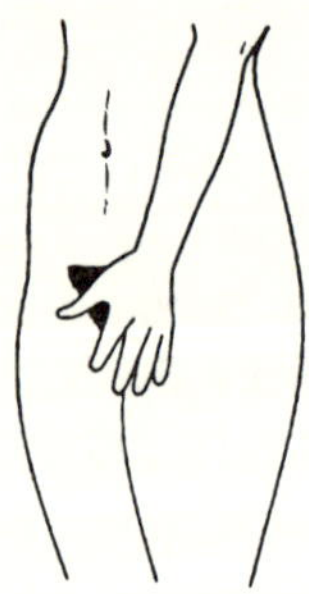

TRICOMONAS

O tricomona é um parasita sexualmente transmissível, embora existam alguns casos raros de mulheres que pegaram de outras formas, como por exemplo na piscina. O parasita é um organismo unicelular (como uma ameba) com uma cauda. Um problema assintomático em homens, o tricomona causa uma sensação de ardência e corrimento esverdeado nas mulheres. Os sintomas, em geral, podem levar uma semana para aparecer a partir da exposição. Ele não é perigoso, mas incômodo, desagradável e é melhor tratá-lo o quanto antes. Prescrevemos um antibiótico tópico ou sistêmico como Flagyl, que costuma eliminar o parasita em alguns dias.

PIOLHO

Há dois tipos de piolho. Como o herpes, um tipo vive acima do umbigo — e é, até certo ponto, socialmente aceito, considerado uma inconveniência pequena —, muito encontrado em crianças. É o popular piolho da cabeça. O tipo de piolho que aparece abaixo do umbigo é chamado piolho pubiano, ou "chato", e é mais inconveniente, constrangedor e mais difícil de se descobrir. Diferente do herpes, os dois tipos de piolhos parecem se manter firmes em suas zonas geográficas; ou seja, não é possível pegar piolho pubiano de alguém com piolho de cabeça.

Como acontece com outras DSTs, é possível pegar piolho de formas não românticas. Uma atriz, paciente minha, pegou piolho de um figurino que tinha sido usado por outra pessoa. Outra paciente chegou em casa para visitar a família, e os familiares insistiram para que o irmão caçula cedesse a cama para ela. Enquanto ele dormia em paz no sofá, ela adquiria sem saber alguns piolhos pubianos para levar de recordação para Nova York.

O principal sintoma que indica a presença de piolho é uma coceira terrível na área pubiana. Em geral, não é preciso ver os piolhos propriamente ditos para poder diagnosticar o problema, mas se você vir ou sentir alguma coisa se mexendo lá embaixo, é um sinal. Se quiser ter uma prova tangível, arranque um pêlo pubiano — se vir uma pequena bolinha branca brilhante, é uma lêndea, um ovo do piolho.

Há muitos tratamentos usados para os dois tipos de piolho. O mais comum envolve o uso de um xampu e um pente fino para se livrar de todas as lêndeas. Além disso, é importante limpar tudo aquilo com que se teve contato nas duas semanas anteriores, removendo com cuidado todos os ovos e os piolhos mortos.

* * * * *

MÃE: A sua geração se preocupa em pegar alguma doença?

FILHA: Não exatamente. Todo mundo que conheço ou está em um relacionamento antigo e monogâmico ou não é muito ativo mesmo.

MÃE: Parece que a poligamia acabou. Quase não tenho mais pacientes assim.

FILHA: É mesmo. Parece que NINGUÉM faz sexo nesta cidade.

MÃE: Puxa. Já te contei sobre a revolução sexual?

FILHA: Claro.

MÃE: Depois da pílula, mas antes do herpes.

FILHA: Já ouvi falar.

MÃE: Tinha essa coisa inacreditável...

FILHA: Já chega.

Capítulo 8

ABORTOS

Quando eu tinha 12 anos, perguntei a meus pais se podíamos ir à passeata a favor da livre escolha em Washington, D.C., Eles concordaram, imaginando que meu interesse desapareceria até o evento, que ocorreria em algumas semanas. Na manhã da passeata, perguntei a meu pai: "A gente vai?" Ele ficou surpreso porque eu não só lembrava como ainda demonstrava interesse. Fomos a Washington para participar da maior passeata desde os protestos contra a guerra do Vietnã. Minha lembrança mais clara do dia é de milhares de HOMENS na rua com cartazes a favor da livre escolha. Isso não significa que a maioria das pessoas a favor da escolha seja homens, mas que é mais fácil defender algo que nunca afetará sua vida de forma incontestável.

Este é o capítulo que carrega opiniões mais rígidas, e tenho certeza de que haverá opiniões também fortes do outro lado do abismo. O direito de uma mulher fazer um aborto é algo que sempre considerei com cuidado antes mesmo de se tornar algo relevante para a pessoa, talvez porque sempre fez parte da prática e da postura profissional de minha mãe. Ela e eu concordamos que nem todas as mulheres deveriam escolher fazer um aborto, mas não é justo que uma decisão tão pessoal e permanente seja tomada por outra pessoa quë não a própria mulher.

ABORTOS — INFORMAÇÕES BÁSICAS

Um aborto é a interrupção de uma gravidez antes que o feto seja capaz de viver de forma independente. Os abortos típicos costumam ser realizados entre a quarta e a 12ª semanas de gravidez, mas o procedimento é legal nos Estados Unidos até a 24ª semana de gestação.* Esse número pode parecer arbitrário, mas quando o caso *Roe versus Wade*** foi julgado, nenhum feto havia vivido fora do útero antes da 24ª semana de gestação. Há relatos de casos raros de bebês que sobreviveram com vinte semanas de desenvolvimento intra-uterino, a maioria dos quais carregando danos permanentes e significativos. A grande maioria dos abortos ocorre antes da 12ª semana.

Hoje, nos Estados Unidos, há duas opções quando o assunto é aborto — médico ou cirúrgico: o método cirúrgico é o mais tradicional, em que um médico dilata o colo do útero, suga o conteúdo, e a paciente volta para casa; já o método médico requer que a paciente tome uma série de medicamentos, que causam o aborto espontâneo.

ABORTOS CIRÚRGICOS

O aborto cirúrgico típico envolve a dilatação suave do colo do útero e a sucção do conteúdo com um instrumento que parece um aspirador de pó. Chamamos essa sucção de "curetagem". Em geral, leva cerca de dez minutos e, dependendo de onde você está, pode incluir anestesia local ou geral.

Primeiramente, o médico realiza um exame pélvico para estabelecer o tamanho e a posição do útero, coisas que podem variar não só de pessoa para pessoa, mas também a cada semana de gestação. Em seguida, ele limpa a vagina com uma solução anti-séptica com o objetivo de reduzir o número de bactérias.

O primeiro instrumento usado em um aborto é um tenáculo, que parece um apanhador de gelo. Ele mantém o colo do

* No Brasil, o aborto só é permitido por lei quando a gravidez foi conseqüência de um estupro ou quando a vida da mãe está em risco. *(N. da T.)*

** Caso cuja resolução jurídica marcou a legalização do aborto nos Estados Unidos. *(N. da T.)*

útero no lugar — isso parece pior do que realmente é. Quando o colo do útero está fixo, são menores as chances de ocorrer algum trauma cervical.

Depois que o médico tiver estabilizado o colo do útero, deve começar a dilatação com um instrumento chamado, para nossa surpresa, "dilatador". Os dilatadores são bastões graduados usados para abrir suavemente o colo do útero. São inseridos no canal cervical para dilatá-lo e permitir a evacuação do conteúdo uterino. Isso acontece de forma suave e lenta. A idéia é evitar rasgar o músculo ou causar algum trauma permanente no colo do útero.

O primeiro e menor dilatador tem o diâmetro do grafite de uma lapiseira, e o maior é do tamanho do polegar. A dilatação cervical desejada é diretamente proporcional ao tempo de gravidez da paciente. Na sexta semana, a dilatação é bem pequena, porque há uma pequena quantidade de tecido e ele é amorfo. Na 12ª semana, há mais estruturas e tecido, então em geral dilata-se o colo do útero duas vezes mais.

Depois de expandir o colo do útero, o médico passa um cateter (ou seja, uma pequena mangueira) dentro da cavidade uterina, e este é acoplado ao instrumento de sucção. Tal proce-

A franqueza é a melhor política

Sei que o aborto pode ser ilegal, constrangedor ou até mesmo um grande segredo, mas é uma péssima idéia, para não dizer perigosa, fornecer uma informação falsa quando estiver recebendo qualquer tratamento médico. A história preventiva mais triste que conheço aconteceu durante a minha residência. Uma mulher veio à emergência aparentemente com um aborto espontâneo. Seu relatório patológico voltou e, na verdade, a mulher estava com câncer uterino. Quando tentamos alertá-la, percebemos que tinha fornecido um nome falso.

dimento remove o conteúdo do útero. Em seguida, uma cureta (ou seja, um instrumento de metal curvado e fino) pode ser inserida para raspar delicadamente as paredes uterinas, a fim de garantir que todo o tecido seja retirado.

A paciente é levada para a sala de recuperação, onde deve repousar durante meia hora, até que a equipe médica possa ter certeza de que não haverá nenhuma dor ou sangramento excessivo. Depois de um aborto cirúrgico, as instruções às pacientes devem ser: "Não coloque nada nem ninguém dentro da vagina por duas semanas." O colo do útero, em geral bem fechado, está totalmente aberto depois de um aborto, sendo um convite às bactérias presentes na vagina. A atividade mais preocupante para os médicos é o sexo — a ejaculação direta no útero é uma péssima idéia, uma vez que costuma trazer muitas bactérias. Outros comportamentos desaconselháveis incluem o uso de absorventes internos, duchas vaginais e nadar na piscina.

Como a vagina já é um local relativamente sujo, as clínicas de aborto e/ou os ginecologistas prescreverão antibióticos profiláticos (preventivos) pós-aborto durante um ou sete dias. Como acontece com todo antibiótico, é importante tomar todos os remédios para evitar o risco de contrair um conjunto de infecções resistentes. A taxa de infecção em abortos é de cerca de 2 a 3%, mas com o uso de antibióticos tal valor cai pela metade.

Duas semanas depois do aborto, a paciente deve retornar ao ginecologista para um *check-up*, a fim de garantir que de fato não está mais grávida e que não está com qualquer sinal de infecção. Também é uma excelente oportunidade para discutir e avaliar as opções contraceptivas.

Complicações

Depois de um aborto, o médico deve enviar todo o material colhido a um patologista a fim de identificar o tecido da placenta. Se o patologista não encontrá-lo, significa que: 1) a paciente não estava grávida; 2) ela ainda está grávida em algum lugar fora do útero, em geral, nas trompas de Falópio; ou 3) ela ainda está grávida no útero e o médico não percebeu.

Uma gravidez ectópica não tratada pode resultar em hemorragia interna, choque ou morte. Dores muito fortes, tontura, desmaios ou distensão abdominal podem ser os primeiros indícios de uma complicação. Contudo, a prática comum determina que o patologista telefone para o médico, caso não haja tecido da placenta. A paciente deve voltar ao consultório médico, repetir o teste de gravidez e fazer uma ultra-sonografia. Às vezes, faz-se uma ultra-sonografia antes do aborto, para descartar a possibilidade de uma gravidez ectópica.

O aborto incompleto é outra complicação, o que significa que o médico não conseguiu remover todo o tecido do útero. Isso acontece porque o médico acaba pecando em excesso de cuidados ao remover o tecido, uma vez que o útero de uma grávida é muito macio e vulnerável. Caso fique algum fragmento do tecido da placenta, a paciente continuará sangrando, e o teste de gravidez continuará tendo resultado positivo. Nessa eventualidade, a paciente terá de ser submetida a uma nova curetagem.

Se a raspagem for muito vigorosa, as complicações podem ser mais sérias. À medida que o médico raspa o endométrio com uma cureta, ele pode acidentalmente perfurar as paredes do útero. A incidência depende da habilidade do médico, da fragilidade do útero e de um pouco de falta de sorte — independentemente de qualquer coisa, isso só acontece em menos de 1% dos casos. Em casos assim, a medida apropriada a ser tomada depende do tamanho da perfuração, do local e de quando o procedimento ocorreu. As estratégias de tratamento variam desde não fazer nada até uma cirurgia reparadora.

Um aborto violento com uma curetagem vigorosa pode causar cicatrizes nas paredes uterinas. Algumas vezes, as paredes do útero podem aderir umas às outras, interrompendo a menstruação. Se você tiver sofrido um aborto e não ficar

Os riscos da reprodução (ou não)

Em qualquer convenção pró-vida, com certeza alguém citará direta ou indiretamente uma taxa de mortes durante a realização de abortos. Embora seja verdade que a morte é uma complicação do procedimento, você tem 10% de chance de morrer durante um aborto, da mesma forma que terá 10% de chance de morrer durante uma gravidez levada até o fim. Nada relacionado à reprodução está livre de riscos; entretanto, de fato, é muito difícil morrer durante um aborto. É preciso uma conspiração de incompetência por parte da paciente, do médico e da equipe. Dito isso, o celibato é a única opção realmente segura, mas a história e a experiência demonstram que essa é uma escolha muito difícil, se não impossível.

menstruada em quatro ou seis semanas, consulte o ginecologista. Esse problema pode ser tratado, mas, como sempre, o quanto antes for diagnosticado, melhor. As infecções pós-aborto, embora raras, podem causar cicatrizes uterinas. Uma pequena porcentagem de mulheres ficará com cicatrizes depois de um aborto perfeitamente normal. Se não forem tratadas, as cicatrizes uterinas podem levar à infertilidade.

A estenose cervical, uma condição em que o colo do útero se recusa a dilatar, pode ser congênita, mas também está associada a muitos procedimentos cervicais (ou seja, abortos). Nos piores casos, o colo do útero fica completamente fechado, de forma que o fluxo menstrual não consegue passar. Se estiver parcialmente bloqueado, é possível menstruar. Portanto, é raro o diagnóstico dessa condição antes do parto. A estenose cervical ocorre em menos de 1% das mulheres grávidas, mas exige a realização de uma cesariana. Se você já tiver passado por três ou quatro abortos cirúrgicos, isso é um risco potencial.

Por outro lado, a incompetência cervical também está associada a muitos procedimentos cervicais, embora em geral seja congênita. Se o colo do útero se mostrar incompetente, será impossível manter uma gravidez no útero. Os médicos costumam descobrir esse problema na 16ª semana de gestação devido ao comprimento e à espessura do colo. O tratamento é bastante simples. Basta fazer uma sutura (pontos ou, no jargão médico, cerclagem) no colo para impedir que ele dilate, permitindo que a gravidez siga normalmente. Sem os pontos, essas mulheres teriam de permanecer em repouso durante toda a gravidez.

O ABORTO MÉDICO

Os abortos médicos são tratamentos hormonais que causam o aborto espontâneo, conhecidos nos Estados Unidos como RU 486 ou Mifeprostine (Mifiprex). O metiltrexato é outra opção; hoje em dia não é comum prescrevê-lo para abortos, mas como é usado em quimioterapia, pode ser mais fácil de encontrar. Esses medicamentos podem ser prescritos por qualquer médico nos Estados Unidos, no entanto só estão disponíveis para mulheres nas primeiras sete semanas de gravidez, de acordo com as diretrizes da FDA.* Não exigem remendo ou dilatação do colo do útero. Embora sejam necessárias muitas consultas médicas, boa parte dos eventos acontece na tranqüilidade do lar.

O RU 486 consiste em dois medicamentos, um à base de antiprogesterona, seguido de outro à base de prostaglandina. A progesterona é o hormônio da gravidez — ele promove o fornecimento de sangue, alimento e oxigênio ao útero. Então, se você diminuir ou aumentar o efeito desse hormônio no útero, o tecido que serve para auxiliar a gravidez morrerá, matando também o feto. A maior vantagem do RU 486 é que ele destrói

*Agência governamental norte-americana que regulamenta o desenvolvimento industrial e o comércio de medicamentos e alimentos. (*N. do E.*)

Sangue, suor e lágrimas

Uma das razões que me levou a escolher a ginecologia é que as mulheres são pacientes melhores e mais firmes do que os homens. No entanto, isso às vezes me traz problemas, quando o assunto é complicação pós-cirúrgica. Como podemos dizer se a paciente está sofrendo alguma complicação depois de um aborto? "Sangue, suor e lágrimas" é uma frase que se encaixa perfeitamente, que roubei de um antigo ginecologista. Se você estiver sangrando, tiver febre e estiver chorando de dor, tem alguma coisa errada, e você tem de procurar alguém. Sei que é constrangedor aparecer em uma sala de emergência com sangramento vaginal. Ou talvez você não queira incomodar o médico, e eu fico realmente feliz de ter pacientes tão atenciosas. Contudo, se você estiver se sentindo mal, ficarei muito menos feliz do que ficaria se você me acordasse.

o tecido dentro do útero e nas trompas de Falópio, eliminando também a gravidez ectópica.

Depois que a gravidez não é mais viável, ainda é necessário remover o conteúdo do útero. A segunda parte do aborto médico é o uso de prostaglandina. Talvez você ainda se lembre de que a prostaglandina causa cólica menstrual, uma vez que provoca a contração do útero (página 39). Se tomá-la depois de interromper a gravidez, ela ajudará a expelir o conteúdo do útero, como se fosse um miniparto.

Esse procedimento pode parecer simples, envolvendo apenas a ingestão de dois comprimidos, contudo a FDA obriga que se sigam determinados procedimentos para torná-lo menos conveniente. Como o RU 486 só é permitido durante as primeiras sete semanas de gravidez, muitos médicos preferem realizar uma ultra-sonografia para garantir que a paciente não tenha mais tempo de gestação. De qualquer forma, é necessário ir até o consultório para tomar o primeiro medicamento, o antiprogesterona, na frente do médico. Dois dias depois, a paciente deve retornar para fazer uma ultra-sonografia ou um exame, porque é possível que o corpo já tenha expelido naturalmente o feto do útero. Se não estiver mais grávida, a paciente não precisará tomar o segundo medicamento, a prostaglandina. Se o útero estiver com tecido estranho, é preciso tomar a prostaglandina e esperar uma hora no consultório para garantir que a paciente não vomitará. Em seguida, ela é liberada para voltar para casa e, e algum momento dentro de uma semana, terá um aborto espontâneo, que pode ser bem incômodo e acompanhado de fortes cólicas, como se estivesse tendo uma menstruação mais forte do que o normal.

Esse protocolo extremamente cuidadoso pode ser simplificado à medida que os médicos ficam mais experientes e passam a confiar mais no medicamento.

Complicações

Embora menos intrusivo, esse tipo de aborto também tem seus problemas. Cerca de 2 a 5% dos abortos médicos falham. Nesse caso, ou se repete todo o processo ou se faz uma curetagem com sucção. A FDA sugere que abortos médicos sejam realizados apenas em ambientes que incluam um médico que possa realizar o aborto cirúrgico em caso de complicação. Então, um clínico geral pode prescrever o RU 486, mas ele deve ter alguém no local à mão para realizar um aborto cirúrgico, caso seja necessário. Isso pode complicar a vida de uma mulher que more no campo, por exemplo.

PROCEDIMENTO MÉDICO *VERSUS* PROCEDIMENTO CIRÚRGICO

Como acontece com quase tudo na ginecologia, a escolha entre o aborto médico ou cirúrgico é muito pessoal, com critérios bem subjetivos. Por um lado, no RU 486 não há cirurgia, anestesia e nenhum instrumento envolvido. É mais privado e, portanto, o método escolhido por muitas mulheres. Se você vive em um local onde o aborto é proibido, talvez não deva atravessar uma linha de combate hostil para fazer o aborto. É ainda um processo que pode ser imprevisível, doloroso e solitário. Para algumas mulheres, ficar esperando por um aborto espontâneo, às vezes sozinhas em casa, é física e emocionalmente estressante.

Os abortos cirúrgicos, por outro lado, exigem uma consulta médica bem mais longa. É preciso fazer consultas de acompanhamento, mas, nesse ínterim, a paciente pode ficar descansada, pois não está mais grávida. Além do mais, ela pode ter certeza de que, a menos que haja qualquer complicação, o desconforto irá diminuindo aos poucos, à medida que o aborto vai se transformando em coisa do passado. Ademais, as interrupções médicas têm uma margem de falha.

UMA BREVE E SUBJETIVA HISTÓRIA DA PRÁTICA DO ABORTO NA CIDADE DE NOVA YORK

Quando estava no primeiro ano de residência em Nova York, em 1969, o aborto ainda era ilegal nos Estados Unidos. Isso obrigava as mulheres a buscarem opções nada agradáveis. Havia o "método do cabide de arame", que envolve a introdução de um cabide de arame pelo colo do útero, na esperança de estimular as contrações uterinas, causando sangramento e aborto espontâneo. Infelizmente, o cabide com muita freqüência perfura o útero, não está esterilizado ou atinge um órgão vital. Muitas mulheres passam por diversos outros experimentos igualmente terríveis e arriscados. Algumas pacientes fazem uma ducha vaginal com sabão marfim, que poderia entrar na corrente sangüínea e fazer com que os rins parassem de funcio-

Politicagem clássica?

O aborto sempre será possível para mulheres que puderem pagar. Nos anos 1960, nos EUA, médicos da Park Avenue introduziam um pouco de sangue nas vaginas de suas ricas pacientes e, então, elas iam até o hospital, onde informavam estar com hemorragia vaginal, sem qualquer explicação. Elas faziam aborto seguro a custos exorbitantes e eram atendidas pelos próprios médicos por meio de uma complexa logística, impossível para a maioria das mulheres.

nar. Havia algumas pílulas misteriosas vendidas em mercearias — uma delas chamada Humphreys II —, consideradas abortivas. Havia também uma pílula de permanganato de potássio que as mulheres colocavam na vagina e que queimavam a pele. Elas sangravam e pensavam estar começando a abortar, quando, na verdade, tudo o que tinham conseguido era criar buracos na vagina. Uma mulher tomou quinina, que acreditava ser abortiva. Tudo que conseguiu foi ficar enjoada e vomitar; nós demos sua entrada no hospital como se estive enjoada por causa da gravidez e tentamos fazer com que ela melhorasse, enquanto ela fugia para o banheiro com o objetivo de tomar mais quinina.

Imagine como era complicado tratar mulheres que chegavam ao hospital depois de um aborto ilegal e malfeito. Às vezes, tínhamos de implorar por informações para que pudéssemos salvá-las. Enquanto isso, ficavam relatando sem qualquer emoção que "caíram na banheira", "escorregaram no banheiro" ou "caíram enquanto patinavam". As pessoas que realizavam o aborto nessas mulheres diziam que elas iriam para a cadeia, caso contassem alguma coisa, deixando-as aterrorizadas.

Nessa época, a única forma de realizar um aborto legal no hospital era quando a saúde da mãe (física e mental) estava em

História de abortos nº 1

Tive uma paciente que, antes de eu a conhecer, tinha ficado grávida e decidiu fazer um aborto. Uma amiga lhe entregou um número de telefone. Ao ligar, recebeu instruções específicasse e, uma hora depois, estava no shopping, com um livro na mão, com uma rosa dentro. No meio-fio, parou um carro preto, a porta abriu, e ela entrou. Imagine o terror de entrar em um carro, sozinha, com um estranho. Eles a levaram para o campo, onde fez um aborto em uma mesa de cozinha e, em seguida, foi imediatamente colocada de volta no carro, que a levou para o shopping. Ela disse que foi a pior experiência de toda a sua vida.

perigo. Hoje, pode soar ridículo, mas tentávamos convencer as mulheres que desejavam fazer um aborto de que tinham tendências suicidas, devido à gravidez indesejada. É claro que não podíamos revelar nossas intenções, então pode imaginar a dificuldade que era convencê-las de que queriam se matar. Elas diziam: "NÃO, eu não estou deprimida. Só quero fazer um aborto." Quando funcionava, isso pelo menos nos permitia fazer o aborto em um ambiente seguro e esterilizado.

Abortos seguros e realizados em ambientes esterilizados eram uma exceção à regra. À noite, o residente admitia entre dez e 20 mulheres que tinham sofrido nas mãos de alguém inexperiente que realizou um aborto malfeito. Muitos procedimentos que vi naquele ano eram incompletos, o que significa que a gravidez não era mais viável, mas o tecido ainda estava no útero. Isso freqüentemente causa sepsia, que é uma infecção muito grave, podendo ocasionar choque e até morte, se não for tratada. Dávamos a essas mulheres doses maciças de diversos antibióticos intravenosos.

Como residente, meu trabalho era admitir as pacientes e prepará-las para a operação nas salas de cirurgia, uma das quais

Sabedoria familiar

Uma das minhas tias-avós me revelou uma vez que havia feito um aborto, enquanto era casada, com três filhos pequenos, de dois, três e quatro anos — isso nos anos 1930. Todas as mulheres da vizinhança conheciam o número de telefone, porque, de acordo com minha tia, todas as vizinhas — mulheres casadas e com filhos — fizeram pelo menos um aborto. Ele as atendia em casa e fazia o procedimento na mesa da cozinha. Minha tia ficou doente durante semanas depois disso.

era reservada para abortos incompletos. Recebíamos cerca de 20 mulheres todos os dias, das quais duas ou três eram jovens muito doentes. Como não sabíamos o que haviam feito, que instrumentos haviam sido usados e que tipo de infecção estava presente, muitas dessas mulheres acabavam tendo de fazer histerectomia. Muitas estavam com os rins comprometidos, aderências, cicatrizes ou dores abdominais que poderiam durar indefinidamente. Por fim, estimo que tenha visto meia dúzia de garotas que morreram por causa de abortos ilegais.

No dia 1º de julho de 1970, o aborto foi legalizado na cidade de Nova York e equipes de televisão de todo o mundo cobriram o acontecimento. Foi um dia emocionante. Durante a noite, as admissões por causa de um aborto incompleto caíram de 20 por dia para três por semana. As pessoas que realizavam aborto em Nova York ganharam milhões de dólares naquele ano. Havia números com discagem gratuita, divulgados em todo o país. Havia serviços de limusine, que pegavam as pacientes no aeroporto e as levavam até a clínica. Elas voavam da Europa e das Bermudas. Existiam hospitais inteiros dedicados à interrupção da gravidez.

História de abortos nº 2

Alguém chamou uma ambulância e os paramédicos encontraram uma menina desacordada em uma cama num quarto vazio. No hospital, o residente fez um exame pélvico de rotina e, inadvertidamente, chegou até um buraco gigante no útero na cavidade abdominal, onde ele sentiu o fígado. O útero estava praticamente rasgado ao meio e não podia ser salvo. Ela estava tão mal que quando foi feita a cirurgia abdominal para salvar sua vida, nem precisou de anestesia. Mesmo três dias depois, quando retiramos o tubo que ajudava a menina a respirar, ela permanecia sem qualquer resposta. Eu a estava examinando algumas horas depois, quando ela abriu os olhos pela primeira vez. Depois dessa provação traumática, suas primeiras palavras foram: "O bebê já saiu?"

A POLÍTICA ATUAL E A CONTROVÉRSIA DO NASCIMENTO PARCIAL NOS ESTADOS UNIDOS

Nos Estados Unidos, o aborto é legal até a 24ª semana de gravidez. Caso a paciente decida fazer o aborto depois da 12ª semana, é considerado um aborto de segundo trimestre. Talvez a expressão política "aborto tardio" seja mais familiar, embora não seja um termo médico.

Existem duas abordagens: dilatação e extração e extração e indução. Uma dilatação e extração é uma curetagem com sucção mais complicada, na qual o colo do útero é dilatado e o conteúdo é removido manualmente. Algumas vezes, o médico precisa esmagar a cabeça do bebê para facilitar a saída — um procedimento pavoroso de se ver, fazer ou vivenciar. Aparentemente, isso acabou de se tornar ilegal no país.

Em uma indução, a paciente é admitida, e o médico tenta fazer com que ela entre em trabalho de parto. É compreensível que até a 12ª semana de gravidez, o útero seja resistente a tentativas de induzir à contração. Em geral, para se alcançar o objetivo são necessários vários dias de medicação (como prostaglandinas, que causam febre e desidratação), com alguns riscos, tais como ruptura no útero.

Como resultado, apesar de a técnica de dilatação e extração ser um procedimento inaceitável do ponto de vista emocional, ela tem taxas de complicação muito menores, além de ser menos traumática para a paciente, que permanece desacordada. Ademais, as mulheres que buscam técnicas mais desagradáveis ficam entrando e saindo do hospital, enquanto aquelas que têm de induzir a interrupção da gravidez costumam estar em uma sala de parto, dividindo o andar com mulheres que estão dando à luz bebês saudáveis.

Há muitas razões para uma mulher escolher passar pela difícil experiência de um aborto de segundo trimestre. Os resultados da amniocêntese chegam na 18ª semana da gravidez e, infelizmente, às vezes revelam anormalidades genéticas ou cromossômicas. Existem mulheres que ficam sabendo que o bebê possui problemas anatômicos graves, que podem ser incompatíveis com a vida. Algumas vezes não há nem batimentos cardíacos. Há mulheres jovens que são tão inexperientes, pobres ou ignorantes, que não percebem que estão grávidas até o quinto mês ou não têm meios de realizar um aborto (a maioria dos condados nos Estados Unidos não possui clínicas de aborto). Em geral, são os casos mais urgentes e desespe-

Atenção

Nunca subestime o ímpeto e o desespero de uma mulher que não pode ou não quer ficar grávida. As enfermarias recebem mulheres que abortaram, mas não informam aos médicos, e correm risco de vida. A não-legalização do aborto não impede o aborto, apenas o torna ilegal.

História de abortos nº 3

Uma paciente vivia um caso ardente com um homem casado e ficou grávida. Ela não podia ter o bebê, não podia, não podia mesmo. Então, marcou uma consulta para interromper a gravidez. Naquela manhã, parei em uma *delicatessen* e apareci com meu café gelado. Quando cheguei, ela já estava chorando. Ela soluçava: "Eu não posso fazer isso." Dividi meu café com ela, e batemos um papo. Eu disse: "Ainda temos uma semana. Vá para casa e pense bem se é isso mesmo que você quer." Na semana seguinte, apareci com meu café e mais uma vez ela chorava: "Eu não posso fazer isso." Então, dividimos o café e batemos outro papo. Na semana seguinte, apareci com dois cafés e disse: "Estou gastando muito dinheiro de táxi até aqui. E nós não estamos saindo do lugar. Se fizermos isso durante toda semana, durante nove meses, você vai ter o bebê." Ela decidiu ter o bebê. O menino está agora terminando o colégio, e ela se casou com o pai dele. Ainda é minha paciente, e acho que está muito feliz. O mais importante a ser lembrado aqui é que ninguém é pró-aborto; somos a favor da escolha.

radores, mas, em muitos deles, não há uma boa razão para interromper a gravidez.

Os abortos de segundo trimestre são procedimentos muito mais difíceis do que os procedimentos típicos, então todas as complicações do aborto de primeiro trimestre se multiplicam. Infecção, perfuração, incompletude, lacerações no colo do útero ou nas paredes uterinas e a morte são algumas das possibilidades (lembre-se de que as complicações de uma gravidez levada até o final superam até mesmo as dos abortos de segundo trimestre). Há poucos médicos que realizam regularmente abortos de segundo trimestre, e muitos deles estão se aposentando. Caso você esteja nessa infeliz situação, suas chances

Um falso juízo político

Advogados pró-vida e políticos de direita tentarão fazer você acreditar que o aborto é legal nos Estados Unidos até o momento do parto. Isso não é verdade. Depois da 24ª semana, os esforços médicos são todos para salvar os dois — a mãe e o bebê. Se em algum ponto a gravidez for considerada perigosa para a mãe e/ou bebê, o aborto deverá ser induzido. No entanto, o médico deve buscar a medida médica mais segura para os dois pacientes.

serão limitadas a centros médicos regionais para a extração/dilatação (dependendo da legalidade) ou uma indução.

* * * * *

MÃE: Posso ser política agora?

FILHA: E por acaso você pode ficar mais política?

MÃE: As mulheres têm feito aborto desde o início dos tempos...

FILHA: Acho que já está bem claro o que pensamos sobre isso.

MÃE: ...nunca subestime o ímpeto e a...

FILHA: Mãe, eu escutei. Todo mundo já entendeu.

MÃE: ...determinação de uma mulher...

FILHA: Já estou indo embora.

Capítulo 9

REPRODUÇÃO

Algumas pessoas podem perguntar como foi escrever esse livro com minha mãe. Foi fantástico, educacional, uma grande experiência que serviu para nos unir ainda mais, desesperadoramente frustrante e um milhão de outros sentimentos. É claro que houve alguns momentos desconfortáveis (eu de fato não precisava saber nada sobre a vida sexual dos meus pais, mesmo de 28 anos atrás), nós ultrapassamos o limite do que as filhas em geral compartilham com as mães. Contudo, acredito que seja importante que as mães contem às filhas suas experiências, como uma forma de trazê-las mais para perto do mundo real. Bom, estou muito feliz e agradecida por ter ouvido histórias sobre as enormes inconveniências, os inúmeros sacrifícios, os momentos de espera e tensão e profundo desconforto. Especialmente porque nasci antes da anestesia peridural.

Eles não são chamados "órgãos reprodutivos" à toa. O uso primordial e original dos órgãos que discutimos até aqui é a procriação. Trataremos de todos os pontos principais, mas a gravidez é intricada e única em cada mulher. Os testes e as complicações já mencionados são apenas a ponta de um imenso *iceberg*.

ENTÃO, VOCÊ QUER TER UM BEBÊ

Se estiver pronta e entusiasmada para ter um bebê, há algumas questões de saúde e tempo que precisam ser consideradas.

Partindo da hipótese de que você tem menos de 35 anos e teve uma história ginecológica relativamente normal, faça sexo sem proteção antes de ovular. Lembre-se de que a mulher ovula 14 dias antes do primeiro dia do próximo período. Portanto, se você tiver um ciclo de 26 dias, ovulará no 12º dia (a partir do primeiro dia do período menstrual). Se tiver um ciclo de 30 dias, ovulará no 16º dia. Faça muito sexo nesses dias e próximo a eles.

Há várias questões de saúde que, se relevantes, provavelmente serão consideradas pela paciente antes de vir ao meu consultório. Se você estiver tomando alguma medicação que seja considerada perigosa para a gravidez (por exemplo, medicamentos com isotretinoína) ou se tiver algum tipo de doença grave que poderia tornar a gravidez mais problemática, pense bem antes de tomar a decisão, discuta o assunto com todos os seus médicos. Se tiver um histórico familiar de desordens genéticas graves (por exemplo, hemofilia) ou qualquer doença metabólica (fibrose cística), considere a possibilidade de procurar a orientação de especialistas em genética.

QUE TIPO DE ORIENTAÇÃO?

Embora para muitas pessoas a orientação genética pareça algo retirado de filmes de ficção científica, é uma etapa cada vez mais comum para casais que decidem ter filhos. Primeiro, um geneticista ou um profissional treinado para isso fará um gráfico do *pedigree* das duas famílias, descrevendo doenças e problemas genéticos potenciais. Quanto mais você souber sobre o histórico médico da sua família, mais precisa será a avaliação do especialista quanto aos riscos que o bebê pode estar correndo. É provável que peçam um exame de sangue que revele problemas significativos que poderiam afetar o bebê.

O tipo de problema procurado pode ser um problema tão controlável quanto a diabete, ou que pode afetar o estilo de vida, como a fibrose cística. Uma em cada 20 pessoas é portadora de fibrose cística, o que significa que possuem um gene recessivo. Caso o parceiro também tenha o gene recessivo, as chances de o bebê ter a doença são de 25%. Existem muitas desordens recessivas que estão associadas à etnia e à raça. A doença de Tay-Sachs, por exemplo, é a mais séria das nove desordens genéticas detectáveis, e é encontrada quase que exclusivamente na população judaica da Europa, levando à morte nos primeiros anos de vida.

DE VOLTA AO BEBÊ

Supondo que você não deseje procurar orientação genética e que está perfeitamente saudável, eu recomendaria uma consulta pré-concepção com o futuro obstetra. Ele recomendará um enorme conjunto de medidas que prepararão você e seu corpo para a gravidez. Segue um exemplo:

- Tome ácido fólico. É uma vitamina essencial para o desenvolvimento do cérebro e da medula do bebê. Tome pelo menos 400 unidades de ácido fólico por dia.

- Evite comer queijo não pasteurizado, que é um local de desenvolvimento da bactéria listeria, que causa uma terrível infecção que parece afetar misteriosamente mulheres grávidas e que é a principal causa de infecções fatais e/ou danos cerebrais em recém-nascidos.

- Coma carne bem passada para evitar contrair toxoplasmose — um parasita que não é perigoso em uma pessoa saudável, mas durante a gravidez pode causar danos cerebrais no feto. Lave bem as mãos depois de manusear carne crua e evite também cuidar do jardim e limpar a areia do gatinho, pois o parasita também é encontrado nas fezes dos gatos.

- Há alguns peixes que devem ser evitados por causa do nível de mercúrio. Essas informações podem mudar, mas, atualmente, a lista de peixes não recomendáveis inclui peixe-espada, cavala, tubarão e, com certeza, o atum. A Agência de Proteção Ambiental também alerta sobre peixes pescados pela própria pessoa, uma vez que as águas mais próximas à costa costumam ser as mais poluídas.

- Existem algumas infecções em relação às quais você e o médico devem ficar alertas — herpes, vaginose bacteriana e estreptococos do grupo B aumentam o risco na gravidez.

- Considere os medicamentos que está tomando e veja se são dispensáveis. Tive pacientes que tomavam lítio e que eram instáveis demais para poder interromper o tratamento, mas ainda assim queriam ficar grávidas. Entretanto, as mulheres com distúrbios emocionais e sob medicação devem pensar com carinho na possibilidade de esperar o fim do tratamento antes de ficarem grávidas, pois a gravidez é uma tremenda montanha-russa emocional. Caso você pare de tomar psicotrópicos por causa da gravidez, a terapia é uma boa alternativa.

* * * * *

FILHA: Então, mãe, se eu chegasse no seu consultório, uma mulher saudável de 28 anos. O que você me diria?

MÃE: Você está prestes a entrar na melhor fase da sua vida. Não precisa de contracepção e não tem razão nenhuma para pensar que existe um problema de fertilidade. Vá para casa e transe em todos os cômodos. Transe todas as horas do dia. Esqueça cronogramas, o tempo; não há qualquer razão para transformar isso em algo que não seja simplesmente prazeroso, romântico, *sexy* e divertido.

* * * * *

QUAL A PRESSA?

A idade parece ser um problema constante quando o assunto é a reprodução feminina e, infelizmente, a medicina não tem resposta para as perguntas mais difíceis — em especial aquelas que você quer ouvir. A mulher está no auge da fertilidade aos 20 e poucos anos, mas, para muitas das minhas pacientes, essa época está longe de ser o momento ideal para ser mãe. Aos 35, a mulher está 10% menos fértil do que no auge da fertilidade. Aos 40, 50% menos fértil. E aos 45, a taxa de concepção espontânea (sem ajuda) é de cerca de 1 ou 2%, e as taxas de aborto espontâneo são enormes.

Se você tem mais de 35, já encontrou seu príncipe encantado, já tem um compromisso para a vida inteira com ele, os dois querem ter filhos e já estão economicamente preparados, o que você está esperando? Se começar cedo e, por acaso tiver algum problema de fertilidade, vocês terão tempo para resolver. Todo ano tenho pacientes que vêm ao consultório e perguntam: "Quanto tempo eu tenho?" Minha resposta é sempre: "Não sei! Sei que tem menos tempo do que tinha ano passa-

Plantão de notícia

De acordo com um artigo do *New York Times* de março de 2004, a Harvard Medical School comprovou a produção de óvulos depois do nascimento, o que entra em conflito com um dos grandes princípios da ginecologia. Talvez as mulheres não nasçam com todos os óvulos que terão durante a vida. É possível que seja o primeiro passo para uma nova era na reprodução feminina e na saúde em geral; não seria maravilhoso que pudéssemos jogar fora o relógio biológico e parar de discutir sobre reposição hormonal?

do." Pode ser que um dia você se veja com 40 anos, abra os olhos e diga: "Esqueci de ter filhos." Por outro lado, se tiver 28 anos, for solteira e não estiver preparada para ter um filho sozinha, esqueça. Pode ser que você encontre o homem certo aos 39 e nunca é tarde demais para ter um bebê; no entanto, pode ser caro, inconveniente e não biologicamente seu (ou seja, talvez você precise de uma doadora de óvulos).

Tive uma paciente casada que estava com 30 e tantos anos e que sempre planejara ter um filho. Eu disse: "Seu tempo está acabando." Quando chegou o momento, o marido estava impotente. Ficaram dois anos tratando o problema com terapia, depois tentaram durante um ano ou dois e não conseguiam engravidar. Fizeram fertilização *in vitro* (ver página 211) durante um ano, e nada. Então, precisaram de uma doadora de óvulos, porque, no momento em que pensaram seriamente no assunto, já não tinham tempo suficiente para lidar com os contratempos potenciais. Felizmente, hoje em dia eles têm um lindo bebê, mas tiveram muita sorte.

COMO VOCÊ SABE SE ESTÁ GRÁVIDA?

Os primeiros sintomas de gravidez são enjôo, dor de cabeça, freqüência urinária, inchaço, cólicas (como as menstruais), alterações de humor, alterações da libido, leves dores nas costas e exaustão. O colo do útero fica mais macio e mais azul durante a gravidez, devido ao aumento do fluxo sangüíneo e da congestão. Entretanto, tudo isso é muito vago. A melhor maneira de saber se você está grávida é fazendo um teste de gravidez.

A precisão dos testes de urina de farmácia é de cerca de 95% dez dias depois da concepção ou no primeiro dia do suposto período menstrual, que não veio. A revista norte-americana *Consumer Reports* fornece um excelente recurso para se saber a precisão desses testes e a facilidade de uso. Esses testes medem o nível de gonadotrofina coriônica humana

Uma história que fez mamãe chorar

Tive uma paciente de 40 e poucos anos, sem filhos, que ajudava um menino nos fins de semana. Acompanhei o amadurecimento desse relacionamento até que um dia ela anunciou que o estava adotando. Ele a chamou de "mãe" e pronto: ela era mãe. A reprodução e a maternidade são duas coisas diferentes. Uma é biológica. A outra é pura arte.

(HCG) presente na urina. É um teste do tipo positivo/negativo, uma vez que a HCG é produzida pelo tecido da placenta — nenhuma outra célula ou órgão produz esse hormônio. O principal resultado errado apresentado por esse tipo de teste caseiro é o resultado falso-positivo. Às vezes, se você tiver um ciclo muito irregular e a ovulação estiver atrasada (ou seja, se ovular no dia do teste), poderá haver uma reação ao aumento do hormônio luteinizante (LH — ver página 73), dando um resultado falso-positivo. O teste de urina também pode ser um pouco impreciso devido à sua diluição — se você beber seis litros de água, o HCG pode estar tão diluído que o teste será negativo. Portanto, é uma boa idéia usar a primeira urina do dia. Na dúvida, repita o teste.

Dos ratos ao azul nítido

Nos anos 1960, os testes de gravidez eram um pouco mais envolventes. Um médico injetava a urina da paciente em um rato e, em seguida, realizava uma autópsia no rato. Ele analisava os ovários do animal e, se estivessem vermelhos ou inchados, a conclusão era que a mulher estava grávida. Não se preocupem, grupos de defesa dos animais, essa técnica está obsoleta.

O exame de sangue é um teste de gravidez infalível e, diferente da urina, quantitativo. Em uma gravidez saudável, os níveis de HCG dobrarão a cada dois ou três dias. Às vezes, essa é a única forma de avaliar uma gravidez inicial em mulheres que já tiveram alguns problemas (por exemplo, abortos espontâneos, dificuldade de concepção ou problemas anteriores relacionados à gravidez).

OS TRIMESTRES

Primeiro trimestre

O primeiro trimestre começa no primeiro dia do último período menstrual e segue até a 12ª semana. Esse é o período da organogênese, o que significa que a partir de uma célula (um óvulo fertilizado é uma célula, não duas), os cromossomos se fundem, dando origem a uma nova pessoa. Na 12ª semana, já existe um feto humano reconhecível de quase 10cm.

No primeiro trimestre, a paciente deve consultar o médico toda semana até ficar assegurado que a gravidez é viável no útero. O médico monitorará uma série de fatores (descritos a seguir), incluindo o peso; o normal é haver um ganho de 1,5 a 2,5kg nesse período.

Principais testes

No primeiro trimestre, os médicos realizarão um conjunto de testes, porque é sempre bom antecipar alguns problemas que podem surgir. Uma bateria de exames de sangue detalhará a saúde geral — os médicos costumam chamar de contagem sangüínea completa (CBC). Um exemplo de resultado preocupante é uma contagem de plaquetas muito baixa. As plaquetas são um dos principais componentes da coagulação sangüínea e seria extremamente inconveniente, para não dizer perigoso, descobrir que a futura mamãe está com baixa contagem de plaquetas na sala de parto, quando está sangrando demais.

Ademais, se o médico perceber que a paciente está anêmica, ele sabe como cuidar disso de forma adequada. Durante a gravidez, os fetos precisam de ferro para poder produzir suas próprias células vermelhas, possivelmente causando anemia nas mães. Há muitos problemas que podem ser catastróficos se não forem tratados, como a sífilis. E há problemas sobre os quais o hospital deve estar informado no momento do parto, por exemplo caso a paciente tenha um determinado tipo sangüíneo (RH negativo).

Esse também é o momento de fazer uma cultura vaginal, a fim de detectar bactérias que podem ser prejudiciais ao bebê e devem ser erradicadas com antibióticos. O médico realizará o Papanicolau, a fim de verificar a presença de células anormais que poderiam ser perigosas à medida que o colo do útero se expande durante a gravidez. Ele também pode examinar a presença de herpes, que não é necessariamente perigosa, mas sobre a qual os médicos devem estar cientes. Além disso, é o momento ideal para considerar a realização de um teste genético.

Na quinta semana, deve ser realizada uma ultra-sonografia para descartar uma gravidez ectópica, que é quando o feto está crescendo em outro lugar que não o útero, em geral na trompa de Falópio. Um ou dois por cento das gravidezes são ectópicas, que, se prosseguirem, crescerão até as trompas romperem. Esse tipo de gravidez é extremamente perigoso — uma gravidez ectópica com ruptura pode causar uma hemorragia fatal. Já uma gravidez ectópica que não chegue a romper é razoavelmente fácil de tratar. Na sexta ou sétima semana, repete-se a ultra-sonografia com o objetivo de observar as batidas cardíacas. Dez por cento dos fetos não têm batidas e, portanto, não são viáveis. Na medicina, esse caso é conhecido como aborto retido, e o médico deve esvaziar o útero usando a técnica D&C (página 289), para que a paciente possa tentar de novo mais tarde.

Riscos
O primeiro trimestre é a fase mais delicada da gravidez. Algumas situações no primeiro trimestre podem ser catastróficas, embora essas mesmas situações possam não ter qualquer conseqüência no terceiro trimestre. Por exemplo, se você contrair rubéola na oitava semana, isso poderá causar danos cerebrais e catarata no feto. Já se contrair antes de entrar em trabalho de parto, é provável que o bebê nasça com rubéola, perfeitamente tratável.

Gravidez: não é o momento para farras

Uma paciente veio fazer uma visita de rotina e ficou bastante surpresa ao saber que estava grávida. Para seu terror, no fim de semana anterior, havia ido a uma casa noturna e tomara uns comprimidos oferecidos por um estranho. Ela me perguntou o que eu achava. Eu retruquei: "O que eu posso dizer?" Ela deu à luz um bebê saudável, mas foram oito meses de preocupações desnecessárias.

Há três áreas principais de preocupação no primeiro trimestre:

1. Medicação
2. Radiação
3. Infecção

Medicação
Há medicamentos ilegais e legais que devem ser observados. Assim que começar a planejar engravidar, pare de tomar qualquer substância ilegal — a gravidez, em especial no primeiro trimestre, não é momento de cheirar uma carreira de cocaína,

fumar maconha ou injetar heroína. Drogas recreativas estão associadas a um conjunto próprio de problemas, sendo que a maior parte deles está relaciona à total ignorância sobre o que você está tomando, fumando ou cheirando. Na gravidez, esses problemas se multiplicam e, embora algumas mulheres possam levar a gravidez usando drogas, há muito poucas coisas tão tristes quanto um recém-nascido viciado.

Já as drogas legais incluem as terapêuticas e sociais. As sociais são cafeína, cigarro e álcool. Alguém que tenha pelo menos 1g de cérebro jamais colocará um cigarro na boca. Ponto final. No entanto, durante a gravidez, é ainda mais idiota, porque afeta o oxigênio absorvido pelo corpo da mãe, diminuindo assim o oxigênio fornecido ao bebê. Fumar cigarro não causa defeitos no feto, mas faz com que ele nasça com menos peso.

* * * * *

FILHA: Embora você tenha fumado meio maço de cigarros por dia...

MÃE: Dez cigarros.

FILHA: Eu nem sou magrela.

MÃE: Eu, por sorte, compensava com comida.

* * * * *

O álcool está associado a uma síndrome chamada "síndrome alcoólica fetal", que causa um déficit neurológico e face dismórfica (com forma estranha). O álcool deve ser banido no primeiro trimestre.

Limite o consumo de cafeína a duas porções de cafeína por dia. Isso inclui café, chá, coca-cola, determinadas castanhas, sorvete de café e doces. A ingestão de cafeína em excesso pode causar uma pressão nos vasos sangüíneos, limitando assim o fluxo de sangue até o bebê. Menos sério, um bebê viciado em cafeína não deve ser nada fácil — pense em como ficam irritadiças as pessoas viciadas em café que tentam se livrar do vício. Será que alguém pode desejar dar mais uma razão para que os bebês chorem?

Os medicamentos terapêuticos são drogas que não requerem prescrição e que costumamos tomar em função de um conjunto de problemas. Evite isso ao máximo. Por exemplo, em vez de Nyquil, tente remédios caseiros do tempo da vovó, como eucalipto, mentol ou um bom banho de vapor. Fique longe de tratamentos com ervas — elas também podem ter seus próprios riscos ainda não documentados. Não tome nada que não conheça bem.

As coisas mudam

Nos anos 1950, conheci um médico que dizia às pacientes para não pararem de fumar logo, uma vez que isso as deixaria muito ansiosas. Ele estava receoso, como muitos médicos nessa época, em relação à cesariana, um procedimento arriscado e complicado até ali. Quanto menor o bebê, menores as chances de problemas.

Radiação

A radiação está associada a abortos espontâneos e defeitos estruturais no nascimento, embora seja muito complicado para a comunidade médica determinar exatamente quais são os riscos e os resultados. Todos nós estamos expostos à radiação em monitores de computador, aparelhos de televisão e aviões, então é uma boa idéia ficar afastada pelo menos alguns centímetros de monitores e aparelhos de televisão. Também é bom evitar viagens aéreas.

A fonte mais óbvia da radiação é o raio X. Você nem imagina quantos raios X são tirados na sala de emergência e que poderiam ter sido evitados, caso você simplesmente dissesse estar grávida. Os raios X dentários não causam problemas — estão longe do útero e contêm uma quantidade insignificante de radiação. Contudo, por que ir ao dentista se puder esperar até pelo menos o segundo trimestre?

Infecção

Se você estiver doente, a regra da gravidez é tratar a doença, mas sempre incluir o obstetra nas decisões. Vamos imaginar que a paciente está com pneumonia; a doença decerto não fará bem ao bebê, e se ela morrer, as perspectivas do bebê são piores ainda. As doenças mais graves aumentam os riscos de aborto. É inoportuno ficar doente durante a gravidez, mas as chances de evitar qualquer problema potencial são boas se forem tomadas as decisões terapêuticas corretas.

Raios X e gravidez

Uma paciente minha ficou sabendo na adolescência que jamais poderia engravidar, o que é uma notícia terrível e infundada a ser dada a qualquer pessoa, em especial a uma garota. Na lua-de-mel, ela sofreu um acidente de carro. Na sala de emergência, tirou vários raios X da região pélvica para avaliar os danos, uma vez que havia informado aos médicos que não poderia ter filhos. Uma semana depois, percebeu que sua menstruação estava atrasada e que estava, na verdade, grávida. Foi a um geneticista que tentou calcular a radiação e acabou admitindo não ser capaz de afirmar quais eram os riscos. Isso foi tão devastador que destruiu seu casamento. Se você estiver transando sem proteção e for parar em uma sala de emergência, informe ao médico que você pode estar grávida, mesmo que pense ser improvável.

Abortos espontâneos

Desde o momento em que descobrir que está grávida até a 12ª semana, as chances de um aborto espontâneo são de quase 50%. Desde o primeiro dia do fluxo que não desceu até a primeira ultra-sonografia, na qual é possível ver a bolsa gestacional (na quinta semana, mais ou menos), as chances de um aborto variam de 25 a 50%. Duas semanas depois, no momento da segunda ultra-sonografia e quando já é possível ouvir os batimentos cardíacos, essa taxa cai para 10%. E na 12ª semana, com um feto aparentemente saudável (isto é, com batimentos), o risco de aborto cai para menos de 1%.

Um sinal anormal, mas não necessariamente terrível no primeiro trimestre, é o sangramento vaginal. É o que chamamos "ameaça de aborto", porque o corpo está ameaçado de sofrer um aborto espontâneo. Muitos desses abortos ocorrem porque o feto está geneticamente anormal — a gravidez não era para prosseguir mesmo. Para os 50% restantes, a gravidez segue perfeitamente normal. Caso você tenha sangramento vaginal durante o primeiro trimestre, em geral, seu médico a examinará, fará uma ultra-sonografia e, se a gravidez ainda estiver saudável, recomendará repouso.

Por mais triste que seja, há várias formas de se abortar espontaneamente. Um aborto espontâneo completo é aquele em que você sangra e expulsa o tecido. Um aborto retido é aquele em que o coração pára de bater e você não sangra, o que significa que o feto morreu ou não é mais viável, mas continua no útero. Como mencionado no capítulo sobre aborto (ver

Jargão médico

Na terminologia médica, não existe aborto espontâneo. Independentemente de sua escolha, os médicos chamarão qualquer interrupção prematura da gravidez de aborto.

Repouso — não serve apenas para as vitorianas

O repouso pode ter validade científica ou não. Quando deitada, não há qualquer efeito gravitacional do feto pressionando o colo do útero. Se você estiver sangrando pela vagina, o sangue pode estimular as contrações. Ficar de bruços pode ajudar. Durante o repouso, o fluxo sangüíneo até o útero é máximo, porque a mãe não está usando tanto. Enfim, independente de o repouso funcionar ou não, ele permite que você diga que fez o melhor que pôde. Se acabar sofrendo um aborto espontâneo, certo ou errado, você com certeza vai analisar todas as decisões tomadas e desejar saber "por quê". Então, muitas pacientes apontam alguma coisa que fizeram como uma forma de se culparem. É importante seguir todas as etapas possíveis a fim de manter a gravidez.

página 169), há opções médicas (RU 486) e cirúrgicas para cuidar dessa condição. Em geral, a opção é sua, mas é comum que o médico recomende uma ou outra (por exemplo, se você estiver com hemorragia, não teremos tempo para efetuar a ingestão de uma pílula e ficar aguardando). Um aborto incompleto é aquele em que nem todo o tecido é expelido e ainda existem fragmentos de placenta no útero, fazendo com que você continue a sangrar. Essa situação requer uma dilatação e curetagem (D&C) ou algum método mecânico de esvaziar o útero. Um óvulo seco é um aborto em que a bolsa gestacional se forma dentro do útero, mas não há o desenvolvimento de um embrião. Isso é detectado quando o útero não cresce, os níveis do hormônio da placenta param de aumentar a uma taxa adequada ou não existe embrião ou batimentos cardíacos.

Hoje em dia, muitos desses abortos espontâneos são diagnosticados antes da dor e do sangramento. Não é menos triste ou trágico, mas correr para o hospital no meio da noite com sangramento vaginal é, graças a Deus, um fato muito raro.

Segundo trimestre

Durante o segundo trimestre, do final da 12ª semana até o final da 24ª, o feto cresce de 10 a 50cm e pesa de 450 a 600g. A questão de ordem depois da 12ª semana é a nutrição. O ganho de peso adequado nesse período é de 6kg.

Aqui está a dieta recomendada pela fundação March of Dimes para o seu dia-a-dia durante a gravidez, que deve ser seguida em especial a partir do segundo trimestre.

- Um quarto de leite ou equivalente.
- 250g de proteína.
- Quatro fatias de pão ou equivalente.
- Duas porções de folhas verdes.
- Uma porção de alimentos amarelos (maçã, banana etc.).
- Uma fonte de vitamina C (suco de laranja, por exemplo).
- Oito copos de água.

O segundo trimestre é provavelmente o mais prazeroso e o menos arriscado do ponto de vista da gravidez. As visitas ao médico devem ser feitas uma vez ao mês para acompanhar a pressão sangüínea, urina e o peso. Nesse ponto, o útero é muito resistente às contrações. As taxas de aborto caem para cerca de 0,4 a 0,6%. O enjôo melhora, mas a paciente ainda não está tão grande e, portanto, sem grandes desconfortos. É um bom momento para tirar férias.

Testes

O principal teste nesse período, embora não seja realizado a toda hora, é a amniocêntese. Na 17ª semana, um obstetra retira uma pequena quantidade do líquido amniótico (da bolsa gestacional onde está o bebê) com uma longa agulha. O líquido amniótico, as membranas, a placenta, o bebê e o cordão umbilical têm origem no feto — são partes do mesmo tecido. Então, o líquido retirado durante o amniocêntese pode dizer muito sobre a estrutura genética da futura criança, ou seja, se as células encontradas no líquido tiverem uma contagem de cromossomos normal, então o bebê também tem. Em geral, o obstetra fará uma ultra-sonografia e o amniocêntese ao mesmo tempo e, entre os dois diagnósticos, será capaz de diagnosticar um conjunto de problemas estruturais e cromossomiais.

Anormalidades cromossomiais I

Quase todas as células humanas (exceto as vermelhas) possuem 46 cromossomos — 22 pares de cromossomos autossomos (isto é, cromossomos não relacionados ao sexo) e um par de cromossomos sexuais. Quarenta e seis cromossomos com dois cromossomos XX nas meninas, 46 cromossomos com um X e um Y nos meninos. Quarenta e cinco e 47 são números ruins, quanto o assunto é cromossomo. Não há um só caso documentado de aumento de desempenho intelectual associado a uma contagem anormal de cromossomos. E os nomes e as complexidades dessas condições são tantos que não é possível citá-los aqui. A mais comum anormalidade cromossomial é quando há um cromossomo a mais no 21° par. Isso significa um total de 47, uma vez que existem três cromossomos no nível 21, onde deveria haver apenas dois. Na medicina, chamamos essa condição de trissomia 21, mas você provavelmente está mais familiarizada com o termo síndrome de Down.

Qualquer anormalidade genética é uma má notícia. Entretanto, algumas são piores do que outras; algumas podem ser incompatíveis com a vida, enquanto outras não são motivos para preocupação. Por exemplo, o geneticista pode descobrir um cromossomo anormal no líquido amniótico que nunca viu antes. A próxima etapa é testar os pais; se um deles tiver o mesmo cromossomo e levar uma vida normal, então é quase certo que o bebê está bem. Já vi isso meia dúzia de vezes, e alguns geneticistas imaginativos postulam que isso pode ser o começo de uma nova dinastia cromossomial.

Para uma mãe de 25 anos, as chances de uma anormalidade cromossomial são de 1 em 1.000. Aos 35, já é de aproximadamente 1 em 250. Aos 50, se você for uma dessas mulheres raras e sortudas o suficiente para engravidar, as chances são de 1 em 10.

Portanto, nem todas as mulheres devem realizar o amniocêntese. O teste traz um risco de aborto espontâneo, infecção ou ruptura nas membranas em 1 a cada 250 casos. Aos 35, o risco de uma anormalidade cromossomial é o mesmo. Então, quando o risco do teste é maior do que o risco do problema que está sendo testado, a ACOG (American College of Obstetrics and Gynecology) recomenda não fazer o teste como rotina. É natural haver exceções (por exemplo, se a paciente tiver um histórico de anormalidades cromossomiais na família), mas, em geral, começamos a recomendar o amniocêntese quando a paciente tiver mais de 35 anos.

Se decidir não fazer o amniocêntese, mas tiver mais de 35 anos ou desejar fazer uma análise cromossomial, existe um outro exame chamado "biópsia de vilo coriônico" (CVS). Nesse exame, o obstetra extrai um pequeno fragmento da placenta com uma agulha, usando como guia a ultra-sonografia. A vantagem desse exame é que ele pode ser realizado logo no início da gravidez (na décima semana) e é mais rápido, evitando a necessidade de um futuro aborto, caso seja detectado

Sexo durante a gravidez...

...é uma coisa muito boa, desde que a mulher esteja passando por uma gravidez normal, sem qualquer fator de alto risco, e o médico não a tenha instruído a manter a abstinência. O pênis mantém a vagina elástica e lubrificada, tornando os exames pélvicos bem menos desconfortáveis. A ejaculação contém compostos de prostaglandina (ver página 40), que farão o útero se contrair e deixarão o colo mais macio.

algum problema. Infelizmente, o CVS tem uma taxa de complicação maior do que o amniocêntese — de 2 a 3% de aumento na taxa de aborto espontâneo.

A ultra-sonografia continua sendo muito importante porque as anormalidades estruturais são bem mais comuns do que as cromossomiais. Mais uma vez é bom ressaltar que os defeitos estruturais podem ser profundamente significativos ou não ser nada de mais. Um problema bastante significativo, por exemplo, é um bebê que está se desenvolvendo sem rins (chamado "síndrome de Potter") — essa criança não tem qualquer chance de sobreviver. Já um dedo mindinho a mais não chega a ser um problema.

Cerca de 4% dos bebês nos EUA nascem com defeitos estruturais congênitos. Cinqüenta por cento desses bebês não têm defeitos — uma marca de nascença, por exemplo. Dois por cento dos nascimentos possuem problemas congênitos significativos que requerem cirurgia, cuidados médicos ou mais alguns dias no hospital.

Outro importante teste a ser realizado na 17ª semana é chamado "alfa feto proteína". Essa é uma proteína encontrada em grandes quantidades no feto. Se houver um orifício ou um defeito em algum lugar, essa proteína pode sair do líquido amniótico, cruzar a placenta e circular no corpo. Uma grande quantidade dessa proteína pode ser um sinal de problemas sérios.

Terceiro trimestre

O terceiro trimestre é um período mais longo do que os outros dois, estendendo-se da 24ª semana até o parto, no final da 40ª semana. É quando o obstetra tem uma visão completa da situação — o bebê está crescendo o suficiente? A pressão da mãe está normal? A mãe é diabética? Ela está com dilatações prematuras? Está tendo mais contrações do que devia e antes do que devia? O bebê está em uma posição boa?

Nas primeiras 20 semanas de gravidez, o tamanho do bebê é razoavelmente previsível, já no terceiro trimestre, o aumento do peso baseia-se em muitos fatores, nem todos conhecidos. As meninas são um pouco mais leves do que os meninos. A nutrição é um determinante importante, e sempre tem a tal da genética. Você deve continuar com a dieta e ganhar entre 5 e 7kg.

As últimas dez semanas de gravidez são um bom momento para se familiarizar com o parto. Faça uma visita ao hospital em que dará a luz. Ensaie os procedimentos e suas idéias sobre o trabalho de parto e o parto com o obstetra. Comece a pensar em nomes.

Testes

Na 28ª semana, a equipe médica já terá feito um exame de sangue simples para detectar a presença do diabetes. É possível que façam uma ultra-sonografia entre as 32ª e a 38ª semanas para garantir que o bebê está crescendo de modo adequado. Além disso, também farão uma cultura vaginal para ver se existe estreptococo do grupo B, uma bactéria que não faz bem ao bebê quando ele passa pela vagina. Se tiver, é facilmente tratável com antibióticos.

Complicações

Há duas doenças exclusivas do terceiro trimestre de gravidez. São problemas essencialmente assintomáticos, porque os médicos devem percebê-los bem antes de a paciente desenvolver os sintomas.

Hipertensão induzida pela gravidez (também conhecida como pré-eclampsia ou toxemia)

A pressão sangüínea pode se tornar um problema sério e, às vezes, exige a internação hospitalar e a indução prematura do parto. A hipertensão induzida pela gravidez caracteriza-se por um espasmo vascular generalizado (todas as artérias do corpo se contraem), criando um ambiente de pressão alta. Caso isso aconteça, é provável que você perceba estar bastante inchada, uma vez que a pressão na artéria expulsa água do sangue e para dentro dos tecidos adjacentes. A primeira medida que o médico deve tomar é verificar os níveis de proteína na urina; a pressão alta nas artérias força a proteína a sair dos vasos sangüíneos e a entrar nos rins, entrando assim na urina. Se esses dois sintomas passarem despercebidos pelo médico ou se a pressão sangüínea aumentar de repente, a falta de fluxo sangüíneo no cérebro poderia causar doenças generalizadas. Entretanto, se você for ao médico com freqüência, é bem provável que ele perceba o aumento da pressão antes que surja qualquer sintoma de pré-eclampsia.

A pré-eclampsia ocorre em pacientes mais jovens e na primeira gravidez, e não se sabe por quê. Existe um Prêmio Nobel a espera da pessoa que conseguir descobrir a causa da toxemia. Alguns cientistas pensam que ela é causada por um determinado elemento da dieta do paciente, enquanto outros acreditam que alguma substância química misteriosa da placenta faz a pressão disparar. Há pesquisas constantes sobre o assunto e, ultimamente, se concentram mais na placenta como possível culpada.

Se você tiver pré-eclampsia, terá de ser internada para que os médicos possam controlar a pressão, avaliar as condições do bebê e fazer o parto, caso a situação se agrave. Se a toxemia ficar sob controle depois da 36ª semana de gravidez, é quase certo que o obstetra induza o parto. Quanto mais séria for a pré-eclampsia, mais cedo será realizado o parto, porque se a mãe ficar em condições muito graves, o bebê também estará correndo risco. Os médicos devem sempre avaliar o que será melhor para o bebê *e* para a mãe.

Diabetes gestacional

A gravidez é um estado diabetogênico, o que significa que estimula o diabetes latente, porque a placenta produz compostos antiinsulina que fazem os níveis de açúcar no sangue da mãe subirem. Quando é diagnosticado o diabetes gestacional, isso significa que certamente a mãe deverá mudar a dieta e passar a tomar insulina até o parto. A idéia é manter o nível de açúcar no sangue o mais próximo do normal possível, para que o bebê possa ficar com um nível de açúcar no sangue relativamente normal.

Sob a perspectiva do parto, o componente perigoso do diabetes gestacional é que os bebês com diabetes são gordos. Isso costuma levar a uma incidência maior de cesarianas. Além disso, depois de nascer, o bebê precisará ser monitorado de perto, a fim de garantir que o açúcar no sangue permanece estável. Nos primeiros dias de vida, o perigo é que, como está acostumado a um ambiente com altos níveis de açúcar, o bebê produza insulina em excesso, o que resulta em um nível de açúcar perigosamente baixo.

Uma notícia bastante desagradável é que o diabetes associado à gravidez é quase sempre um alerta: cerca de 50% das mulheres que têm diabetes gestacional desenvolverão a doença mais tarde.

E ENTÃO O BEBÊ CHEGOU

Há dezenas de coisas que podem dar errado para o bebê e, embora existam centenas de particularidades, muitos desses problemas recaem em três categorias principais: posição anormal do bebê, função anormal da placenta e crescimento anormal do bebê, condições indesejáveis do líquido amniótico e condições indesejáveis do colo do útero. Fique atenta ao nosso próximo livro.

INFERTILIDADE

Pelo menos 10% dos casais são inférteis, o que significa que de todos os casais homem-mulher que tentam engravidar, um em dez encontram um obstáculo médico. Para as mulheres acima de 35 anos, há um aumento de 10% nos casos de infertilidade (o que significa que 80% das mulheres entre 35 e 40 não tem qualquer problema para engravidar). Dos 20% restantes, pelo menos 50% não fazem nada a respeito, e um quarto delas tem problemas facilmente tratáveis (por exemplo, estão transando na época errada do mês ou usando lubrificação que, na verdade, é espermicida).

Os problemas que causam a infertilidade podem ser classificados de forma simples em três tipos. Cerca de 30% das vezes, o problema é o "fator masculino" (baixa contagem de esperma ou esperma pobre), outros 30% das vezes o problema é a estrutura reprodutiva feminina (trompas bloqueadas, muco cervical inóspito) e em outros 30% o problema está nos óvulos. Um conjunto de problemas menos comuns ocorre em 10% dos casos: desequilíbrios da tireóide, alergias ao esperma, disfunções da hipófise e muco inadequado, para citar alguns.

Desses casais inférteis que conseguem conceber, cerca de 50% das gestações terminam em aborto espontâneo. Metade delas é chamada "gravidez química", o que significa que o fluxo menstrual da mulher atrasa alguns dias (ela está tecnica-

Óvulos ruins

Tive uma paciente uma vez, acho que tinha Ph.D em Ciência de Foguetes ou algo inteligente assim, e estava enfrentando problemas para engravidar. Tinha 32 anos. Eu a enviei a um especialista em infertilidade que solicitou uma bateria de exames e, com os resultados nas mãos, disse: "Seus óvulos são ruins." Ela entrou no meu consultório, bufando, 20 minutos depois e esbravejando: "Sou uma cientistas de foguetes! Não me subestime! Sou perfeitamente capaz de entender o que quer que esteja errado com meus óvulos." Então, liguei para o rapaz da infertilidade enquanto ela soltava fumaça pelo nariz em meu consultório e pedi que ele me explicasse em termos médicos o que significava "óvulos ruins". E ele disse: "Como assim? Ela tem óvulos ruins. Eles são ruins. Não são bons. Ruins, ué." Hoje chamamos isso de "qualidade baixa dos óvulos". A comunidade médica certamente não entende todas as facetas da reprodução e não podemos controlar todas elas.

mente grávida), mas, em seguida, desce. Parece ser apenas um fluxo atrasado, quando, na verdade, é um aborto.

Outros 25% dos casais antes inférteis que conseguem engravidar ficam "clinicamente" grávidos. A menstruação atrasa duas semanas. A mulher tem todos os sintomas de gravidez e uma ultra-sonografia mostrará uma pequena bolsa no útero. A bolsa acaba não crescendo ou as batidas cardíacas são muito fracas e de repente não há mais qualquer batimento. Há perdas prematuras, em geral entre a quinta e a 12ª semana.

É importante lembrar que o sistema reprodutivo humano é muito complexo — sempre que dá certo, é um milagre. Em um sistema tão intricado, é compreensível, pensando racionalmente, que as taxas de perda sejam altas. Há numerosos fatores que podem dar errado na concepção e na gravidez, resul-

Fertilização *in vitro*

A fertilização *in vitro* ocorre quando a fertilização se dá fora do corpo ou em um tubo de ensaio, em oposição à fertilização *in vivo*, que significa "dentro do corpo". Um especialista em infertilidade extrai o folículo pela vagina ou abdômen com uma grande agulha, através da ultra-sonografia. Em geral, a mãe tomará medicamentos para que possa "superovular", e assim o médico possa recuperar mais de um folículo (cerca de 20 ou mais). Enquanto isso, o pai tem de se masturbar no banheiro. O produto da experiência dos dois é colocado em um tubo de ensaio e, com um pouco de sorte, ocorrerá a fertilização. O óvulo fertilizado divide-se até chegar à etapa em que poderá ser implantado na parede uterina (cerca de três a cinco dias). Em seguida, o especialista coloca de novo o pequeno feto no útero da mãe, na esperança de que ele se implante. Na melhor das hipóteses, a IVF só funciona em 40% das vezes, e esse número diminui à medida que a mãe fica mais velha (se estiver usando os próprios óvulos). E tudo isso é caríssimo (cerca de mil dólares do início ao fim de cada ciclo).

tando no que chamamos, insensivelmente, em obstetrícia, de "perda fetal".

* * * * *

MÃE: Você não aconteceu até o segundo ciclo.

FILHA: Não soe tão acusatória.

MÃE: Perdi o bom senso. É tão fácil cair no buraco negro imaginário da infertilidade. Isso é discutido em vários programas na televisão, em muitas revistas. No minuto em que o ciclo acaba e você não conseguiu, pode ficar deprimida e ansiosa. As pessoas começam a contar histórias terríveis de infertilidade.

FILHA: Mas, mãe, era só o segundo mês. Por que você estava tão apavorada?

MÃE: Porque eu não tinha conseguido engravidar no primeiro mês.

FILHA: E a gente fica se perguntando por que eu sou tão impaciente.

MÃE: Pensando bem, acho que teria sido bom se tivesse levado um pouquinho mais de tempo.

Capítulo 10

MENOPAUSA

Se existe uma coisa sobre a menopausa que mamãe jamais admitirá para você é como ela está maravilhosa. Ela de fato parece pelo menos dez anos mais jovem. Os bons genes (graças a Deus!) ajudam bastante aqui, mas ela atribui essas maravilhas à terapia de reposição hormonal, uma atitude jovial e uma excelente escolha de cremes faciais. Embora isso possa não acontecer com todas as mulheres, as pesquisas realizadas nesse tópico explosivo continuam e parece que a reposição hormonal pode ser um componente importante relacionado ao fato de a mulher parecer e se sentir maravilhosa. Essa é a minha opinião, com base em uma boa dose de observação da minha mãe nos últimos 28 anos. Cara, ela está maravilhosa.

A menopausa significa, literalmente, "último período" e, em geral, acontece quando a mulher está com 40 e tantos anos ou 50 e poucos. É impossível saber quando será seu último período menstrual, então a menopausa é uma retrospectiva. Você olha para trás e diz: "Já faz um ano e pouco que não fico menstruada." E só.

A MECÂNICA DA MENOPAUSA

Lembre-se de que nascemos com um número finito de folículos e que esses folículos serão os únicos que teremos por toda a vida (para uma informação esperançosa, ver página 191). O

> **Menopausa através das espécies**
>
> Conhecemos apenas três animais fêmeas que têm menopausa. São todos mamíferos que vivem mais de 50 anos. Adivinhe quais são!*

folículo consiste em um óvulo cercado por células que produzem estrogênio e progesterona. Então, quando ficamos sem folículos, não temos mais óvulos, não podemos mais nos reproduzir e paramos de produzir quantidades significativas de esteróides sexuais.

A melhor notícia é que paramos de menstruar — é o fim dos absorventes, absorventes internos, das cólicas, da TPM etc. A má notícia é que muitas mulheres enfrentam muitos sintomas desagradáveis, que são, na verdade, uma resposta do corpo à falta de estrogênio. Para 20% de mulheres sortudas, os sintomas são suaves, enquanto perto de 60% delas reclamam dos sintomas mais comuns — como ataques de calor (para obter informações mais específicas, consulte a páginas 218-219), que duram de seis meses a seis anos. Para 20% de mulheres nada sortudas, os sintomas da menopausa podem continuar indefinidamente.

POR QUE A MENOPAUSA?

Estima-se que as mulheres vivem cerca de 30% de sua vida depois da menopausa. Isso não faz qualquer sentido em termos dos objetivos reprodutivos da maioria das espécies. As mulheres gastam um terço da vida estéril, enquanto os homens são

*Os elefantes, as baleias-jubarte e as fêmeas humanas são as únicas criaturas que passam por essa mudança de vida.

reprodutivamente capazes até o dia em que morrem, produzindo esperma desde a puberdade até o túmulo, em alguns casos.

Por um lado, podemos considerar isso um acidente da evolução. Nós nos desenvolvemos em corpos que tinham uma expectativa de vida de cerca de 30 anos e, dentro desse período, nunca ficamos sem folículos. Se isso é, de fato, um acidente da evolução, então devemos substituir os hormônios quando pararmos de produzi-los, exatamente como substituiríamos a tireóide ou a glândula supra-renal, caso parassem de funcionar. Contudo, há aqueles que defendem que a menopausa é uma transição natural na vida da fêmea humana. Se fizermos uma retrospectiva na evolução, podemos sugerir que a menopausa é um marcador útil de uma nova etapa na vida de nossos predecessores femininos, um sinal de que se tornaram "avós" que passaram a tomar conta das crianças de forma a permitir que a geração mais jovem saísse para caçar e saquear. De um lado, a menopausa é um evento exclusivo e sem para-

A menopausa chegou

Tive uma paciente de 31 anos que veio ao consultório recentemente porque havia três meses que não ficava menstruada. A pobre mulher teve falha prematura nos ovários — basicamente a menopausa prematura pode chegar para alguém de apenas 30 anos. É uma catástrofe inesperada não só porque a mulher fica estéril, mas também porque há implicações de saúde durante a menopausa (ver página 218). Parece haver um elemento familiar aqui, então vale a pena perguntar à sua mãe quando ela entrou na menopausa.

FILHA: Mãe?

MÃE: Eu tinha 49.

lelos no curso da biologia humana. De certa maneira, é como todas as outras coisas que superamos — nossa visão, nossa tireóide, nossas juntas e centenas de outros exemplos.

Talvez nunca cheguemos a saber qual dessas teorias é a "certa", mas é inegável que há algumas mudanças na vida da mulher depois que os ovários morrem, e muitas dessas mudanças não são agradáveis, ou, pior ainda, constituem uma ameaça à vida. Para o bem ou para o mal, o estrogênio e a progesterona são nossos hormônios sexuais. São os hormônios que nos tornam mulheres. Eles nos tornam o que somos. E negar ao nosso corpo esses hormônios, quando paramos de produzi-los naturalmente, por causa do medo, por causa de estudos infalíveis em uma seleta população, apenas para seguir a moda médica, e porque muitas variáveis não podem ser controladas talvez seja uma decisão precipitada. Consulte a seção sobre Terapia de Reposição Hormonal (página 223).

PERIMENOPAUSA

Hoje em dia está na moda falar em perimenopausa ou o "período em torno da menopausa". A definição mais comum da perimenopausa é o período "de cinco anos da última menstruação". Para 60% das mulheres, não há qualquer sinal de advertência; elas não têm sintomas até a interrupção do fluxo menstrual.

Em quase 20% das mulheres, os níveis de estrogênio caem à medida que elas se aproximam da menopausa. Algumas vezes elas pularão um período ou sangrarão menos. O hormônio também pode disparar alguns sintomas da menopausa (ver página 218), apesar de ainda haver atividade menstrual. É como estar no meio de dois mundos. É a perimenopausa clássica.

Se você pensa que essas informações se aplicam a você, o ginecologista pode testar os níveis hormonais, avaliando o estrogênio ou o hormônio folículo-estimulante (FSH). A hipófise pode produzir mais FSH enquanto tenta estimular

Hipocondria, alguém aí?

Acordei uma manhã suando. Isso aconteceu exatamente uma semana antes de decidir que precisava fazer um teste de HIV e tuberculose e talvez um raios X do tórax. Uma das jovens enfermeiras do meu consultório sussurrou: "Pode ser a menopausa?" Olhei para ela, terrivelmente ofendida, e respondi: "Não tenho idade para isso, só tenho..."

um ovário morto. Então, a presença de uma taxa de FSH alta (mais de 59mu/ml) ou uma taxa de estrogênio baixa (abaixo de 20pg/ml) é definida como menopausa. Mulheres com esses níveis hormonais em geral não ficarão menstruadas, embora ainda tenham picos de estrogênio significativos o suficiente para fazer com que o útero responda com um período menstrual.

Outras 20% desafortunadas mulheres que têm perimenopausa enfrentam uma menopausa violenta, não porque o corpo está produzindo quantidades suficientes de estrogênio, mas porque está produzindo quantidades excessivas. Exatamente como a diabete com freqüência produz quantidades excessivas de insulina e a paciente fica hipoglicêmica antes de desenvolver a doença, o corpo de uma mulher mais velha pode tentar produzir mais hormônios para compensar a iminente morte dos ovários. Essas mulheres terão sangramentos fora do período ou terão períodos mais intensos com mais freqüência, e, caso tenham fibróides, eles se desenvolverão em resposta ao estrogênio. Os seios também podem ficar mais sensíveis.

O tratamento padrão atual para uma perimenopausa complicada é tomar pílula anticoncepcional de baixa potência. Ela suprime a produção de estrogênio do ovário, equilibrando as ondas hormonais que podem tornar a transição bastante difícil.

Perigos da perimenopausa

O período de transição até a menopausa pode apresentar um quadro bastante confuso para a paciente e o médico. Existem alguns sintomas que podem se mascarar de forma a parecerem inocuamente coerentes com essa etapa da vida. Todavia, se o fluxo menstrual durar mais do que o dobro do tempo de costume, se o ciclo está durando menos do que 21 dias do primeiro dia ao primeiro dia, ou se você está tendo pequenos escapes nos intervalos dos fluxos menstruais, esses são alguns sinais de que algo está errado. Não deixe de procurar ajuda, caso tenha esses sintomas, porque o câncer endometrial passa mais facilmente despercebido em uma mulher em perimenopausa do que em uma que já tenha entrado na menopausa. Quando uma mulher na menopausa tem um leve escape, os médicos dão atenção ao fato e procuram um problema, mas, no caso de mulheres em perimenopausa, um sangramento incomum não costuma ser nada, na maior parte das vezes. Você e o médico podem supor que esses sintomas fazem parte das "mudanças". No entanto, bata o pé e levante essa possibilidade junto ao médico.

A diferença entre a pílula e a terapia de reposição hormonal (um tratamento comum, mas atualmente controverso para os sintomas da menopausa, ver página 223) é que as pílulas são mais fortes porque são supressivas. Os hormônios precisam entrar no sistema com força suficiente para convencer o ovário da paciente a não trabalhar. Quando a mulher já tiver entrado na menopausa e não tiver mais fluxo menstrual, não haverá mais estrogênio, de forma que uma dosagem bem menor de hormônios já será eficaz.

SINTOMAS DA MENOPAUSA

Os sintomas mais comuns da menopausa incluem ondas de calor, suor durante a noite, distúrbios de sono e uma vida sexual com problemas. As ondas de calor são um acesso de calor do corpo que, em geral, leva a suadouros e desconforto. Podem durar de 30 segundos a alguns minutos — é um acesso. O suor noturno é como as ondas de calor, exceto que acontecem no meio da noite. As pacientes contam que costumam ser mais intensos e longos, mas é possível que tenham essa sensação só porque ocorrem às três da manhã. Os ataques noturnos de suor podem ser um dos fatores que contribui para os distúrbios de sono, mas muitas mulheres relatam insônia sem qualquer relação ao suor.

Também existe a disfunção sexual como uma conseqüência da menopausa. Apesar de o desejo sexual diminuir naturalmente com a idade, pode ser um grande desafio continuar a transar depois da menopausa. Sem o estrogênio que mantém a vagina saudável, ela se torna seca e frágil. A vagina é revestida por epitélio escamoso (como toda a nossa pele) que tem de 15 a 20 células de espessura. Ela é elástica, estica e é úmida. O epitélio escamoso na vagina é bastante sensível ao estímulo do estrogênio. Na falta do hormônio, essa camada espessa de epitélio escamoso pode diminuir para até uma ou duas células de espessura. Não há umidade. A elasticidade desaparece. Sem o estrogênio, a vagina fica atrofiada, o que torna o sexo algo doloroso ou, em alguns casos, impossível.

Os lábios e o monte de vênus, que dependem do estrogênio, também começam a perder suas características. Os pêlos pubianos crescem escassamente até quase desaparecerem, fazendo, assim, que a genitália externa pareça a de uma menina antes da puberdade.

Outros sintomas da menopausa mais difíceis de atribuir ao evento em si são as alterações de humor e a depressão. Esses sintomas podem fazer parte do envelhecimento natural, mas costumam melhorar com a terapia de reposição hormonal (ver página 223).

Osteoporose

O osso é um tecido vivo, como o coral no oceano. Existem células que formam o osso (osteoblastos) e células que destroem o osso (osteoclastos). É um rodízio constante entre destruidores de ossos e construtores de ossos. Quando os destruidores e os construtores estão em equilíbrio, temos ótimos ossos. No entanto, sem o estrogênio, os construtores de ossos ficam um pouco devagar, permitindo que os destruidores comecem a dominar o sistema. A conseqüência é uma constituição óssea mais frágil, uma condição conhecida como osteoporose.

A perda óssea fica mais dramática nos seis anos depois do último período menstrual. Essa condição não é apenas uma inconveniência. Dependendo do número de variáveis, a osteoporose pode deixar a vítima presa em uma cama para o resto da

Existe uma chave para cada fechadura

Quase todas as células do corpo humano possuem um receptor de estrogênio. São como sapatos para o "pé" estrogênio. Quando esses receptores são estimulados, o que significa que ficam cheios de estrogênio ou um substituto, essa célula responde ficando mais ativa do ponto de vista metabólico, dividindo-se ou ficando mais saudável. Esses receptores estão por todos os lados. Por exemplo, existem vários no cérebro. Em testes realizados com MRIs em animais com estrogênio, percebeu-se que o cérebro fica mais saudável, maior e mais ativo. Existem receptores na pele e, quando sob o efeito do estrogênio, podemos perceber que a pele fica mais espessa, mais úmida e mais elástica. Existem outros receptores na vagina, que é o órgão mais dramático em termos de sensibilidade ao estrogênio e, sem o hormônio, a vagina fica atrofiada, os vasos sangüíneos desaparecem, as paredes ficam finas e a umidade passa a ser coisa do passado.

vida. Mesmo para aquelas pessoas com osteoporose, mas relativamente móveis, as fraturas se tornam muito mais prováveis, e mais de 20% das mulheres morrerão dentro de um ano depois de quebrar a bacia. Menos dramáticos são os casos de dor crônica por causa das fraturas, que vão diminuindo aos poucos a disposição da mulher.

A ingestão de cálcio e a prática de exercícios são essenciais, ponto final. Entretanto, para mulheres que já entraram na menopausa, isso deixa de ser uma opção, independente de elas decidirem fazer a reposição hormonal ou não, porque essas escolhas nada controversas estimulam a produção de osso saudável. No entanto, a reposição hormonal (ver página 223) é o único tratamento que evita a perda óssea quase por completo,

Osteoporose: não acontece só em pessoas mais velhas

Existem vários tipos de situação que podem fazer o corpo perder osso, embora quando o problema não é a menopausa, ele, em geral, reverte por si só. Por exemplo, sempre que o corpo de uma mulher entra em um estado de falta de estrogênio, ocorre perda óssea. Distúrbios alimentares também interrompem a menstruação e, portanto, a produção de estrogênio. Então, uma menina de 16 anos pode ter osteoporose se tiver um distúrbio alimentar grave. Pode parecer irônico, mas mulheres que não menstruam por causa do excesso de exercício atlético podem ter o mesmo resultado. Determinados medicamentos, como diuréticos, hormônios de substituição da tireóide e esteróides também podem causar perda óssea. Mulheres que estejam amamentando perderão osso, porque todo o cálcio está indo para o leite e, como resultado, também não menstruam. Contudo, em todas essas situações, há em geral alguns anos de produção de estrogênio saudável pela frente, para recuperar o osso perdido. Já a menopausa é mais complicada.

por meio de estímulo direto aos osteoblastos (os construtores de osso).

Há medicamentos além do estrogênio que ajudam a manter os ossos saudáveis. Há bifosfonato que desaceleram a atividade dos destruidores de ossos (osteoclastos). Esses medicamentos levarão a taxa de renovação do osso a um equilíbrio novo e mais lento e costumam ser recomendados sempre que já tiver ocorrido alguma perda óssea. O estrogênio evita que isso aconteça.

Os SERMs (modulador seletivo dos receptores de estrógeno) são outra opção. Esses elementos similares ao estrogênio ajudam a evitar a perda óssea e o câncer de mama. O SERM mais famoso é o chamado Tamoxifen, um medicamento usado para tratar o câncer de mama. Raloxifen (nome da marca Evista) é um outro SERM, usado para tratar a osteoporose.

ESTRATÉGIAS DE TRATAMENTO

NÃO À TERAPIA DE REPOSIÇÃO HORMONAL!

Para aquelas de vocês que não desejam tomar hormônios sistêmicos (hormônios sintéticos que circulam no sangue), há algumas poucas opções de tratamento para os sintomas da menopausa. É claro que uma dieta saudável, boas noites de sono, baixos níveis de estresse e exercícios regulares são sempre uma boa idéia, apesar de seus efeitos nos sintomas da menopausa ainda não terem sido documentados.

Em relação à função sexual, adote a estratégia "usar para não perder", o que significa que é importante continuar mantendo relações sexuais a fim de poder continuar a fazer sexo. Seis meses sem penetração pode levar ao estreitamento da vagina, o que tornaria a penetração desconfortável ou até mesmo impossível. Se a mulher considerar o uso de hormônios para tratar a menopausa, existe um anel vaginal chamado Estring que libera pequenas doses de estrogênio durante três meses.

Existe também a pílula com baixa dose de estrogênio que as mulheres podem colocar nas vaginas, depois de entrarem na menopausa (nome de marca Vagifem). Esses tratamentos só ajudarão a vagina e não aliviarão os outros sintomas (ou seja, se você estiver tendo ondas de calor).

TERAPIA DE REPOSIÇÃO HORMONAL

A reposição hormonal é exatamente o que parece ser — é a reposição dos hormônios sexuais que a mulher deixa de produzir durante a menopausa com hormônios sintéticos. *É o único método cientificamente comprovado de tratamento para os sintomas da menopausa e os problemas médicos associados a ela.* Algumas mulheres fazem essa reposição durante alguns meses, outras pelo resto da vida. Se você mora em uma região ártica remota, talvez não saiba que a terapia de reposição hormonal é um dos mais calorosos debates sobre a saúde da mulher. Com argumentos razoáveis dos dois lados.

A reposição hormonal é muito semelhante à pílula anticoncepcional. Muitas mulheres que fazem a terapia tomam estrogênio e progesterona. Se você está lendo este livro com atenção, então deve estar se perguntando: "Por que a mulher tem que tomar progesterona depois da menopausa?" É verdade que o estrogênio resolverá quase todo (99%) o ressecamento da vagina e quase sempre resolve os demais sintomas. Entretanto, o estrogênio sem a progesterona (também chamado de estrogênio sem oposição) pode estimular em excesso o

De onde sai meu estrogênio?

O estrogênio clássico e original é uma conjugação de estrogênios eqüinos, nome da marca Premarin. Esse composto é extraído da urina das éguas que estão reproduzindo, ou seja, da urina de éguas grávidas.

revestimento do útero, causando câncer endometrial. A progesterona evita isso. No entanto, no caso de mulheres que fizeram histerectomia, só o estrogênio já basta.

O estrogênio vem em pílulas, em adesivos ou em um anel que é colocado na vagina durante três meses, como o controle de natalidade sistêmico (ver página 106). A progesterona mais comum usada até hoje é a medroxiprogesterona, nome de marca Provera, que só vem em pílula.

Efeitos colaterais desagradáveis da reposição hormonal

A terapia de reposição hormonal pode trazer de volta à sua vida todos os sintomas da TPM. As pacientes relatam, principalmente, dor nos seios, além de um aumento peso de 4 a 6kg. Em alguns tratamentos, as mulheres voltam a menstruar e passam a levar vidas semelhantes a que levavam antes "da mudança".

Por que tanto rebuliço?

Parece que há dois problemas relacionados à terapia de estrogênio que são: o câncer de mama e os problemas cardiovasculares.

Câncer de mama

Na verdade, não é que o estrogênio estimule uma célula mamária perfeitamente normal a se transformar em câncer. A hipótese é que o estrogênio pode estimular o desenvolvimento de um câncer que, de outra forma, não se desenvolveria. O risco é bem pequeno, na minha opinião, mas no caso da reposição hormonal, o risco pode aumentar.

No entanto, há uma redução nos índices de *mortalidade* por causa do câncer de mama em mulheres que desenvolvem o câncer enquanto estão fazendo a reposição de estrogênio. Em outras palavras, existe uma chance ligeiramente maior de desenvolver câncer de mama (estamos falando em uma diferença de uma fração de porcentagem), mas ocorre uma redução drástica no risco de vida.

Há muitas formas de encarar as estatísticas e o câncer de mama. Noventa por cento das mulheres que têm a doença nunca fizeram reposição hormonal, nem mesmo por um dia. Além disso, se o estrogênio exercesse um papel tão fundamental no câncer de mama, não haveria aumento na incidência de câncer de mama depois da menopausa, porque nessa fase as mulheres não produzem estrogênio. Entretanto, não é o que acontece. Existe um aumento da incidência ao longo da vida da mulher, até os 80 anos.

Se você tiver um histórico familiar perigoso de câncer de mama, por exemplo sua irmã gêmea, sua mãe e todas as três tias tiveram câncer de mama, seria importante ter o acompanhamento de um especialista. Além disso, a reposição de estrogênio não serve para você. Já se você tiver baixo risco de desenvolver câncer de mama e tiver os terríveis sintomas da menopausa, a reposição será uma boa opção.

Problemas cardiovasculares

A segunda área de preocupação durante a reposição hormonal é o sistema cardiovascular. Os primeiros estudos realizados com a reposição de estrogênio demonstraram uma melhora significativa nos níveis de colesterol, uma redução nos ataques cardíacos, derrames e doenças arteriais de qualquer tipo. Pensou-se que a reposição de estrogênio evitava doenças cardíacas. Contudo, o estudo original que demonstrou esses benefícios falhou porque era auto-seletivo. É provável que as mulheres que escolheram tomar estrogênio fossem mais conscientes em relação à saúde, costumavam se exercitar e seguiam uma dieta com baixa gordura. Essas mulheres tinham acabado de entrar na menopausa e, quando iniciaram a reposição de estrogênio, eram relativamente jovens. Esse grupo foi acompanhado durante anos, tendo sido obtidos resultados excelentes.

Depois da publicação desse estudo, quando uma mulher tinha um ataque cardíaco, o cardiologista dizia: "É claro que você teve um ataque cardíaco, você não toma estrogênio." Médicos cheios de boa intenção colocavam essas mulheres para repor o estrogênio, sem saber, no entanto, que estavam fazendo com que elas tivessem mais chance de ter um segundo ataque do coração do que mulheres sem reposição. Pelo menos aprendemos logo que o estrogênio não ajuda se você já tem uma doença cardíaca. De fato, se você tiver doenças na coronária, o estrogênio poderá piorar a situação.

Mas não havia uma outra controvérsia?

O maior estudo realizado sobre a reposição hormonal, chamado "Iniciativa da Saúde da Mulher (WHI)", foi iniciado no verão de 2002. Esse estudo representou um surpreendente golpe no movimento a favor da reposição hormonal ao apontar maior risco de desenvolvimento de câncer de mama e de problemas vasculares em caso de reposição de progesterona e estrogênio em mulheres na menopausa.

Embora o estudo tenha sido realmente abrangente (com 30 mil voluntárias) e cego (ou seja, as mulheres não sabiam de qual grupo faziam parte, uma vez que todas recebiam pílulas idênticas), ele apresentou falhas. Os pesquisadores garantiram que quase nenhuma voluntária apresentava sintomas da menopausa. Elas sabiam que, caso escolhessem mulheres sintomáticas, poderiam comprometer o teste. Muitas dessas mulheres que estavam tratando sintomas de uma menopausa violenta com reposição hormonal não queriam mais arriscar abrir mão dos hormônios. Além disso, a média de idade das voluntárias era de 64 anos, ou seja, a maioria já tinha entrado na menopausa havia bastante tempo.

Lá pela metade do estudo, os pesquisados observaram que, entre as dez mil mulheres que estavam tomando Prempro (progesterona e estrogênio), ocorreram oito casos de câncer de mama a mais, seis casos de câncer de cólon a menos, três fraturas de bacia a menos e cerca de dez ou 15 problemas vasculares a mais (derrames e ataques cardíacos) do que no grupo que tomava placebo. No entanto, apesar de os problemas de saúde associados ao Prempro terem alcançado importância estatística, na verdade, não eram estatisticamente relevantes.

O segmento Premarin do estudo foi suspenso na primavera de 2004 devido ao aumento dos casos de derrame. Houve cinco derrames a mais do que na população de controle, significando um aumento no risco de 1% em 2000, o que não é estatisticamente relevante. Não houve qualquer aumento nos riscos de câncer de mama ou nos ataques cardíacos, mas, de qualquer forma, os estudos com Prempro e Premarin foram logo suspensos, porque seria antiético continuar prescrevendo às pessoas medicação que poderia causar complicações.

Sempre que levar em consideração um estudo desse tipo para tomar suas próprias decisões, analise bem os números. Quando dizem: "Isso dobra o risco de X", pergunte qual era o risco inicial. Se fosse de 0,3% e dobrar para 0,6%, ainda assim está abaixo de 1%. Esse tipo de aumento é significativo quando você está interessada na estatística de toda uma população, mas quando você é uma unidade, esses números podem parecer terrivelmente assustadores. Pense assim: quando a temperatura cai de 5° para 4°C, você passa a sentir muito mais frio?

O que devo dizer a meus pacientes

Algumas mulheres não têm qualquer problema durante a menopausa. Entretanto, se você estiver se sentindo desconfortável e incomodada com os sintomas e desejar iniciar a terapia hormonal, comece dentro de três anos depois da última menstruação, porque isso não apresenta maiores riscos de problemas cardiovasculares. Depois de dez anos da menopausa, a mulher já apresenta um estreitamente das coronárias e um leve aumento na esclerose arterial. Para essas mulheres, o estrogênio pode ser um fator provocador ou acentuador desses problemas cardiovasculares. Já nas coronárias saudáveis, o estrogênio pode evitar esses problemas. Se você estiver saudável, o estrogênio ajuda a manter sua saúde. Se não estiver, é provável que não ajude em nada.

Há uma verdadeira batalha nos corações e nas mentes das mulheres no mundo todo, e há muitas linhas de pensamento diferentes na comunidade médica. As pessoas que são contra o estrogênio dizem que, embora a mulher possa se sentir melhor com a reposição hormonal, está tudo na cabeça. É o efeito do placebo. Já as pessoas que defendem o uso do estrogênio dizem: "Besteira! A mulher se sente melhor, pensa com mais clareza e tem maior bem-estar."

A corrente contra o estrogênio diz que tudo que dá errado pode ser atribuído individualmente. Se você tiver taxas elevadas de colesterol, tome estatina (Lipitor, Zocor etc.). Se tiver problema nos ossos, tome bifosfanato (Fosamax ou Actonel) ou SERM (Evista). Se sua pele estiver ficando flácida, consulte um cirurgião plástico. Algumas mulheres estão tentando agentes psicotrópicos, como Prozac e Zoloft para aliviar o suor

Historinha da mamãe

Estou tomando há dez anos. Tentei reduzir e, na verdade, cheguei a esquecer uma ou duas vezes de tomá-lo, e os suadouros noturnos e as ondas de calor voltaram. Então, pode ser que eu seja uma dessas pessoas que terão ondas de calor até o fim da vida. Meus pais tiveram ataques cardíacos e morreram quando tinham 15 anos a menos do que eu tenho agora. Tomo Lipitor, e meu último angiograma mostrou que minhas coronárias estão ótimas. Gostaria de poder seguir um estilo de vida e uma dieta melhor do que os de meus pais, mas não faço muito exercício e amo manteiga. Meu exemplo pessoal certamente não tem o peso de um estudo científico, mas atribuo ao estrogênio a minha saúde cardiovascular.

noturno e alegam que esses tratamentos aliviam 50% dos sintomas. A colonoscopia torna-se rotina depois dos 50 anos, então o aumento dos casos de câncer de cólon é desprezível. Essas pessoas estão se concentrando na doença, não na mulher ou sua vida. O controle gradativo dos sintomas da menopausa não resolve os problemas do dia-a-dia da mulher. Nada ajuda a insônia, o suor noturno, as ondas de calor o dia todo e o ressecamento vaginal (para citar os problemas mais comuns da menopausa) como o estrogênio.

Os defensores do estrogênio defendem que ele faz bem para o cérebro, a pele, o coração, os ossos, o cólon, a vagina, a postura, a vida sexual e as chances de ter uma boa noite de sono. E as pessoas que adoram esse hormônio concordam! Acredito que não haja dúvidas de que lado estou.

A controvérsia do estrogênio é constante, e não sei se será resolvida em breve. Sua decisão deve se basear em alguns fatores. Primeiro, não é um estudo, é um conjunto de estudos. Para recapitular, muitos estudos negativos basearam-se na prescrição do estrogênio a mulheres que já tinham entrado na menopausa havia muitos anos. Dez anos depois da última menstruação, o corpo da mulher já passou por diversas mudanças, então, estamos lidando com uma mulher diferente

Uma última palavra sobre a reposição hormonal

Os anos pós-menopausa podem ser fabulosos se você não deixar o medo guiar suas decisões de saúde. Sinto que a facção antiestrogênio é incrédula e desconfiada. Parece bom demais para ser verdade e, em parte, podem até estar certos. Como muitas outras coisas maravilhosas, a reposição hormonal pode ter seu preço. Lembre-se de que não importa de onde você tira suas informações, mantenha sempre seu pé atrás (inclusive em relação a este livro).

fisicamente de uma mulher que teve seu último período menstrual há apenas um ano. Há estudos tão fortes quanto esses que sugerem que as mulheres que começam os tratamentos hormonais logo depois da menopausa têm pouca ou nenhuma repercussão ruim na saúde.

Por outro lado, não posso dizer de jeito nenhum o que é bom para você. Se estiver tendo uma menopausa tranqüila e se sentir maravilhosa, então ninguém está dizendo para você fazer reposição hormonal, só porque pode fazer bem. Estou tentando dizer que, se estiver se sentindo péssima, não sofra. Não fique assustada. Tente durante um ano e depois tente interromper o tratamento, se estiver petrificada. Tente fazer intervalos ao longo dos anos até não se incomodar mais com as ondas de calor ou até não ter mais as ondas de calor.

Um último fator a ser considerado é que muitos médicos concordam que o mais importante em relação à reposição hormonal é o monitoramento de quanto tempo você fica com o estrogênio no sistema. Por exemplo, se tiver menopausa tardia, pode ter maior incidência de câncer de mama, porque serão mais dez anos de estrogênio estimulando os seios. Não é a fonte de estrogênio, mas o tempo durante o qual o corpo fica exposto. Portanto, o oposto também é verdadeiro. Se você entrar precocemente na menopausa, antes dos 45 anos, considere entrar na terapia pelo menos até alcançar a idade média em que as mulheres costumam entrar na menopausa (51 anos).

* * * * *

FILHA: Agora, precisamos literalmente de um diálogo para encerrar.

MÃE: O que quer dizer?

FILHA: Ah, no final de cada capítulo sempre coloco uma conversa bonitinha que retiro de nossas discussões enquanto escrevo o livro.

MÃE: Ah, entendi.

FILHA: Então, precisamos de uma.

MÃE: Que tal esta?

FILHA: Está bem.

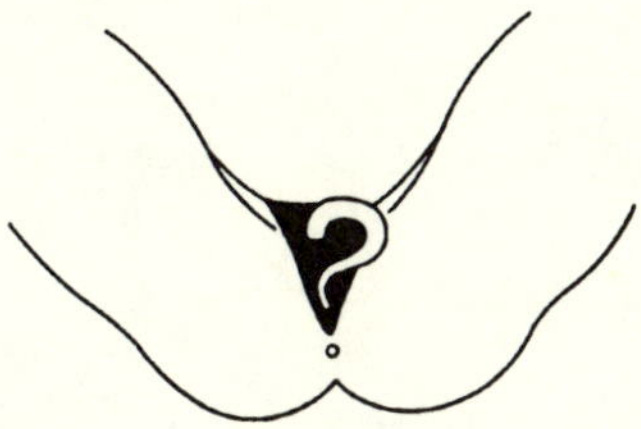

Capítulo 11

TREZE MITOS DA GINECOLOGIA

Muitas das minhas amigas deveriam ser mais esclarecidas, mas, de uma forma geral, sempre acabavam aparecendo surpreendentemente com algumas das preocupações e perguntas ginecológicas mais bestas. O que me levou à conclusão de que elas não eram as únicas a se preocuparem com uma anomalia tópica, pensando que o pêlo encravado na virilha é um tipo de câncer labial. Ou quando pensam que a ardência ao urinar é um sinal inquestionável de alguma doença fatal, horrível, tropical e incurável que pegaram... nas Bahamas... há dois anos. Tudo bem, não existem perguntas estúpidas, apenas mulheres tolas que não compraram este livro e continuarão a se preocupar com o incerto ponto G.

MITO NÚMERO 1: O CAROÇO

Você está tomando banho e de repente encontra um caroço, que antes não existia, em algum lugar próximo ou dentro da genitália. É claro que é câncer. A primeira coisa que você faz de manhã é bater na porta do ginecologista, perturbada e em pânico, ansiosa para tirar logo a roupa e mostrar o problema fatal.

A verdade

Os caroços são, em geral, apenas caroços — pêlos encravados, cistos sebáceos (benignos), espinhas de todo tipo, coisas assim. Uma vez disse ao meu marido: "Eu preciso de um termo médico para 'caroço'. As pacientes precisam de alguma coisa em que se segurar." Apesar de ele não ser médico, ele deu a idéia "anomalia topográfica" e "aberração dermatológica". Palavras compridas para explicar ao chefe por que você se atrasou para o trabalho.

Advertência

O único caroço que merece preocupação é a verruga. Se parecer uma verruga (em forma de couve-flor), ou se o seu parceiro sexual mencionar ter verrugas, você deverá procurar o ginecologista que ficará feliz em livrar-lhe delas. As verrugas genitais são um tipo relativamente inócuo, para não dizer desagradável, do papilomavírus humano (HPV) e devem ser removidas porque são contagiosas, terrivelmente desestimulantes e podem ficar bem grandes. No entanto, não representam risco de morte.

MITO NÚMERO 2: AS VAGINAS SÃO LISAS

Parece que é sempre no meio da noite que as mulheres tomam coragem para investigar o próprio corpo. Um dia, de repente, a mulher pode descobrir o que parece ser uma irregularidade (por exemplo uma saliência, uma superfície áspera, uma textura desigual, uma flor de cacto)* ou um conjunto delas na vagina.

*Estamos brincando em relação ao cacto. Se encontrar uma em sua vagina, ligue imediatamente para o médico.

A verdade

É normal o aparecimento de caroços e saliências nas paredes vaginais. Elas devem mesmo ter uma forma irregular. Podem até haver pequenos caroços no colo do útero, chamados cistos nabotianos, que são perfeitamente inofensivos.

MITO NÚMERO 3: AS SECREÇÕES SÃO UM MAU SINAL

Qualquer secreção vaginal é um sinal de infecção.

A verdade

As secreções vaginais são saudáveis e protetoras. A regra é que se não coça, queima ou está com cheiro forte (muito mais forte do que o normal), então tudo está normal.

MITO NÚMERO 4: O PONTO G

Há mulheres que alegam ter uma área na vagina que é altamente sensível e extraordinariamente prazerosa. Muitas pessoas (em especial, na indústria de entretenimento adulto) alegam que essa área, quando estimulada ou friccionada, é o ponto máximo de toda experiência sexual feminina. Alguns cientistas defendem que, no útero, essa área se transforma no ponto G nas mulheres, e na próstata, nos homens, dando um certo endosso evolucionário a uma alegação antes improvável e duvidosa.

A verdade

Amostras de tecido da área do chamado ponto G não apresentam qualquer diferença do tecido vaginal. Não há qualquer terminação nervosa ou vasos sangüíneos a mais. É claro que o SEU ponto G pode ser algo real e maravilhoso para você e, se for esse o caso, que ótimo. Entretanto, você nunca encontrará nem um leve sinal físico de sua existência.

Advertência

Só porque a ciência não consegue provar uma alegação, isso não significa que não afeta a vida das pessoas. As pessoas sentem prazer de várias formas bem diferentes e em lugares diferentes. A mente pode convencer o corpo de quase tudo. O córtex cerebral é a principal zona erógena. Contudo, se você nunca conseguiu localizar esse tal do ponto G, tente procurar em outro lugar, por exemplo na nuca ou atrás do joelho.

MITO NÚMERO 5: VOCÊ PODE PERDER ALGUMA COISA DENTRO DA VAGINA

Está no meio da noite, e você não consegue tirar o absorvente interno/diafragma/ou qualquer outra coisa de dentro da vagina. Você começa a suar. De repente, bate um pânico. Você queria tanto que saísse.

A verdade

Se o diafragma, absorvente interno ou qualquer outro objeto não-poroso ficar na vagina algumas horas a mais, não tem problema. Não é uma passagem para o resto do corpo, então não se perde nada ali.

É possível recuperar quase tudo da vagina, se você se mantiver calma. Procure uma ponta do diafragma ou do absorvente interno. Tente agachada. É sério. Abaixe-se (como se fosse fazer cocô). Como resultado, tudo que estiver lá dentro será lançado para baixo, perto de onde você pode pegar. Finalmente, se você não for tímida, seu parceiro sexual /marido /namorado /colega de quarto poderá remover o que for, porque terão um ângulo muito melhor. Se a situação estiver realmente complicada, qualquer pessoa em uma sala de emergência ou o ginecologista poderá ajudar.

MITO NÚMERO 6: A EJACULAÇÃO FEMININA / ORGASMO VAGINAL

Algumas mulheres afirmam ter orgasmos durante a penetração vaginal, sem qualquer estímulo ao clitóris. Existe ainda uma bem obscura e inacreditável lenda sobre a ejaculação feminina, que envolve algum tipo de expressão na forma de fonte das secreções vaginais em sintonia com a ejaculação masculina.

A verdade

Chegamos a achar que estávamos no meio de uma pegadinha, aqui. Muitos cientistas suspeitam que o orgasmo "vaginal" é ainda um orgasmo clitorial que ocorre quando a penetração estimula indiretamente o clitóris. É uma escolha de orgasmo conveniente e agradável para homens preguiçosos, mas não exatamente uma opção para muitas mulheres. Quanto à ejaculação feminina, não conseguimos atinar ao certo por que motivo alguma mulher gostaria de ejacular, já que ela não tem nenhum órgão que poderia realizar isso na genitália externa feminina. Não fomos criadas para isso.

Advertência (nem tanto uma pegadinha)

Algumas mulheres tiveram de remover o clitóris por alguma razão e, mais tarde, conseguiam chegar ao orgasmo (isso em geral é possível em mulheres que já tiveram orgasmos antes de perderem o clitóris). Não sabemos como fazem isso. Existem também alguns transexuais que têm vaginas artificiais e afirmam ter orgasmos com a nova e sintética genitália. Então, não nos deixe jogar um balde de água fria.

MITO NÚMERO 7: OS SEIOS E OS LÁBIOS SÃO SIMÉTRICOS

Muitas mulheres vêm ao meu consultório aflitas porque um seio é muito maior do que o outro. Quando as raras aventuras de uma paciente com um espelho na mão em sua jornada de autoconhecimento terminam na descoberta de que um lado da região inferior é visivelmente maior do que o outro, ela fica chateada, com razão.

A verdade

Em geral, essas mulheres estão fazendo uma tempestade em um copo d'água, uma vez que não existe essa diferença toda entre o lado direito e o esquerdo. Muitas mulheres nem notam a diferença nos seios ou lábios, apesar de dois seios perfeitamente simétricos serem tão raros quanto dois grãos de areia idênticos. Somente às vezes essa diferença é dramática (um seio é P e o outro é G, ou quando um lábio é muito mais longo do que o outro), e a única solução é a cirurgia plástica.

Apenas tendemos a ser simétricos. Nenhum ser humano o é perfeitamente: mãos, pés, orelhas, seios e lábios são, em geral, pares bem correspondentes, mas ainda assim são únicos.

MITO NÚMERO 8: SEXO É SÓ PRAZER, O TEMPO TODO

Muitas mulheres sentem que se o sexo for desconfortável ou doloroso, deve ter algo de terrível e errado acontecendo.

A verdade

Não é incomum que o sexo seja às vezes desconfortável por muitas razões.

Você pode exagerar no que é bom

Às vezes, a mente quer, mas o corpo não consegue. Se você transar sete vezes em 12 horas, é provável que, no oitavo *round*, a vagina esteja um pouco seca e irritada. Lubrificação é essencial nesse caso ou tente sair de casa.

Compre um exemplar do Kama Sutra

Se você estiver tendo penetração vaginal em uma posição em que o pênis (ou o que quer que esteja utilizando) bata no colo do útero com força, o útero pode ser empurrado, o que esticaria todos os ligamentos que o mantêm. Isso pode causar uma sensação de espasmo muscular no abdômen depois do sexo ou pode machucar durante o ato. Mude de posição sutilmente, inclinando-se um pouco para um dos lados do colo do útero.

E então existe aquela tal da sorte

Se você estiver mantendo relações sexuais com penetração vaginal durante o período da ovulação, existe um suculento folículo na superfície do ovário esperando para ser rompido. Se o seu parceiro conseguir chegar até esse suculento folículo no ângulo certo, o mesmo romperá. O ovário ofendido — nosso análogo aos testículos —, fará você subir pelas paredes de tanta dor, porque você acabou de levar um belo chute no saco. Este é um daqueles telefonemas no meio da noite perfeitamente compreensíveis e, em geral, o "golpe" é desferido pelo pobre rapaz que acredita ter feito algo horrível. Se você estiver no meio do ciclo e não estiver tomando pílula (que impedirá que você ovule), é provável que só tenha rompido o folículo maduro. Essa dor passa em duas ou três horas, mas dói demais e é muito assustadora. Ainda bem que é raro acontecer.

MITO NÚMERO 9: MEU OVÁRIO DÓI / EU SINTO QUANDO ESTOU OVULANDO

Com freqüência, as mulheres gostam da idéia de "saberem" quando estão ovulando, de que sentem dores no ovário ou que simplesmente conseguem sentir que os ovários estão com algum tipo de problema. As pacientes vêm ao consultório especificando "aflição no ovário" no histórico médico.

A verdade

Em geral, as pacientes devem tentar evitar fazer diagnósticos e, cá para nós, uma dor no ovário não é algo que você seja capaz de identificar. A dor abdominal pode significar um problema no cólon, bexiga, parede abdominal ou um nervo pinçado. Não importa de onde vem, a dor é sempre uma mensagem muito vaga e similar enviada ao cérebro e pode levar a muitos diagnósticos errados. Como uma observação especial, as mulheres que afirmam saber quando estão ovulando estão erradas em 50% das vezes. Talvez você acredite que seu ginecologista está interessado nesse tipo de projeção, mas, na verdade, ele não está.

MITO NÚMERO 10: O HÍMEN MÁGICO

Na primeira vez em que a mulher faz sexo, ela espera ver sangue vindo do hímen rompido.

Cantinho de histórias da mamãe

Na época medieval, quando um lorde se casava, ele exibia um lençol ensangüentado na manhã seguinte ao casamento. Isso não só anunciava a pureza da noiva, como também garantia que qualquer bebê que nascesse certamente seria dele. Isso indicava muito mais uma falta de preliminares do que a virgindade em si. De qualquer forma, acho difícil que tivesse tanto sangue assim e suspeito que boa parte desse sangue tenha saído da galinha servida no jantar do casamento.

Lugares em que você ainda pode ficar encrencada por causa de um hímen

No início dos anos 1990, tive uma paciente que me pediu para reconstituir o hímen. Ela tinha mais de 30 anos, trabalhava e estava voltando para o Afeganistão para se casar com o homem escolhido pelo pai. Disse que teria muitos problemas e sofreria riscos físicos se não fosse virgem na noite do casamento. Então, demos alguns pontos na abertura vaginal, de forma a ter algum sangramento e obstrução durante a penetração. Não sei se deu certo. Ela nunca mais voltou.

A verdade

Entre as mulheres, uma virgem é alguém que ainda não teve penetração vaginal. Se você vai sangrar ou não na primeira vez é uma questão de sorte muito mais do que qualquer outra coisa. O atletismo e os absorventes internos tendem a causar certo desconforto e sangramento, portanto hoje em dia é muito comum que as virgens tenham sua primeira vez sem qualquer sangramento.

MITO NÚMERO 11: COÁGULO!

Tem alguma coisa no coágulo do fluxo menstrual que inspira terror na maioria das mulheres. Aquela pequena massa amarronzada que aparece no banheiro, no absorvente ou fica presa no absorvente interno é um baque emocional.

A verdade

O coágulo é bom; é sinal de que você não é hemofílica. A menos que esteja tomando remédio para afinar o sangue, fora das artérias e veias, o sangue saudável coagulará.

No começo do período, o sangue menstrual deixa a parede do útero e flui para dentro da cavidade, onde coagula. Existe uma enzima que dissolve o coágulo chamada "plasmina". Portanto, o que você vê no absorvente interno é sangue que foi coagulado e dissolvido.

A única desvantagem é que as mulheres com fluxo menstrual com coágulos tendem a ter períodos mais incômodos, uma vez que o útero tem de se contrair mais e o colo do útero deve dilatar para permitir que o material sólido passe. Essas mulheres possuem uma taxa de plasmina por sangue menstrual baixa.

Advertência

Não olhe para o coágulo, olhe o volume total de perda de sangue. Caso pense estar sagrando 50% a mais do que o normal e o sangramento esteja durando uma dia inteiro ou mais, procure o ginecologista.

MITO NÚMERO 12: O MITO DA SUJEIRA

Muitas mulheres pensam que o período menstrual as deixa sujas, a ponto de terem de ficar em abstinência sexual enquanto sangram. Há até mesmo religiões que defendem essa teoria.

A verdade

Os seres humanos são capazes de realizar atividade sexual 365 dias por ano, se assim desejarem. Se você se abstiver de qualquer atividade sexual durante a menstruação, isso pode levar a uma maior atividade mais tarde no ciclo, o que aumenta as chances de concepção. Isso alcança um dos objetivos primordiais da maioria das religiões — a reprodução.

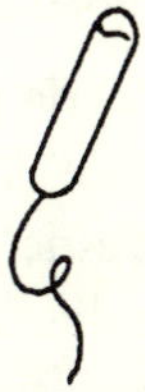

Somos fascinadas pelas prostitutas

Pense nisto: elas não param de trabalhar porque estão menstruadas. Elas inserem bolinhas de algodão no colo do útero, deixando espaço suficiente para trabalhar.

MITO NÚMERO 13: A MEDICINA PODE CURAR TODOS OS MISTÉRIOS DO CORPO HUMANO

A verdade

Infelizmente, muitas vezes os médicos não sabem por que algo está acontecendo com a saúde da paciente. Para vários problemas, há um conjunto possível de causas, muitas das quais ainda desconhecidas. E mesmo quando ele sabe o que está errado, nenhum médico é capaz de curar ou até mesmo tratar de maneira eficaz todas as doenças.

* * * * *

FILHA: O que mais surpreendeu você como médica?

MÃE: O fato de uma enorme porcentagem do meu trabalho ser de psiquiatria. Existe a ansiedade, a depressão, as doenças psicossomáticas. Existe até mesmo um componente psicológico em cada consulta.

FILHA: Quando você percebeu isso?

MÃE: No meu primeiro ano de prática, uma paciente veio se contorcendo de dor. Eu disse: "A quanto tempo você tem essa dor?". E ela respondeu: "Desde 17 de outubro." Perguntei o que tinha acontecido nesse dia. Tinha sido o dia do seu casamento. Quando sugeri que poderia haver uma relação, ela gritou e ficou completamente alterada. Talvez se eu tivesse dito de outra maneira ou esperado...

FILHA: Que tipo de treinamento você teve em psiquiatria?

MÃE: Duas semanas.

FILHA: Então, você não pode se exigir tanto.

MÃE: É mais difícil dizer para uma paciente que ela deve procurar terapia do que dizer que tem câncer.

FILHA: Quantas vezes por ano você diz para alguém considerar fazer terapia?

MÃE: Todos os dias. Bom, pelo menos penso *isso* todos os dias.

Capítulo 12

PROBLEMAS SIGNIFICATIVOS DOS OVÁRIOS E DAS TROMPAS DE FALÓPIO

Minha melhor amiga Kaena consulta um médico moderno, diferente e carinhoso que usa palavras como "acolhedores" e "lindos" para descrever as imagens dos órgãos reprodutivos. Tudo bem — Kaena e eu somos pessoas diferentes. Um dia, ela foi fazer um *check-up* e, de repente, parecia que os ovários não eram mais "ótimos" ou "perfeitos". Estava com endometriose, que tinha se originado no ovário esquerdo. Para uma mulher que pensa que a razão para estar na Terra é ser mãe, foi muito difícil ouvir isso. Apesar de não ser muito sério ou incomum, pode significar uma ameaça à fertilidade. Ela agora me diz que não sabe ao certo o que foi pior, ouvir que estava com endometriose ou ter de tomar pílula (mais uma vez, somos muitos diferentes). Os ovários podem ser lindos, mas também podem ser tiranos — exatamente como as crianças que geram.

OVÁRIOS

Quase todos os problemas no ovário envolvem o crescimento de alguma coisa, isto é, de algo que pode ser visto em uma ultra-sonografia ou sentido durante um exame pélvico. Existem centenas de tipos de coisas que podem crescer no ovário e, por sorte, a maioria não merece cuidados médicos. O mais complicado no cuidado com os ovários é conseguir distinguir entre o que merece atenção e o que desaparecerá por si só.

Ultra-sonografias — não servem apenas para submarinos nucleares

A Marinha descobriu que o envio de ondas sonoras pela água e a análise de como essas ondas retornam é um método bastante confiável para determinar se existe alguma coisa no caminho (por exemplo, um submarino). Ela redefiniu essa tecnologia a ponto de ser capaz de descrever navios submersos com ultra-som, também conhecido como "sonograma". Alguém brilhante disse: "Bom, o feto também flutua em fluido, talvez possamos vê-lo também." A ultra-sonografia foi introduzida na obstetrícia como um meio de avaliar os bebês intra-uterinos sem sujeitá-los a qualquer tipo de radiação. Agora, a ultra-sonografia é uma ferramenta de diagnóstico padrão da ginecologia e essencial na avaliação dos ovários, porque muitos problemas no ovário aparecem com desenvolvimentos físicos. Ela mostra a superfície dos ovários e a consistência de qualquer tumor, o que, como você poderá ver (página 248), pode ser uma informação muito importante.

CISTOS FUNCIONAIS

Lembre que os folículos (os ovos que produzem hormônio) também são cistos, o que significa que são bolsas cheias de fluidos. Uma vez por mês, um cisto sortudo dirige-se até a superfície do ovário, em um momento esperado e essencial da produção hormonal e da reprodução humana. Todas as células encontradas nesses cistos são normais. Às vezes, há algum tipo de alteração no comportamento desses cistos totalmente mundanos e, em geral, é nesse momento que recebem nossa atenção.

Os cistos funcionais incluem os folículos perfeitamente normais, em geral percebidos na época da ovulação na superfície do ovário como uma descoberta incidental durante uma ultra-sonografia. Os cistos normais que estejam agindo de

> **Ultra-sonografias — duas opções**
>
> Existem dois tipos de ultra-sonografias usados para avaliar os órgãos pélvicos. Uma ultra-sonografia abdominal é realizada na parte inferior da barriga, enquanto a ultra-sonografia transvaginal é realizada você sabe onde. O dispositivo vaginal parece um vibrador e, quando o técnico coloca uma camisinha nele, você percebe como é difícil ignorar a semelhança. Essa técnica, apesar de esteticamente desagradável, oferece uma imagem muito mais clara e próxima da realidade de todos os órgãos pélvicos.

forma anormal são chamados "cistos funcionais" e podem ser alarmantes para a paciente e, quase sempre, nem tão alarmantes para o médico. Eles são um produto da reprodução feminina, ou seja, são o resultado direto da ovulação. Raras vezes crescem o suficiente a ponto de serem uma ameaça ao tecido saudável do ovário e nunca se espalham ou invadem outros órgãos vizinhos — 99,9% das vezes, esses cistos vão embora sozinhos.

A partir de uma perspectiva médica, a complexidade dos cistos funcionais está na dificuldade de se fazer um diagnóstico preciso. A primeira pergunta que os médicos devem fazer sobre os cistos no ovário é se são do tipo simples. Com isso, queremos dizer que as paredes são macias e o conteúdo claro. Também é importante verificar se existe uma quantidade normal de sangue fluindo até o cisto. Uma superfície rígida ou um aumento no fluxo sangüíneo são sinais de um problema mais sério. Uma ultra-sonografia pode responder a essa pergunta.

Ademais, os médicos precisam analisar a situação de forma mais ampla. Se a paciente já tiver entrado na menopausa e a última menstruação tiver sido há mais de cinco anos, qualquer tumor no ovário é preocupante. A mulher não está mais ovulando, então o ovário deve estar quietinho no seu canto. Nos

Ultra-sonografias — não se esqueça delas

Caso o ginecologista recomende uma ultra-sonografia de acompanhamento para avaliar um cisto no ovário, NÃO FUJA. Isso pode significar a diferença entre uma vida longa e saudável e um declínio rápido e fatal. A esposa do meu florista veio ao meu consultório, e senti uma massa na região pélvica. Fizemos uma ultra-sonografia, parecia normal e, uma semana depois, fizemos uma operação e removemos o câncer ovariano, que estava nas etapas iniciais. Cinco anos depois, ela estará saudável e bem, e o oncologista logo a devolverá aos meus cuidados. Tive uma outra paciente que, por acaso, era enfermeira. Quando descobrimos um pequeno cisto no ovário que parecia anormal, recomendei uma ultra-sonografia de acompanhamento. Ela ficou desnorteada e, ao longo do ano, fez quatro ultras com quatro médicos diferentes, todos os quais ficaram bastante preocupados com a situação. Quando a encontrei de novo, um ano depois, ela já estava com câncer avançado no ovário e precisou fazer uma histerectomia. Esse diagnóstico não é tão otimista quanto poderia ter sido. As ultra-sonografias não doem, não levam muito tempo e são essenciais para os cuidados ginecológicos.

anos férteis da mulher, a ultra-sonografia é mais importante para esclarecer a situação. Se, para uma mulher que ainda menstrua, o cisto parecer normal no momento em que fizer a primeira ultra-sonografia, o médico provavelmente recomendará "sentar e esperar", o que em essência significa fazer uma ultra-sonografia de acompanhamento dentro de um ciclo menstrual. Em geral, o cisto desaparecerá, e tudo voltará ao normal. Se o cisto continuar no mesmo lugar e estiver crescendo, então a paciente e o médico precisam começar a considerar as próximas etapas.

Tipos de cistos funcionais

Cistos funcionais persistentes

Às vezes, um folículo ou vários folículos se recusam a romper e, em vez disso, ficam no perímetro do ovário — produzindo hormônios. São os chamados "cistos funcionais" e podem ter como conseqüência três condições: um nível acima do normal de estrogênio no sistema; falta de óvulos para fazer bebês, porque os folículos tendem a não liberá-los; e atraso na menstruação, porque a produção contínua de hormônios impede que o revestimento do útero se desfaça.

Com freqüência, as mulheres que passam por essa situação costumam suspeitar de que estão grávidas — a menstruação atrasa e experimentam os efeitos do aumento da quantidade de hormônios. Uma simples ultra-sonografia não é suficiente para diagnosticar o problema, porque, durante o primeiro trimestre da gravidez, o folículo rompido fica na superfície do ovário (chamamos isso de corpo lúteo, ver página 37) para produzir hormônios continuamente (em especial, progesterona). Portanto, primeiro o médico fará um teste de gravidez para descartar essa possibilidade e, em seguida, fará uma ultra para analisar o cisto.

Testes no início da gravidez, faça dois

Nos anos 1960 e em meados dos anos 1970, os testes realizados no início da gravidez eram caros e nada precisos (lá estava o rato para pagar o pato, ver página 193). A progesterona era um teste de gravidez cruel. Se a menstruação da paciente estivesse atrasada, e a paciente tomasse progesterona durante dez dias, ela só ficaria menstruada se não estivesse grávida. Se não ficasse, então estava.

O modo como tratamos esse problema depende das necessidades da paciente. Se for um caso isolado, ela poderá esperar e ver se fica menstruada no mês seguinte. Noventa por cento das vezes, a paciente ficará menstruada e voltará a ter ciclos normalmente. Outra opção seria tomar progesterona durante um período, imitando a ovulação, e quando parar de ingerir esse hormônio, o revestimento do útero se desmanchará, o que reiniciará o ciclo menstrual.

Cistos funcionais hemorrágicos

Se, no local da ruptura do folículo, existir uma pequena veia ou artéria que também se rompe, a paciente sangrará internamente. Os sintomas incluem distensões e dores abdominais fortes. Como está sangrando, a paciente pode sentir tontura e fraqueza e até mesmo desmaiar. Esses sintomas também imitam os sintomas de uma gravidez ectópica rompida (ver página 263) e é possível distinguir qual das duas razões está causando o problema fazendo um teste de gravidez.

Essa situação é bastante rara e é uma das poucas ocasiões em que um cisto funcional exige cirurgia. É um procedimento relativamente simples, dependendo da quantidade de sangue presente no abdômen da paciente. Se não for muito grande, a cirurgia é rápida e pode ser feita por meio de laparoscopia (isto é, com um instrumento bem pequeno e pouco invasivo). Caso contrário, o cirurgião pode fazer uma pequena incisão na virilha para costurar o vaso que está sangrando.

Cistos funcionais grandes

Noventa e cinco por cento dos cistos com menos de 5cm de diâmetro são funcionais, o que dá ao ginecologista uma certa confiança de que é seguro esperar e observar cistos relativamente pequenos. No entanto, quando têm mais de 5cm, a porcentagem daqueles que são funcionais cai para 10 ou 20%. Essa estatística não é confortável e, em geral, os médicos lidam com o problema de forma mais agressiva, sugerindo uma cirurgia mais cedo. Se os médicos tiverem como provar que esses tumores grandes são funcionais, sem cirurgia, com certeza farão isso. Mesmo assim, os cistos funcionais grandes são quase sempre uma descoberta acidental em uma ultra-sonografia ou exame pélvico, uma vez que são assintomáticos.

Ovários policísticos

Os ovários policísticos desafiam qualquer tipo de classificação — são uma aberração funcional do ovário, que não é resultado de nenhuma questão médica que mereça cuidados especiais. Como o nome sugere, os ovários policísticos são ovários que possuem vários folículos que nunca se rompem e, portanto, nunca ocorre ovulação; enquanto isso os folículos permanecem na superfície do ovário produzindo hormônios.

Esse ambiente disfuncional cria um excesso de hormônios femininos e masculinos, que classicamente causam obesidade, acne e crescimento desordenado de pêlos. Além disso, a menstruação da paciente é irregular (chamada "oligomenorréia"), podendo até mesmo ser inexistente. A mulher pode desenvolver resistência à insulina, o que contribui para a obesidade.

Hoje, os médicos podem diagnosticar ovários policísticos monitorando alterações sutis nas taxas hormonais determinadas por meio de um exame de sangue. Também ajuda fazer uma ultra-sonografia na qual é possível ver vários folículos não rompidos nos ovários.

Esse tipo de ovário é como um registro de omissões — o ovário fica fazendo o que acha que deve fazer, quando, na verdade, só está repetindo a mesma coisa indefinidamente. Tratar essa condição é como tentar fazer uma agulha pular para a próxima faixa do disco, fazendo com que a música toque normalmente. Portanto, e para surpresa geral, o padrão de cuidados dedicados aos ovários policísticos é anular o ovário com pílula anticoncepcional, interrompendo o desenvolvimento do folí-

Períodos irregulares I

No passado, costumava falar para as estudantes que tinham irregularidades menstruais que elas não deveriam se preocupar demais até saírem da faculdade. Todas as pressões sociais e acadêmicas de um ambiente universitário, junto com a proximidade da adolescência, podem ser muito estressantes para o ciclo reprodutivo da mulher. Não é incomum que as mulheres aos 20 e poucos anos pulem períodos menstruais de vez em quando ou que sofram de desequilíbrios hormonais, como conseqüência, incluindo acne e ganho de peso. Você deve ter no mínimo seis períodos por ano e não tomar qualquer medida com segurança.

culo. Quando e se a paciente decidir interromper a pílula, a esperança é de que ela simplesmente não desenvolva o problema de novo e retorne ao ciclo menstrual normal e fértil. A maioria consegue.

É claro que essa tática não é atrativa para uma mulher que está tentando engravidar. Essas mulheres em geral devem tomar um antiestrogênio chamado Clomid, que reduz os níveis de estrogênio a ponto de estimular a hipófise a entrar em campo e reiniciar um ciclo menstrual normal. Com freqüência, também pode ser prescrito um medicamento diabético para tratar do problema de resistência à insulina da paciente.

Apesar de ter um nome assustador, os ovários policísticos podem estar diretamente relacionados ao estilo de vida. Na verdade, podem ser diagnosticados em uma etapa tão inicial ou suave, que o problema costuma poder ser corrigido por meio de ajustes comportamentais simples. Por exemplo, se uma mulher muito atlética parar de menstruar durante três meses, uma ultra-sonografia poderá revelar algo que parece ser ovário policístico. Ela pode não ter qualquer sintoma físico. Embora o Clomid ou a pílula possa ajudar com o problema de falta de ovulação e a condição policística, a redução das atividades atléticas pode ter resultados igualmente eficazes.

Maligno *versus* benigno

Às vezes, uma primeira ultra-sonografia pode revelar conclusivamente um cisto não-funcional. Isso acontece quando o tumor é sólido ou se existe um dente (ver página 255). Se você fizer duas ultras e o cisto continuar no mesmo lugar e tiver aumentado de tamanho, isso também demonstrará que ele não é funcional.

Esses tumores não são como aqueles tumores relacionados à ovulação que podem crescer em qualquer parte do corpo. Nesse ponto, o médico deve concentrar as energias para responder à pergunta: é benigno ou maligno? A única maneira de responder a essa pergunta é por meio de uma biópsia, que é o procedimento em que o médico remove parte ou todo o tumor para que o patologista possa analisá-lo em um microscópio. Isso pode ser feito por meio de uma cirurgia abdominal ou por uma biópsia laparoscópica. A escolha também depende da habilidade e da experiência do médico, que pode ter seu método preferido.

Esses tipos de tumores, benignos e malignos, em geral são descobertos por acaso. Durante um exame de rotina, o ginecologista pode sentir uma massa no ovário. Um médico que decida pela cirurgia abdominal também pode verificar que os ovários não estão danificados, embora isso não seja padrão. E algumas vezes, uma ultra-sonografia realizada por outro problema pode revelar um tumor ovariano.

Há muitos tipos de tumores benignos nos ovários, mas todos eles significam um perigo, uma vez que tendem a crescer. Eles não invadem os órgãos vizinhos (como o câncer), mas podem pressioná-los de forma persistente e prejudicial. Água mole em pedra dura, tanto bate até que fura. Os tumores ova-

Cuide da sua saúde!

Pelo menos meia dúzia de pacientes já vieram ao meu consultório parecendo barris de tanto que engordaram. Digo a elas que a cavidade abdominal está com algum tipo de massa volumosa. Respondem com frases como: "Pensei que tinha engordado" ou "Pensei que estava precisando fazer exercícios". Essas mulheres inteligentes, por negação ou negligência, deixaram que um tumor não identificado crescesse a ponto de preencher toda a cavidade abdominal. Existe uma foto famosa em um livro didático sobre ginecologia que mostra uma mulher, há 100 anos, que precisava de uma carroça para carregar o tumor ovariano que crescia com ela. Qualquer anormalidade ovariana possui o potencial de crescer indefinidamente — então, se você ganhar muito peso apenas na barriga, podem não ser todos aqueles biscoitos recheados... Procure um médico.

rianos benignos podem comprimir o tecido ovariano saudável da redondeza, matando-o. Então, em geral, esses tumores precisam ser retirados, apesar de não significarem um risco de vida. É claro que essa abordagem deve se ajustar à paciente; uma mulher com mais de 50 anos que não terá mais filhos pode decidir simplesmente remover todo o ovário e poupar-se de futuras visitas à sala de operação para tratar de um tumor recorrente. Enquanto isso, os cirurgiões trabalham para proteger os ovários de mulheres que ainda desejam ter filhos.

TUMORES OVARIANOS BENIGNOS

Cistos dermóides

Entre mulheres jovens, o tumor cístico mais comum é um teratoma cístico benigno ou, na gíria, um cisto dermóide. Esse

> **Grotesco ou interessante: você decide**
>
> Três células-tronco (ectoderma, mesoderma e endoderma) se desenvolvem no corpo humano. O ectoderma se transforma no esqueleto; o mesoderma, nas vísceras e nos músculos; e o endoderma, na pele e no cabelo. O esperma compreende metade do processo da reprodução humana, mas imagine um óvulo sozinho, renegado, que se divide por conta própria. É um dermóide. Fiel a suas raízes triplas, o dermóide caracteriza-se pela presença de gordura (mesoderma), cabelo (endoderma) e, mais fascinante ainda, dente (ectoderma). Antes das ultra-sonografias, os médicos faziam o diagnóstico com um simples raio X, que revelaria um dente bem formado.

é um cisto cuja origem é um óvulo que, sem explicação nenhuma, se divide sem a influência de um esperma. Eles são uma de nossas idiossincrasias mais misteriosas e inofensivas, que só causam problemas se forem negligenciadas. Hoje em dia, os médicos costumam descobrir esse problema quando ele ainda está muito no início, não sendo, portanto, ainda preocupante (por exemplo, uma ultra-sonografia pélvica feita em busca de algum outro problema pode revelar um dermóide).

Hoje, a ultra é tão boa que permite ver cistos de apenas 1cm — às vezes no meio do ovário. Esses tumores são tão minúsculos que a sua remoção causaria mais danos do que deixá-los como estão. Para essas mulheres, um médico recomendaria ultra-sonografias a cada dois anos só para garantir que o dermóide não está crescendo.

Tumores ovarianos benignos diversos

Os tumores surgem quando uma célula normal sofre uma mutação e se transforma em algo que pode ser benigno ou maligno, mas que sempre tem a intenção de se dividir e crescer. Muitos tumores são definidos pela primeira célula a sofrer uma mutação e começam a crescer de modo descontrolado. As células do tumor benigno se parecem bastante com as células de onde vieram, enquanto as cancerosas podem ser extraordinariamente diferentes (na medicina, chamamos *anaplásticas*). No ovário, existem três tipos básicos de células que podem se tornar tumores: células associadas ao folículo (como a dermóide); células da superfície do ovário; e as células associadas ao tecido conjuntivo do ovário, ou o estroma. Cada um desses três tipos dá origem a outros tumores potenciais.

Entre esses tipos de tumores, existe um espectro do que é benigno e maligno. Alguns são definitivamente benignos, outros definitivamente malignos, e alguns poucos estão na "fronteira" ou com potencial maligno baixo. Portanto, é uma prática padrão remover todos os tumores ovarianos, exceto aqueles endometriomas e dermóides estáveis, pequenos e bem documentados. Os muitos tumores benignos do ovário são

Nomes adequados

Embora estejamos classificando muitos tumores benignos no mesmo grupo, o médico usará um diagnóstico específico, ainda mais se (quando) você perguntar. Esses nomes incluem fibróide, cistadenoma, cistadenoma mucinoso, cisto paraovariano e muito mais. Todos esses tipos de tumores (exceto os endometriomas, que, em geral, são indicativos de endometriose; ver página 282) possuem os mesmos sintomas, as mesmas implicações na saúde e as mesmas opções de tratamento. Todos têm uma incidência de recorrência e bilateralidade (podem voltar mais tarde no mesmo ovário ou no outro), o que significa que é muito importante saber exatamente que tipo de cisto você tem. Se você trocar de médico e o novo médico descobrir uma massa pélvica, seria muito útil que ele soubesse com o que estará lidando.

Cistos de chocolate

O endometrioma é um cisto no ovário que resulta da endometriose (um problema uterino; ver página 282). Esses cistos estão cheios de sangue, que com o tempo oxida, desenvolvendo a consistência de calda de chocolate. É por isso que os endometriomas do ovário são coloquialmente chamados "cistos de chocolate".

todos incomuns, mas ainda assim devem ser examinados no microscópio.

Alguns tumores ovarianos produzem hormônios. Todos os tumores desse tipo devem ser removidos porque são potencialmente malignos e, mesmo que não sejam, ainda assim estão causando danos. Às vezes, é difícil descobri-los em uma mulher adulta, mas, em uma menina na pré-puberdade, o tumor cístico que produz estrogênio se trai ao fazer, por exemplo, com que os seios de uma menina de cinco anos cresçam e com que ela menstrue. Mais desconcertante ainda, o tumor pode produzir a testosterona, o hormônio masculino. Isso causa na inocente criatura o crescimento de bigode, desenvolvimento de uma voz grossa e crescimento do clitóris (chamado "clitoromegalia"). Um tipo específico de dermóide pode produzir os hormônios da tireóide, resultando em sintomas de hipertireoidismo, apesar de o problema da paciente estar no ovário.

CÂNCER OVARIANO

Como o ovário flutua livremente no abdômen, caso se desenvolva câncer, não existe qualquer camada de superfície que contenha a doença. O órgão tem o potencial de desenvolver células malignas com muita rapidez, que podem, em seguida, ser espalhadas por toda a cavidade abdominal. Apesar de esse processo parecer dramático, o câncer no ovário dá alguns sinais de sua presença. Portanto, costuma ser diagnosticado nas primeiras etapas, com poucas opções de tratamento diferentes das utilizadas com os demais tipos de câncer.

A partir de uma perspectiva médica

O câncer ovariano é a pior doença com a qual já lidei. Algumas mulheres são obrigadas a andar sob uma linha muito tênue entre a fertilidade e a morte. A mulher ama ter filhos, com toda razão. É bom, divertido, recompensador — é a nossa alegria. No entanto, para algumas desafortunadas, é preciso tomar uma decisão entre o bebê potencial e um risco bem real que sua vida está correndo. Uma vez, por sorte, descobri um câncer ovariano inicial em uma paciente, e ela teve de remover os dois ovários. Ela era jovem e tinha acabado de se casar, então o oncologista e eu concordamos que ela poderia manter o útero, caso assim decidisse, depois de compreender totalmente os riscos envolvidos nessa decisão. Esse não é o procedimento padrão — oncologistas ginecológicos descobriram que retirar o útero, as trompas e os ovários é a melhor maneira de garantir a sobrevivência. Contudo, essa paciente, mais tarde, foi capaz de carregar dois bebês na barriga, graças a uma doadora de óvulos.

Os sintomas do câncer ovariano são quase inexistentes e à medida que a doença progride, pode ser praticamente impossível identificá-lo. Havia uma paciente norte-americana famosa que tinha três casas, na costa leste, costa oeste e na Europa. Eu era sua médica em Nova York — uma situação incomum para um médico. Todas as pessoas devem ter um médico principal que concentre todos os seus cuidados médicos. O médico inglês da minha paciente diagnosticou os sintomas gerais (desconforto abdominal, fadiga, mal-estar, "Não estou me sentindo bem") como uma virose.

Em Nova York, ela me contou que ainda não estava se sentindo bem, o que era esquisito. A sua vida estava indo bem, não sabia por que estava tão cansada. Recomendei que fizesse outra ultra-sonografia. O radiologista disse que a região pélvica estava nebulosa e anormal, mas que não conseguia ver um tumor. Disse que precisava de outra laparoscopia, uma vez que tinha algo errado. Ela respondeu: "OK, faço na Califórnia."

Nunca mais a vi. Morreu de câncer ovariano generalizado dois anos depois. Estava com um tipo particularmente terrível de câncer no qual os ovários produzem células malignas, causando vários pequenos tumores por todo o abdômen, enquanto o ovário permanece com seu tamanho normal. Ela estava com o que chamamos de câncer ovariano hereditário — muitas mulheres da sua família já tinham morrido dessa doença.

No entanto, para uma mulher comum, o padrão de cuidado na detecção de problemas no ovário é o exame pélvico

Medidas drásticas

Existe um subconjunto de câncer ovariano que é um traço herdado geneticamente e dominante, chamado "câncer ovariano hereditário". Corresponde a 10% das incidências da doença. É possível testar a presença de um gene associado ao câncer de mama ou de ovário, chamado gene Brca-1 ou Brca-2, embora sejam comumente associados ao câncer de mama. Se você tiver um desses genes, seria apropriado ter filhos e, logo em seguida, se livrar dos ovários. Na ausência deles, um histórico médico familiar de câncer ovariano ainda pode ditar as principais decisões relacionadas à saúde. Como essa doença é tão difícil de detectar no início e é altamente fatal, uma paciente que tenha um ou dois membros da família (mãe, irmã ou filha) com câncer ovariano em geral será aconselhada a remover os ovários assim que terminar de ter os filhos desejados e, nesse meio tempo, fazer ultra-sonografias freqüentes para acompanhar o possível surgimento da doença. E uma mulher desafortunada que tenha três membros da família lutando contra o câncer no ovário deve considerar a possibilidade de retirá-los de imediato.

anual. Muitos clínicos e cientistas dedicaram tempo e energia para desenvolver maneiras de diagnosticar o câncer ovariano mais cedo. Ultra-sonografias transvaginais de rotina ou exames de sangue não demonstraram ainda qualquer diminuição nas taxas de mortalidade. Em relação ao câncer de mama, se você fizer uma mamografia agora, o resultado for normal e, dentro de um ano, surgir uma anomalia, há enormes chances de a doença estar ainda no início. Se fizer uma ultra hoje e o resultado for normal, em um ano você já pode estar com câncer ovariano em estado avançado.

O único indicativo científico que temos hoje do câncer ovariano é um exame de sangue que faço e recomendo com cautela, porque é longo e inconclusivo. O exame de sangue CA_{125} revela a presença de câncer em 50% dos casos. Entretanto, também pode revelar problemas benignos, como fibróides e endometriose. Isso significa que se você ainda não entrou na menopausa, foi ao ginecologista com sintomas vagos, pediu esse teste e os resultados vieram elevados, o exame não ajudará muito no diagnóstico. Ele é mais útil para mulheres que já entraram na menopausa, porque, a essa altura, a endometriose e os fibróides estão inativos, de forma que é mais provável que uma elevação nos resultados seja uma indicação de alguma malignidade no ovário.

Boas notícias

Um novo exame de sangue para detectar a presença de câncer ovariano deve ser lançado a qualquer momento, se já não foi. É chamado "Ova Check", e os relatórios iniciais sobre esse exame mostram que ele é bastante preciso na detecção desse tipo de câncer. A comunidade ginecológica está muito esperançosa em relação a essa ferramenta de diagnóstico, mas ela ainda não foi comprovada. Fique de olho nas notícias sobre essa nova descoberta.

Para mulheres pré-menopausa, as chances de desenvolver câncer no ovário são bem pequenas, uma vez que, em geral, o câncer é um problema que surge em mulheres mais velhas. A idade média em que esse tipo de câncer é diagnosticado nos Estados Unidos é 59 anos, embora a idade média em mulheres com câncer ovariano hereditário seja 49 anos. Sua melhor defesa é manter-se fiel ao exame ginecológico anual e, se o médico recomendar algum teste ou consultas de acompanhamento, não seja preguiçosa.

PROBLEMAS OVARIANOS DIVERSOS

Os abscessos são outra anormalidade estrutural do ovário que se forma à medida que o tecido saudável combate as bactérias. São essencialmente bolsas de células brancas que se reúnem em volta de uma infecção intrusa: em outras palavras, grandes massas de pus. É o resultado final de uma doença inflamatória pélvica não tratada (DIP, ver página 149).

Os abscessos são quase sempre efeitos secundários da gonorréia e da clamídia. Quando uma paciente pega uma doença sexualmente transmissível, como a gonorréia, a infecção vive durante um tempo feliz e contente no colo do útero. Quando a paciente fica menstruada, o sangue alimenta as bactérias, que, como conseqüência, se reproduzem sem controle. Seguindo a trilha do alimento como migalhas de pão, as bactérias dirigem-se ao útero. Em seguida, com o fim do período menstrual, as bactérias ficam loucas atrás de alimento e acabam subindo as trompas de Falópio. Assim, o principal sintoma dessa condição é uma dor pélvica muito forte, logo depois da menstruação, em geral, acompanhada de febre alta. Se alguma vez teve febre alta e dor forte entre o umbigo e o osso pubiano, procure o ginecologista na hora.

Problemas mecânicos no ovário podem ser outra causa de dor abdominal intensa. O ovário fica suspenso por um ligamento que contém o fornecimento de sangue. Esse ligamento

Poupando o ovário

Caso você precise de tratamento com radiação no abdômen, os ovários podem estar ameaçados. Há centros de tratamento de câncer que removem os ovários e os colocam em algum outro lugar do corpo, longe da radiação. Os ovários podem viver em qualquer outro local, contanto que tenham suprimento sangüíneo, e, do novo local, continuarão produzindo os hormônios de que você precisa. Atualmente, os cientistas estão trabalhando na possibilidade de extrair os ovários e congelá-los de forma que essas pacientes ainda possam se tornar mães biológicas. Novas abordagens também incluem a remoção e o congelamento de um ovário inteiro ou parte dele, para depois reimplantá-lo na paciente depois que ela estiver curada e, em seguida, poder extrair os óvulos. Então, se você ainda está em idade fértil e precisar passar por algum tratamento médico que eventualmente cause dano aos ovários, informe-se sobre as técnicas existentes que poderão poupá-los.

pode se torcer por razões desconhecidas, cortando o sistema de alimentação do ovário. Quando não há fornecimento de sangue para alguma parte do corpo, essa área morre. Falta de sangue no cérebro = dano cerebral. Falta de sangue no ovário = dano no ovário. A dor pode ser terrível, uma vez que o ovário grita agonizante, porque foi privado do fluxo sangüíneo.

Um ovário torcido e saudável é muito, muito raro. Contudo, quando há um tumor ou um cisto muito grande no ovário, isso pode fornecer mais torque e aumentar o problema. Essa é outra boa razão para remover qualquer tumor ovariano.

Se você não procurar tratamento, ele poderá gangrenar (ou seja, apodrecer). A gangrena no abdômen pode lhe fazer muito mal. Não fique se contorcendo de dor em casa — vá para a emergência ou ligue para o médico se tiver com esse tipo de dor exasperadora.

TROMPAS DE FALÓPIO

GRAVIDEZ ECTÓPICA

A mais perigosa complicação relacionada às trompas de Falópio é a gravidez ectópica (isto é, fora do lugar) ou qualquer gravidez que progrida fora do útero. Isso acontece em um a cada seis casos de gravidez. A mais comum (99%) é a gravidez tubária, então esses termos são usados de forma intercambiável. Muito raramente, um óvulo fecundado pode aterrissar em algum lugar na cavidade abdominal, em uma dobra do intestino ou em uma grande artéria. É uma condição médica muito perigosa quando um óvulo fecundado se implanta em algum lugar que não no endométrio, porque o útero é o único local apropriado para uma gravidez se desenvolver (e crescer e cres-

Infecções pélvicas caribenhas

Quando fiz um ano de residência na Jamaica, a taxa de gravidez ectópica era de cerca de 5%. Era uma taxa muito alta, resultado direto do tratamento ineficiente de DSTs bacterianas. As mulheres vinham com doença inflamatória pélvica, muito doentes, com a cavidade abdominal cheia de pus e com infecções generalizadas. Tratávamos com antibióticos muito agressivos durante 24 horas e liberávamos a paciente prescrevendo antibióticos por via oral. Contudo, muitas não podiam pagar o remédio e, portanto, não tomavam ou não tinham como tomar. Então, a quantidade de remédio que ingeriam só era suficiente para impedir que a trompa se fechasse por completo. A passagem ainda era suficiente para permitir que o esperma alcançasse o óvulo e o fecundasse, mas não suficiente para que o óvulo fecundado (uma massa maior do que o esperma) descesse para o útero. A lição aqui é sempre, sempre, sempre mesmo terminar qualquer tratamento iniciado com antibiótico.

> **Dica para a sala de emergência**
> **Se você estiver em idade reprodutiva, for sexualmente ativa e tiver alguma dor abdominal intensa, considere que é possível vir a ter uma complicação na gravidez.**

cer). Caso a gravidez se desenvolva na trompa, o embrião crescerá até não ter mais espaço na trompa, fazendo que com ela exploda. Como conseqüência, há hemorragia interna.

A gravidez ectópica pode acontecer com qualquer mulher, entretanto, em geral, é o resultado direto da cicatrização de uma infecção anterior. Os principais culpados, aqui, são as doenças sexualmente transmissíveis como a clamídia e a gonorréia. Se descobertas logo no início, essas doenças são fáceis de curar e não deixam qualquer cicatriz permanente, contudo, se não forem tratadas, poderão levar à obstrução ou ao bloqueio da trompa.

O mais perigoso é a cicatrização parcial, que causa gravidez ectópica. Isso acontece quando a trompa está aberta o suficiente, permitindo que o esperma nade até óvulo localizado na terça parte da trompa. No entanto, quando o óvulo fecundado volta para se implantar, ele encontra uma cicatriz ou algum tipo de obstrução. Esse zigoto tão pequeno, de quatro células apenas, não tem capacidade de se desviar da obstrução. Ele fica batendo com o corpo na cicatriz até o momento da implantação, que, a essa altura, será onde quer que ele esteja. Uma situação menos preocupante, mas que pode alterar de modo significativo a vida da paciente, se dá quando as trompas estão totalmente bloqueadas devido a uma cicatrização. Isso causa infertilidade, que pode ser comparável à ligadura das trompas (ver página 135).

A gravidez ectópica é a principal causa de mortalidade associada à gravidez nos Estados Unidos, porque passa facilmente despercebida. Se ocorrer na parte mais estreita da trompa, ela pode romper antes mesmo de a menstruação atrasar. Em geral, a menstruação da paciente está um ou dois dias atrasada, quando a mulher sente uma dor abdominal muito intensa e corre para o hospital. O médico deve pensar logo em realizar um teste de gravidez, apesar de haver infinitas causas prováveis para o problema.

* * * * *

MÃE: Eu odeio os ovários!

FILHA: Pára de reclamar.

MÃE: Você não entende. Existem dezenas de tumores que podem aparecer nos ovários. Um em um milhão deste, um em um trilhão daquele...

FILHA: Mas você tem que gostar dos ovários de alguma forma.

MÃE: Por quê?

FILHA: Por causa deles você sempre terá trabalho.

Capítulo 13

PROBLEMAS SIGNIFICATIVOS DO ÚTERO

\his-te-ria\ s.f. Um estado nervoso, que acomete quase que exclusivamente as mulheres, no qual os reflexos e a irritabilidade reflexa são exagerados e a força de vontade diminui de forma correspondente, de modo que a paciente perde o controle das emoções, torna-se vítima de sensações imaginárias e, em geral, entra em paradoxismos ou tem ataques. Da palavra grega *hyster*, que significa útero. (*Webster's Revised Unabridged Dictionary*)

Encontrei essa definição em março de 2004, publicada em www.dictionary.com. É irônico que essa supervia de informações, que é a Internet, possa divulgar um ponto de vista tão antiquado... mas o pior é que divulga.

O útero é um órgão muscular e oco, composto por várias partes e utilizado, basicamente, durante a gravidez. Hoje em dia, as mulheres não ficam grávidas tanto quanto costumavam ficar, então a comunidade médica presta muito mais atenção ao útero não grávido do que antes.

Dentro do útero, existe o colo do útero, o endométrio e o miométrio (ver página 24). O colo é o corredor que leva até o útero, mantendo longe os invasores que sobem agressivamente pela vagina. Em uma situação saudável, a cavidade uterina é estéril, o que significa que não existem vírus ou bactérias ali. O endométrio reveste o útero e se desmancha todos os meses, quando não há gravidez. O miométrio é a camada muscular no alto do útero que se dilata durante a gravidez e que se contrai para expelir o fluido menstrual ou os produtos da reprodução, incluindo os bebês.

COISAS QUE PODEM ACONTECER COM O MIOMÉTRIO

FIBRÓIDES

Dentro do miométrio, pode ser formar tecido fibroso em formato espiral, chamado "leiomioma" ou "fibróide". Como as sardas, as mulheres raramente têm um só. Esses tumores benignos consistem em músculo liso e material extracelular, como colágeno. Os fibróides dependem do estrogênio, o que significa que eles reduzem durante a menopausa. Embora sejam considerados, em geral, relativamente inócuos, podem comprometer a qualidade de vida da paciente e causar problemas no parto. São extremamente comuns e a principal causa não maligna de histerectomias nos Estados Unidos.

Os fibróides surgem em mais de 80% das mulheres, em geral, por volta dos 35 anos. A grande maioria deles passa despercebida e não causa qualquer mal à paciente. Trinta por cento das mulheres têm fibróides que levam a sintomas perceptíveis.

Eles podem ser grandes ou pequenos, crescem rápida ou lentamente e são encontrados em todo o útero. Esqueça as comparações com frutas ("É do tamanho de um melão"), hoje os fibróides são classificados por volume, por meio de ultrasonografia e comparados ao tamanho da barriga da gravidez. Um "útero com fibróide de dez semanas" significa que o fibróide mais o útero equivale a uma gravidez de dez semanas. No entanto, como acontece com bens imobiliários, o local é tudo.

FIBRÓIDES SUBSEROSOS

Os fibróides podem surgir na parte externa do útero (na serosa) e continuar a crescer através dela. São chamados "fibróides subserosos". Podem ser grandes, crescer rapidamente e são assintomáticos, o que significa que os médicos costumam encontrá-los enquanto estão procurando outra coisa. Embora um sonograma que revele um tumor grande e sólido no abdômen possa ser preocupante, o fibróide subseroso não merece preocupação médica (se for com certeza um fibróide). Contudo, os médicos em geral recomendam remover os fibróides subserosos em mulheres que pretendem engravidar, uma vez que podem se contorcer e degenerar, o que não é apenas perigoso durante a gravidez, mas também extremamente doloroso para a mãe (ver página 274).

FIBRÓIDES INTRAMURAIS

O fibróide intramural cresce dentro da parede do útero, fazendo com que os músculos uterinos se desenvolvam em volta do fibróide, como pedras em um riacho. Isso pode piorar as cólicas menstruais, mas não representa um problema de saúde significativo. O único problema é o funcionamento do útero durante o parto — será que ele irá se contrair de forma eficaz durante o trabalho de parto e depois dele, para evitar perdas sangüíneas? Um perigo improvável é o trabalho de parto disfuncional e hemorragia pós-parto. Esses riscos são totalmente imprevisíveis.

FIBRÓIDE SUBMUCOSO

O fibróide submucoso engloba quase 5% de todos os fibróides e é um sintoma médico significativo, apesar de ser tratável. Esse fibróide enche a cavidade do útero, esticando o endométrio e impedindo os vasos sangüíneos locais de se contrair na menstruação. Esse tipo de fibróide pode causar períodos intensos, fortes e prolongados, o que resulta em anemia persistente. Em-

Fibróides misteriosos

Tive uma paciente cuja ultra-sonografia, tirada aos cinco meses de gravidez, revelou uma massa grande e sólida à direita do útero. O radiologista ficou muito preocupado, uma vez que não conseguia ver qualquer anexo entre o útero e o tumor, apesar de ele parecer um fibróide. Tudo era muito assustador, uma vez que havia a possibilidade de ser tumor ovariano. Uma regra da obstetrícia recomenda nunca operar fibróide durante a gravidez (ver página 268), porque é quase impossível interromper o sangramento. Entretanto, como não conseguimos descobrir o que era, tivemos de decidir pela cirurgia. Fiz uma pequena incisão na posição do tumor e cheguei até ele para sentir se havia um anexo ou não. Havia. Costuramos outra vez, ela teve um bebê perfeitamente saudável e ainda tem esse fibróide até hoje.

bora todos os fibróides possam competir com o bebê por espaço e comida, o fibróide submucoso é a ameaça mais imediata.

FIBRÓIDES PEDICULADOS

É raro, mas um fibróide pode crescer em um pedículo (ou seja, acoplado ao útero por um pedaço de tecido) e pode se contorcer (como pode acontecer com o ovário, ver páginas 261-262). Essas ameaças não são particularmente perigosas para a gravidez ou para a saúde da mulher, exceto em casos raros em que o fibróide se revira (sem qualquer razão). A torção desse pedaço de tecido comprime a artéria, cortando todo o sistema de alimentação importante que permite a vida. Em seguida, o fibróide morre, em função da falta de oxigênio. Isso pode causar dores muito fortes, e se o fibróide de fato gangrenar, a saúde da paciente está em perigo. Por sorte, os fibróides pediculados são mais fáceis de remover e têm poucas chances de levar à histerectomia ou a grandes perdas de sangue.

FIBRÓIDE PARASITÁRIO

Esses fibróides começam como fibróides pediculados, que muito raramente crescem para dentro do abdômen e se alojam em outro lugar (por exemplo, uma alça no intestino, na aorta ou na parede lateral da cavidade abdominal). O fibróide pode viver com o fornecimento sangüíneo de qualquer que seja o órgão ao qual esteja acoplado e o fluxo inicial até o útero desaparece. Isso é chamado "fibróide parasítico" e, em geral, é removido porque o médico não costuma ter a menor idéia do que seja. Não está mais acoplado ao útero e, na ultrasonografia, parece um tumor sólido não identificado.

Tratamento

A medida a ser tomada em relação a fibróides depende dos sintomas, do local e do médico. Se você conseguir mantê-lo até a menopausa, então a falta de estrogênio em geral acabará fazendo com que ele diminua. A única cura para os fibróides antes da menopausa é a cirurgia. As indicações para a cirurgia são sangramento resultando em anemia que não se consegue controlar, crescimento rápido do fibróide e compressão uretral (impedindo que a urina se mova livremente entre o rim e a bexiga).

Também existem algumas outras indicações relativas para a cirurgia — o que significa que não é absoluta e universalmente necessária, mas a situação da paciente pode exigir isto. Por exemplo, uma mulher que seja obrigada a passar o tempo todo no banheiro porque o fibróide está pressionando a bexiga pode considerar a cirurgia. Ou um fibróide pode pressionar o reto, resultando em constipação persistente, urgente e constante. Ou um fibróide pode tornar as relações sexuais desconfortáveis. Ou ainda, uma mulher com um fibróide muito volumoso pode parecer estar grávida de cinco ou seis meses. Todas essas inconveniências podem tornar a cirurgia uma opção atraente.

Uma vez que a paciente e o médico decidam pela cirurgia, ainda existem muitas opções. Uma miomectomia acontece quando o cirurgião "pesca" o fibróide por meio de uma incisão no útero e, em seguida, reaproxima (ou seja, reconstrói) a parede uterina.

À primeira vista, parece uma ótima opção. Contudo, é um procedimento difícil, porque quase sempre os fibróides são muitos e cheios de sangue. Pior ainda, uma miomectomia não costuma resolver o problema de vez, isso porque esses teimosos fibróides têm o péssimo hábito de voltar. Em 90% das pacientes com quatro ou mais fibróides, os diabinhos são recorrentes depois de uma cirurgia. Pacientes que fazem miomectomias têm três vezes mais chances de precisar de transfusão de sangue e, em geral, apresentam taxas de infecção bem mais altas do que as histerectomias. Três por cento das miomectomias acabam mesmo resultando em histerectomias, porque quando o cirurgião remove todos os fibróides, às vezes não sobra mesmo muita coisa do útero. Além disso, caso a paciente tenha hemorragia durante a miomectomia, pode ser necessária a realização de uma histerectomia para salvar-lhe a vida. Independente de qualquer coisa, se você precisar tratar os fibróides cirurgicamente, as miomectomias são a única chance para mulheres que desejam ter mais filhos. Para mulheres que não desejam mais filhos, a histerectomia é mais simples e mais eficaz.

Uma nova abordagem ao tratamento de fibróides é a embolização vascular. Originalmente, era empreendida quando a paciente estava muito doente e anêmica para enfrentar uma cirurgia, então o radiologista sugeria passar um cateter pela virilha a fim de destruir a artéria que alimentava o fibróide. Isso se aplica ao conceito do fibróide torcido (o fibróide morre devido à falta de sangue) e pode ser tão doloroso quanto. À medida que o fibróide apodrece, a paciente pode sentir dores intensas, a ponto de ter de procurar um pronto-socorro algumas vezes, em busca de medicamentos. Além disso, os vasos sangüíneos que alimentam o fibróide podem também alimentar músculos, que também morrerão durante esse processo. Atualmente, essa não é uma opção para mulheres que ainda desejam ter filhos, porque o procedimento é tão novo que é impossível avaliar o risco da gravidez depois dele. Os médicos teorizam que ele pode comprometer os músculos necessários para as contrações efetivas ou que contribuem para romper o útero durante a gravidez.

A medicação é outra opção para o tratamento de fibróides, embora não seja uma solução no longo prazo. O GnRH (hormônio liberador de gonadotrofina) — disponível sob a marca Lupron — combate o hormônio que estimula a hipófise a estimular o ovário a produzir hormônios. Isso é administrado com uma injeção mensal e interromperá a função do ovário, colocando a paciente em um estado de pseudomenopausa, reduzindo, assim, os fibróides. Infelizmente, o Lupron é imprevisível. É impossível saber quando o fibróide de uma determinada paciente encolherá e, afinal de contas, quando tempo uma mulher jovem deseja ficar na menopausa? Enquanto estiver tomando essa medicação, a paciente perde massa óssea, tem ondas de calor, sofre de atrofia vaginal e todos os outros sintomas desagradáveis da menopausa. Nenhuma mulher deveria passar por isso duas vezes ou, melhor, nem mesmo uma vez.

Normalmente, o Lupron é usado como um tratamento temporário. Por exemplo, antes da cirurgia, as mulheres costumam tomar Lupron para reduzir um fibróide grande e diminuir seu fornecimento de sangue. Além disso, elas param de menstruar, o que reduz a anemia e ajuda a reconstituir as células vermelhas para a cirurgia. A desvantagem da ingestão de Lupron pré-operatória é que os fibróides menores podem desaparecer por completo, de forma que o médico pode enfrentar problemas para encontrá-los durante a cirurgia, mesmo que ainda estejam lá, esperando apenas uma oportunidade de voltar. Portanto, o Lupron pré-operatório é ideal para mulheres que farão histerectomias, porque ele reduz o útero e a perda sangüínea.

Gravidez e fibróides

A gravidez e os fibróides são uma combinação perigosa por muitas razões. Não quero dizer que quando a mulher está grávida e tem fibróides exista uma tendência a catástrofes, mas sim que eles tendem a dificultar a gravidez de forma geral. O fornecimento de sangue que em geral alimenta o bebê também acompanha o rápido crescimento do fibróide — é como se fossem gêmeos. A mulher tem mais chance de ter parto prematuro ou sentir desconforto e, durante o parto, há mais probabilidade de haver grandes perdas de sangue. Também há a possibilidade de um fibróide bloquear o caminho de saída do bebê do útero e, nesses casos, é necessário fazer uma cesariana.

Entre as coisas drásticas que podem dar errado em relação aos fibróides e à gravidez é que eles começam a degenerar por causa da falta de alimento — às vezes, o bebê ganha a briga. Pode parecer uma boa notícia, mas, na verdade, isso faz com que o centro do fibróide apodreça, o que é muito doloroso. Em geral, essas mulheres são admitidas no hospital, onde tomam analgésicos que não prejudicam o bebê.

O que a Dra. Livoti recomenda?

Eu sento com minhas pacientes e analisamos juntas a situação. Se o fibróide for bem grande e estiver em um lugar inoportuno, costumo recomendar uma miomectomia antes da gravidez. Se decidirmos que os fibróides não são tão significativos, então não tomamos qualquer medida. A paciente engravida e, com um pouco de sorte, passa pela gravidez sem enfrentar qualquer problema, o que acontece na maioria das vezes.

Cantinho de histórias da mamãe

Em algumas regiões dos Estados Unidos, até os anos 1970 e possivelmente 1980, as mulheres de uma determinada situação socioeconômica que procuravam o hospital com dor abdominal e eram consideradas menos informadas ou ignorantes recebiam uma cirurgia e acabavam inférteis. Os médicos especialistas em eugenia aproveitavam a oportunidade cirúrgica e interrompiam o sistema reprodutivo dessas pobres mulheres. Isso era tão comum que tem seu próprio nome aliterativo (prepare-se) — a "apendectomia do Alabama".

Infelizmente, a cirurgia de fibróide pré-gravidez não é uma boa opção. A miomectomia deixa cicatrizes no útero, que são como defeitos na parede do órgão — elas podem se abrir no momento mais inoportuno. Se a cicatriz ultrapassar a espessura da parede uterina, a paciente tem de fazer uma cesariana. Ademais, uma miomectomia pode, em caso de emergência, se transformar em uma histerectomia na sala de cirurgia. Algumas mulheres preferem tomar Lupron temporariamente, mas os hormônios da gravidez estimulam os fibróides a crescerem mais rápido do que nunca.

Histerectomias — um saco de gatos

A histerectomia é um conceito ilusoriamente simples — é a cirurgia para a retirada do útero. No entanto, há várias abordagens diferentes ao procedimento e duas vezes mais opiniões e sentimentos sobre ele.

Os dogmas médicos, as políticas dos hospitais e as posturas diante do útero, o modo como o médico foi treinado e numerosos outros fatores podem contribuir para o que você pode ouvir do médico em relação à remoção do útero. Em algumas comunidades médicas, se você já tem filhos, ouvirá a seguinte pergunta: "Para que você precisa do útero?" Há outras regiões em que os médicos tendem a recomendar a histerectomia com muito mais freqüência — em caso de fibróide, cólicas ou fluxos menstruais intensos, por exemplo. Às vezes, nessas mesmas regiões geográficas, as mulheres têm filhos mais jovens, o que significa que a histerectomia pode ser um método de controle de natalidade bastante conveniente. De certa maneira, essa postura tem suas vantagens. Sem o útero, a mulher nunca precisa se preocupar com câncer no colo do útero, câncer endometrial, fibróides, cólicas, hemorragia, anemia etc. É claro que a paciente precisa ter certeza absoluta de que nunca mais vai querer ter filhos.

Por outro lado, algumas mulheres (uma boa parcela das minhas pacientes) se seguram firme com o útero, apesar da anemia grave, fibróides volumosos e outros problemas de saúde. Esse é outro caso de política e moda influenciando a medicina, o que raras vezes faz alguém tomar decisões sensatas em relação à saúde.

Existe um equilíbrio adequado aqui. O útero é um órgão que pode ficar doente e precisar ser removido. Por outro lado, é uma cirurgia delicada com implicações no longo prazo. Não deve ser encarada como algo banal.

Assim que decidir pela histerectomia, há algumas decisões a serem tomadas. Assim como acontece com outras bifurcações na estrada da ginecologia, o caminho a percorrer depende do que a mulher prefere, depende de onde ela está no mundo, da doença que o médico está tratando e se será o cirurgião ou ginecologista quem realizará o procedimento.

Histerectomias abdominais

Nessa abordagem, o cirurgião faz uma incisão abdominal de cerca de 10 a 15cm e remove o útero e, tradicionalmente, o colo do útero também. Se a cirurgia for necessária devido a um problema benigno, a incisão pode ser horizontal e no pêlo pubiano (conhecida como incisão na linha do biquíni), que, dentro de um ano, se torna quase invisível. Infelizmente, se a cirurgia for para corrigir algum problema maligno, é provável que o médico decida pela incisão vertical, a partir do osso pubiano até o umbigo, tendo consciência de que, caso seja necessário, a incisão pode ser ainda maior.

Em geral, as pacientes levam seis semanas para se recuperar de todo da histerectomia abdominal. O principal sintoma pós-operatório é a fadiga, uma vez que o corpo concentra todas as suas energias no processo de cura. Existe uma dor forte, mas, nas primeiras duas semanas depois da cirurgia, as mulheres estão cansadas demais para se movimentar muito. Nessa cirurgia, o abdômen sofre perturbações profundas, então os movimentos intestinais podem ser interrompidos. Depois da quarta semana, as pacientes já começam a considerar viajar de férias ou sair para jantar. Com isso, não queremos dizer que as mulheres nunca voltem a trabalhar depois de uma semana, mas, caso o façam, são mulheres heróicas e austeras. Conte com pelo menos um mês de afastamento com a opção de aumentar ainda mais esse período de recuperação.

Mas por que manter o colo do útero?

Existem mulheres que alegam ter enorme prazer sexual quando o colo do útero é diretamente atingido pelo pênis (ou o que quer que seja que esteja penetrando). Apesar de ter sido mencionado no seriado *Sex and the City*, é uma resposta que ainda está sendo estudada. Entretanto, muitas mulheres que tiveram o útero e/ou colo do útero removido dizem ter percebido uma diminuição no prazer sexual. Por essas razões, quando possível, o cirurgião oferecerá uma histerectomia subtotal, preservando o colo do útero e removendo a parte superior. Além disso, o colo do útero dá mais apoio à câmara vaginal. Sem ele, a paciente corre o risco de ter prolapso (inversão) vaginal.

Hoje, o útero pode ser removido sem o colo, apesar de essa decisão depender da situação da paciente. A remoção de todo o útero (incluindo o colo) entrou na moda nos anos 1960 a ponto de ser amplamente considerada a única forma de histerectomia apropriada. Antes do desenvolvimento dos exames Papanicolau rotineiros, se uma mulher desenvolvesse câncer no colo do útero e não tivesse útero, parecia que ele era mais difícil de tratar. Com o surgimento do diagnóstico regular, o colo do útero pode ser muitas vezes preservado, desde que a paciente esteja ciente de que deve consultar um ginecologista regularmente para a realização do preventivo, que pode salvar sua vida.

Histerectomias vaginais

Não se preocupe; a vagina não será removida em uma histerectomia vaginal. O nome é por causa da rota usada pelo cirurgião. Nesse procedimento, o médico agarra o colo através da vagina e puxa todo o útero e o colo.

A recuperação da histerectomia vaginal é mais fácil, uma vez que não há qualquer incisão abdominal. As pacientes costumam voltar para casa no mesmo dia ou no máximo no dia seguinte. Nada na cavidade abdominal é perturbado, então muitas das funções corporais (por exemplo, os movimentos intestinais) têm mais chance de continuar normalmente.

Esse procedimento costuma exigir certa flexibilidade nos ligamentos que suportam o útero, algo que acontece naturalmente durante a gravidez. Ademais, a vagina se alarga durante um parto normal, então o ginecologista pode mexer no útero com mais liberdade. Um útero que nunca tenha carregado uma gravidez é um órgão firmemente assentado que pode precisar ser removido pelo abdômen, e uma vagina que nunca tenha visto um bebê é uma passagem muito estreita para esse procedimento.

A LAVH (histerectomia vaginal assistida por laparoscopia) é uma nova técnica para a histerectomia vaginal que permite aos médicos driblar essas limitações da cirurgia. A laparoscopia é a introdução de um pequeno instrumento que, com uma invasão mínima (é inserida por meio de uma incisão de menos de 1cm feita no umbigo) permite que o cirurgião olhe dentro da cavidade abdominal e realize as mesmas operações, sem precisar de uma grande incisão. Em uma LAVH, o laparoscópio é inserido pelo umbigo, permitindo que o cirurgião corte todas as ligações do útero ao corpo, para, em seguida, remover o colo e o útero pela vagina. A vantagem desse método é que pode ser realizado independente de a mulher já ter tido filhos ou não.

Vaginal versus *abdominal*

Com uma histerectomia vaginal, perde-se o colo do útero, mas não há qualquer incisão abdominal, e a recuperação pós-operatória é mais fácil. Já na abdominal, a vagina e o colo do útero permanecem como antes. Além disso, o cirurgião pode ver toda a cavidade abdominal, tendo a oportunidade de ava-

E quanto aos ovários?

A histerectomia envolve apenas o útero. Para desordens benignas, os ovários e as trompas são um tópico que deve ser discutido com muito cuidado pelo médico e pela paciente. Muitas pessoas argumentam que não há razão para deixar os ovários em uma mulher que já tenha entrado na menopausa. Em uma mulher com mais de 45 anos (a média de idade na menopausa é 50 anos), o padrão atual é remover também os ovários, para poupar a paciente do risco de desenvolver câncer de ovário. Com menos de 45 anos, o médico deve tentar deixar os ovários onde estão. Contudo, mais uma vez a escolha é mais do que nunca pessoal; qual é a filosofia da paciente em relação à reposição hormonal, como se sente em relação ao ovário e quais são os riscos de ter câncer no ovário etc.

liar visualmente todos os órgãos internos, os reprodutivos e os não reprodutivos. A escolha costuma ser da paciente, exceto quando a razão da cirurgia é algum problema maligno. Para câncer de útero ou ovário, a escolha padrão é uma histerectomia abdominal total, o que significa que o colo do útero, os ovários e as trompas de Falópio, todos eles, são removidos. Para o câncer de colo de útero, às vezes os ovários podem ser mantidos no abdômen, espalhando seus importantes hormônios.

SARCOMA

O sarcoma é o câncer no músculo liso, que, nesse caso, é o miométrio. Os sarcomas são responsáveis por menos de 10% dos problemas malignos que podem ocorrer no útero. Em geral, surgem em úteros que são possuem fibróides, mas são

Erros de radiação (e não estamos falando de Chernobyl)

Quando eu era adolescente, tive uma pequena manifestação com erupções na pele. Meu pai, Dr. Joe Livoti, me levou ao dermatologista, que disse: "Humm, que pena. Acabamos de parar de usar radiação para acne." Em retrospecto, isso fazia parte de uma tendência na medicina para erradicar muitos problemas benignos ou até mesmo nenhum problema. Crianças que voltavam do acampamento com micose passavam por radiação. Nos Estados Unidos, para atrair a atenção dos consumidores, algumas sapatarias tinham pequenas máquinas de raio X abertas, nas quais as crianças ansiosas colocavam o pé e viam seus dedões se moverem para ver se o sapato cabia. Descobriu-se que essa radiação reduzia os fibróides, então o abdômen de muitas mulheres foi exposto à radiação. Cerca de 16 anos depois, uma porcentagem relativamente alta dessas mulheres desenvolveu sarcoma. Hoje, a radiação é usada com parcimônia e com reservas, em especial em pacientes jovens.

Os patologistas não são todos iguais

Ao lidar com um problema médico que seja um pouco confuso e subjetivo, como um tumor uterino limítrofe, é uma excelente idéia requisitar uma segunda opinião de um outro patologista. É fácil esquecer que os patologistas, como todos os especialistas médicos, têm diferentes graus de experiência e conhecimentos. Se o diagnóstico for limítrofe, peça para o médico enviar os resultados para um superespecialista ou para um centro de tratamento de câncer para obter uma segunda opinião.

entidades discretas, ou seja, hoje em dia os médicos acreditam que eles quase nunca se tornam malignos. Todos os sarcomas têm o potencial de se comportar de forma biologicamente agressiva, mas o espectro de virulência é dramático. A única forma de um médico suspeitar de um sarcoma é quando uma ultra-sonografia mostra um aumento rápido da massa uterina, em especial depois da menopausa.

O único fator conhecido que contribui para o sarcoma é radiação pélvica prévia. O intervalo médio entre a radiação e o desenvolvimento do sarcoma é de 16 anos.

A forma como o médico trata um sarcoma é determinada por um diagnóstico preciso realizado pelo patologista. Portanto, todos os sarcomas devem ser totalmente removidos para que o patologista possa examiná-los no microscópio. Se for um câncer virulento, o médico deverá retirar o útero, as trompas e os ovários. Em tumores que pareçam menos malignos, às vezes chamados "tumores limítrofes", o sarcoma se comporta como um fibróide, o que significa que o útero pode ser poupado, caso a paciente ainda deseje ter filhos biológicos.

ENDOMETRIOSE

Como uma gravidez ectópica, o revestimento do útero (o endométrio) pode estar fora do lugar. A endometriose (isto é, o endométrio ectópico) é uma condição em que as células endometriais estão implantadas e vivem em uma fonte com alimento sangüíneo fora da cavidade uterina. Por exemplo, quando essas células estão no ovário, elas causam o "cisto de chocolate" (ver página 257). Embora ninguém saiba ao certo o que causa esse problema misterioso, muitos médicos concordam que é menstruação retrógrada, o que significa que parte do sangue menstrual volta pelas trompas e sai na direção da cavidade abdominal. Todas as mulheres, de certa forma, têm menstruação retrógrada; por que isso causa endometriose assintomática em algumas e nenhum problema em outras ainda é outro mistério.

Esses implantes não só causam inflamação, como também sangram todos os meses, exatamente como o revestimento do útero. Todo ciclo menstrual pode enviar um novo endométrio para se juntar ao antigo. É muito doloroso. Uma endometriose séria pode causar cicatrizes secundárias em volta das trompas e destruir a arquitetura normal dos órgãos abdominais. Desnecessário dizer que a endometriose contribui para a infertilidade. Embora muitas mulheres tenham esse problema sem saber e consigam engravidar mesmo assim, é impossível calcular o quanto esse problema pode afetar a fertilidade.

A marca registrada da endometriose é a dor pré-menstrual — o que significa dor abdominal antes do período menstrual. Os médicos teorizam que o sangue menstrual da paciente volta pelas trompas, e os implantes endometriais incham e sangram. Em seguida, à medida que o sangue sai pela vagina, a dor diminui um pouco. Nem todas as mulheres que sentem dor do início do período têm esse problema, mas pode ser um dado relevante.

Uma segunda marca da endometriose é o útero retrovertido (isto é, inclinado) ou fixo. Com o passar dos anos, o agravamento das cicatrizes pode puxar o útero para trás na direção da parede traseira do abdômen. Às vezes, o ginecologista pode sentir os nódulos da endometriose na parte de trás da parede do útero ou nos ligamentos que o seguram. A dor durante as relações sexuais pode ser um problema; dói quando o pênis atinge o útero invertido e imóvel devido às cicatrizes. Os médicos tratam esse problema com Lupron (página 273) ou com pílula anticoncepcional, que certamente ajudarão. Para uma paciente que esteja com pressa (por exemplo, ela tem 43 anos e deseja engravidar) ou esteja com muito desconforto, um especialista em infertilidade pode remover cirurgicamente a cicatriz e destruir todos os implantes endométrios com *laser* ou cauterização.

Embora ninguém saiba ao certo como e por que isso acontece, a endometriose é atribuída à gravidez tardia. A idade média do diagnóstico é 26 anos. Uma estimativa norte-americana registrou que 10% das mulheres sem filhos em

A endometriose é bizarra

Não nos entenda mal, mas, na maioria das vezes, a endometriose não é um fato médico importante. Em alguns casos raros, porém, ela pode se comportar de maneira bem estranha. Essas pequenas células endometriais podem viajar pelo sangue para lugares distantes. Algumas mulheres têm sangramento no nariz todos os meses, quando estão menstruadas, por causa da presença de células endometriais no nariz. Os cirurgiões podem deixar uma trilha de células endometriais no umbigo depois de uma laparoscopia, o que pode causar sangramentos mensais. A endometriose pode invadir até mesmo a bexiga ou o intestino, onde causa problemas sérios de saúde.

Cantinho de histórias da mamãe

O útero sempre foi classicamente descrito como antevertido e com a parte superior curvada para a frente. Até os anos 1950, as mulheres que tinham problemas para engravidar costumavam ir ao clínico geral, que dizia saber por que não engravidavam: o útero estava inclinado. Isso também era considerado uma causa para a dispareunia (dor durante as relações sexuais), constipação, dores nas costas, depressão, atrofia das cutículas etc. Como você pode imaginar, a suspensão uterina (ou seja, tirar a inclinação do útero) se tornou uma operação bastante comum.

No final do século XX, com o surgimento da ultrasonografia, descobrimos que 50% das mulheres grávidas tinham útero inclinado. Acontece que o útero inclinado é apenas uma variação do normal, e não um problema. O preocupante é quando a paciente passou a vida toda com o útero antevertido e, de repente, ele inclina, uma vez que isso pode ser causado por alguma doença. Portanto, há dois tipos de úteros inclinados — congênito e adquirido — com duas implicações médicas totalmente diferentes.

Nova York têm endometriose por volta dos 30 anos. Essa condição costuma ocorrer em mulheres que têm menstruação cíclica ininterrupta (ou seja, sem gravidez, contracepção sistêmica ou outra interrupção menstrual) durante cinco anos ou mais. A teoria que prevalece para explicar esse problema é a ovulação incessante. Fomos criadas para estarmos reprodutivamente prontas na puberdade e hoje em dia as mulheres esperam 25 anos para ter filhos. A menstruação persistente e contínua nunca dá ao endométrio a chance de descansar e parar de se desmanchar. Tampouco permite que o útero cumpra seu papel — engravidar, o que erradica a endometriose por meio de hormônios e crescimento uterino.

Tratamento da endometriose

Como acontece com muitos outros problemas ginecológicos, a pílula evita e/ou ajuda a aliviar a condição na maior parte do tempo. O suprimento constante de hormônios mantém o endométrio mais fino e controlado, de maneira que não há uma quantidade suficiente dele que possa se dirigir até a cavidade abdominal em busca de encrenca.

As mulheres que já estão com endometriose significativa podem escolher tomar injeções de Lupron uma vez por mês durante até seis meses. Isso interrompe completamente a função ovariana normal, colocando a paciente em um estado de pseudomenopausa, o que seca os implantes abdominais endometriais, exatamente como secariam em uma menopausa natural. No caso de mulheres com endometrioses graves, esse pode ser um primeiro passo importante antes de começar a tomar pílula. As mulheres que lutam para engravidar por causa da endometriose também podem considerar tomar Lupron durante um período.

A indicação de cirurgia para corrigir a endometriose é feita quando a paciente não consegue tolerar quaisquer medicamentos ou não deseja ou não consegue esperar seis meses. Do ponto de vista de uma laparoscopia, uma cirurgia pode destruir (queimando, com *laser* ou removendo) todos os implantes endometriais, rompendo o tecido da cicatriz, permitindo, assim, que a mulher tente engravidar quase que de imediato. Essa cirurgia, realizada no próprio dia, não é nada dolorosa e, nas mãos de um bom cirurgião, tem resultados tão bons quanto o Lupron.

Por fim, embora essa não seja uma opção para todas, o melhor tratamento para a endometriose em mulheres pré-menopausas é a gravidez. Antes de mais nada, não existe menstruação retrógrada durante nove meses. Segundo, a enorme quantidade de hormônio produzida durante a gravidez destruirá a endometriose de qualquer lugar durante um ano ou

Adenomiose — uma palavra longa com um pequeno impacto

A adenomiose ocorre quando as células endometriais se alojam na parede do útero em vez de procurarem um outro lugar para viver no abdômen, como acontece na endometriose. Isso causa inchaço no útero e, em geral, aumenta o fluxo menstrual e as cólicas nas pacientes, uma vez que as células endometriais sangram dentro do miométrio. Cerca de 20% das mulheres têm esse problema. Uma ultra-sonografia mostrará o útero aumentado e indícios sugestivos de adenomiose. Em alguns poucos e raros casos em que é desejável ou necessário, o único tratamento disponível é a histerectomia.

até mesmo durante toda a vida. Terceiro, à medida que o útero cresce, todas as cicatrizes desconfortáveis serão destruídas. É uma pena que a endometriose dificulte tanto a concepção.

CÂNCER ENDOMETRIAL

O câncer endometrial costuma ser uma doença altamente curável com sintomas bastante claros que facilitam a detecção logo no início em mulheres pré e pós-menopausa. Perto de 10% das mulheres com sangramento pós-menopausa têm câncer no endométrio. Se uma mulher pré-menopausa estiver com sangramento prolongado (mais do que o dobro do período normal), com escapes significativos entre períodos ou ciclos muito curtos (menos do que 21 dias), o médico pode considerar a possibilidade de doença endometrial.

Uma das principais preocupações para o endométrio é o desequilíbrio do estrogênio ou, em outras palavras, estrogênio com ausência de progesterona. Muitos problemas hormonais podem impedir a ovulação e/ou a produção de progesterona.

SERMs

A tamoxifena está dentro de uma nova classe de drogas chamada "moduladores seletivos do receptor de estrogênio" (SERMs), que algumas vezes são considerados estrogênios bem fracos. Outros SERMs incluem raloxifene (nome de marca Evista), que é usado para perda óssea, e citrato de clomifeno (nome de marca Clomid), que é usado para tratar a infertilidade. A tamoxifena ajuda a bloquear a atividade do estrogênio nos seios, mas, infelizmente, estimula a atividade do estrogênio no útero, o que significa que hoje as pacientes com câncer de mama devem aceitar um risco um pouco maior de desenvolvimento de câncer endometrial. Não estamos falando em um aumento significativo — de 0,3 a 0,6%. "Risco de câncer endometrial duplica" é uma manchete assustadora, mas uma porcentagem de 0,3% de incidência não é algo com que devemos nos preocupar muito. A tamoxifena é muito mais saudável do que prejudicial.

O desequilíbrio do estrogênio com freqüência causa câncer endometrial, se mantido por muito tempo.

Há muitas condições que podem levar ao aumento ou desequilíbrio do estrogênio, que, por sua vez, pode contribuir para o desenvolvimento de câncer endometrial.

A obesidade é um problema de saúde por muitas razões, mas principalmente porque as células de gordura produzem estrogênio, fazendo com que o câncer endometrial seja uma preocupação constante em mulheres acima do peso. Do outro lado do espectro, as desordens alimentares que impedem a ovulação regular também estão relacionadas ao câncer endometrial, essas mulheres nunca ovulam e, portanto, nunca produzem progesterona para equilibrar com o estrogênio. Medicamentos como Tamoxifena, que é uma das principais ferramentas no tratamento do câncer de mama, também aumentam o risco de câncer endometrial.

ENDOMETRITE

A endometrite é uma infecção do endométrio que costuma ser associada à presença prolongada de um corpo estranho. Por exemplo, de 2 a 5% das mulheres que usam DIU acabam com endometrite. Cerca de 2% dos abortos levam a esse problema, uma vez que as infecções podem seguir para dentro da cavidade uterina a partir da vagina. Muitos médicos prescrevem antibióticos profiláticos em caso de aborto ou uso de DIU para evitar infecções.

Os sintomas da endometrite incluem uma descarga de pus, dores pélvicas severas e febre. Esse problema não costuma afetar a fertilidade, porque, em geral, as bactérias ficam muito felizes e contentes no endométrio e, quando se espalham, dirigem-se para a parte externa das trompas. É uma situação fácil de ser evitada, uma vez que os médicos costumam tratar o problema imediatamente com antibióticos. No entanto, como com qualquer outro problema, quando negligenciada, a endometrite pode se tornar um risco sério à saúde devido à formação de cicatrizes e abscessos na cavidade uterina.

PÓLIPOS

Os pólipos endometriais são bastante comuns; 50% das mulheres com escape entre os períodos menstruais os têm. Esses tumores de carne se estendem desde o endométrio até a cavidade uterina — são os tumores endometriais que surgem com o tempo. O único sintoma de um pólipo é o aumento do sangramento vaginal irregular. São diagnosticados com uma ultra-sonografia, e 99% das vezes são benignos (em 30 anos de experiência, só vi dois casos malignos). Entretanto, podem causar irregularidades menstruais, e alguns especialistas em fertilidade teorizam que podem dificultar a gravidez. São removidos com uma D&C (dilatação e curetagem) para garantir que são benignos.

A D&C

Cada especialista tem um procedimento pelo qual são famosos e, no caso do ginecologista, é a D&C, dilatação e curetagem. A primeira refere-se à dilatação do colo do útero com um instrumento graduado que parece uma vareta, que vai aumentando aos poucos até que o médico consiga introduzir no útero um instrumento no formato de uma colher chamado cureta. Ele raspa o revestimento e envia o material para um patologista.

O procedimento leva 15 minutos, mas ainda assim é realizado em uma sala de cirurgia. A paciente é colocada para dormir e, portanto, existe o risco associado à anestesia (menos de uma em cada mil pacientes nunca mais acordam). As pacientes sentem cólicas e podem sentir como se fossem menstruar no dia seguinte ao procedimento.

Embora no passado a D&C fosse considerada terapêutica (por exemplo, para períodos irregulares), hoje em dia é considerada diagnóstica.* Quando existe irregularidade no fluxo ou pólipos, quanto mais velha for a paciente, mais imediatamente se deve recomendar a D&C, porque uma mulher de 20 anos tem poucas chances de ter câncer endometrial, mas uma

Cantinho de histórias da mamãe

Antes da legalização do aborto nos Estados Unidos, os médicos interrompiam a gravidez com a D&C. A perda de sangue era grande, e isso trazia muitas complicações e altas taxas de infecção, porque o procedimento levava muito tempo e era necessária uma raspagem muito profunda. A curetagem por sucção (ver página 170) foi uma grande evolução.

*Ainda assim, muitas mulheres alegam que a D&C "diminui" o fluxo menstrual.

mulher que já tenha entrado na menopausa e que tenha sangramento vaginal tem até 20% de chance de ter um problema maligno.

NOVAS E APRIMORADAS D&CS

Como os laparoscópios, que os ginecologistas estão cada vez mais usando na histerectomia vaginal (ver página 278) e na ligadura de trompas (ver página 135), o histeroscópio é uma pequena câmera de vídeo modificada para permitir olhar dentro do útero. Os ginecologistas usam o histeroscópio para garantir que estão removendo tudo aquilo que pretendiam com a D&C. Os histeroscópios ajudam quase todos os procedimentos intra-uterinos que por tradição exigiriam uma incisão abdominal (por exemplo, a remoção de um fibróide mucoso).

A biópsia endometrial é um procedimento realizado no consultório que, em teoria, deve eliminar a necessidade de muitas D&Cs. O médico passa um cateter pelo colo do útero e suga algumas células endometriais, que, por sua vez, são enviadas ao patologista. Isso poupa a mulher do risco desnecessário da anestesia, de dar entrada no hospital, a fertilização *in vitro* etc. A desvantagem é que dói por cerca de 30 segundos, dependendo da habilidade do médico e da resistência à dor da paciente. As mulheres que tiveram o colo do útero dilatado por causa de uma gravidez, em geral, toleram bem as biópsias endometriais com muito mais facilidade.

A biópsia endometrial é considerada uma ferramenta de diagnóstico essencial para mulheres com risco de câncer endometrial e que tenham sangramento disfuncional na ausência de qualquer causa aparente (um pólipo). Ela é muito importante no diagnóstico de desequilíbrios hormonais em mulheres com problemas para engravidar. A ultra-sonografia combinada com uma biópsia endometrial, pode dizer ao ginecologista tudo que ele precisa saber sobre uma paciente que sofre de irregularidades menstruais e nem requer uma visita ao hospital.

FILHA: Você tem fibróides, mãe?

MÃE: Não.

FILHA: Como você sabe?

MÃE: Não sei.

FILHA: Então você é uma daquelas 20% sortudas?

MÃE: Quem sabe? Nunca fiz uma ultra-sonografia. Sou a única pessoa que conheço que nunca fez umazinha sequer.

FILHA: Até eu já fiz.

MÃE: E como é que é?

FILHA: Você sente como se estivesse perdendo alguma coisa?

MÃE: Algo me diz que terei que fazer uma ultra-sonografia antes de morrer, mas não este mês.

FILHA: Para que você acha que vai precisar de uma ultra-sonografia?

MÃE: Bem, se eu comprar uma máquina de ultra-sonografia nova e quiser fazer um *test drive*.

Capítulo 14

PROBLEMAS SIGNIFICATIVOS DO COLO DO ÚTERO

Tenho uma amiga, Katie, que é como uma irmã, então é normal que ela venha até mim e minha mãe em busca de conselho médico gratuito e pílulas anticoncepcionais. Recentemente, ela ligou com uma história bastante desagradável sobre uma amiga, cujo namorado de muitos anos lhe passou HPV, o que resultou em verrugas no colo do útero. Ela encontrou Katie para tomar um café e com lágrimas contou toda a história — como tinha ido fazer um *check-up*, recebido a má notícia, feito uma cirurgia, confrontado o namorado nada arrependido, que, por sua vez, sempre soubera ter HPV etc. Quando chegou à parte em que o namorado sabia ser transmissor do vírus que produzia verrugas, Katie lhe sugeriu um pé na bunda. "Mas ele é o último homem com quem vou transar na vida. Eu nunca faria isso com ninguém."

Esse é o tipo de doença que mantém Dr. Phil sempre com trabalho. As últimas pesquisas mostram que o HPV vem e vai embora dentro de cinco anos e que a maioria das pessoas solteiras e urbanas tem. Embora eu não recomende sair por aí à procura dele, caso você escute as letras H-P-V do seu médico, não é o fim do mundo. E se manter em um relacionamento só porque vocês têm a mesma DST é ridículo.

O colo do útero é o guardião entre o mundo do útero e o mundo de uma forma geral. Como tal, o colo do útero e seus ligamentos dão suporte ao útero. Um buraco no meio permite que o sangue menstrual saia e o esperma entre. Essa passagem é revestida com células glandulares, que ajudam a criar o ambiente úmido e natural da vagina. É um canal muito estreito que se dilata o bastante para permitir a saída de um bebê.

Em geral, o colo do útero é bem firme. Ele responde sutilmente ao estímulo de hormônio, ficando cada vez mais macio em todos os momentos oportunos. É mais macio durante a ovulação, porque esse esperto guardião deseja permitir que o esperma encontre o óvulo na terça parte das trompas. A secreção liberada pelas glândulas endocervicais é diferente ao longo do ciclo. Durante a ovulação, sua consistência ajuda o movimento do esperma, enquanto, depois do evento, ela fica mais viscosa, dificultando o movimento.

AS CÉLULAS DO COLO DO ÚTERO (É MAIS INTERESSANTE DO QUE PARECE)

Alguns cientistas e médicos conhecem bem a complicada superfície do colo do útero. Boa parte dele é coberta por células escamosas — comparáveis às células que cobrem todo o restante do seu corpo — enquanto o canal cervical é revestido com células colunares, que são bem diferentes. As células escamosas têm a espessura de dez a 15 células, enquanto as colunares só têm uma camada. Em um microscópio, as células escamosas parecem uma rua cheia de paralelepípedos, enquanto as colunares parecem uma cerca com estacas. As escamosas são protetoras, enquanto as colunares produzem muco.

O lugar em que as células escamosas encontram as colunares se chama "junção escamocolunar" (JEC). Todas as meninas nascem com uma junção escamocolunar nativa no começo do canal cervical. Essa fronteira permanece visível durante toda a vida, mas, na puberdade, na gravidez e, às vezes, na contracepção sistêmica, o colo do útero incha em resposta ao aumento

Cistos nabotianos

Eles surgem no colo do útero quando uma célula colunar, exposta na parte externa do colo, é invadida por células escamosas. Essa pobre e solitária célula colunar continua seu trabalho, que é produzir secreção, o que causa uma pequena e indolor bolha no colo do útero, chamada pelos médicos de cistos nabotianos. Quase todos eles desaparecem, enquanto os poucos remanescentes ficarão indefinidamente, e de forma não obstrutiva, no colo. Simplesmente ignore-os.

de diferentes hormônios. Isso empurra a junção nativa para um lugar em que o médico pode vê-la sem dificuldades, expondo as células colunares à vagina.

As células colunares não ficam felizes na vagina, onde existem muitas coisas com as quais não estão acostumadas: o pH é diferente, há enormes quantidades de bactérias e pode ter todo tipo de objetos estranhos vindo até elas, como pênis, absorventes internos. Para se proteger, elas começam um processo chamado metaplasia escamosa (*meta* significa mudança, *plasia* significa células). É quando todas as células colunares expostas literalmente se transformam em células escamosas. Portanto, a metaplasia escamosa é um processo benigno e normal, no qual as células colunares expostas na vagina pelo colo do útero em amadurecimento se transformam em células escamosas. Esse processo continua durante toda a vida, até a menopausa, por uma razão ou outra.

A área entre a junção escamocolunar nativa (aquela com a qual todas nós nascemos) e a relativamente nova junção escamocolunar é chamada "zona de transformação". *É onde começa todo câncer de colo do útero.* Os médicos especulam que isso acontece porque as células escamosas devem regredir até um tipo de células mais primordial para se transformar em células

Recapitulação de vírus

Um vírus é um organismo que precisa de uma célula hospedeira, diferente das bactérias, que são totalmente independentes e capazes de se reproduzir, expelir, respirar, metabolizar e crescer. O vírus tem DNA incompleto e precisa de outro DNA para completar suas funções — principalmente a reprodução. Quando a célula inicial cresce e fica de um tamanho crítico, ela explode e milhares de novos vírus procuram novas células hospedeiras.

escamosas. É provável que as células mais primitivas sejam mais sensíveis a vírus.

CÂNCER DE COLO DO ÚTERO

O vírus carcinogênico do colo do útero é o HPV — papilomavírus humano. Existem até 100 tipos diferentes de HPVs conhecidos, quase todos considerados de "baixo risco". Esses tipos benignos causam uma infinidade de verrugas — nos dedos, pés ou na genitália. Os tipos de alto risco são aqueles que têm mais probabilidade de causar câncer no colo do útero.

O HPV está presente no sêmen e na superfície da genitália e é transmitido por meio de sexo não seguro. O HPV só pode ser detectado cerca de três meses depois da exposição. Com exceção das verrugas, é um problema assintomático, mas, em determinadas circunstâncias, pode se transformar em um grande problema médico.

Se o colo do útero tiver se expandido há pouco tempo (devido à puberdade, alterações hormonais, gravidez ou muitas outras razões), as células colunares ficam expostas na vagina enquanto se transformam em células escamosas. Em outras

Um atalho errado

A primeira análise científica do câncer de colo do útero aconteceu na virada do século XX, na Dinamarca, quando os cientistas começaram a observar as mulheres que morriam desse câncer. A maior incidência era entre as prostitutas, e a menor, entre judias casadas. Então, os cientistas se perguntaram qual era a diferença entre as judias e as prostitutas. Bom, as judias só faziam sexo com homens circuncidados. Então, eles culparam o smegma! Smegma é aquela coisa branca e sebosa que fica embaixo do prepúcio, entre outros lugares. Isso deu início à tendência entre outras religiões de realizar a circuncisão. Infelizmente, esses cientistas deixaram de observar a grotesca diferença no número de parceiros sexuais entre as prostitutas e as judias casadas (que provavelmente eram virgens ao casar), que agora sabemos ser a causa real dessa variação nas taxas do câncer de colo do útero. Desde então, o smegma foi inocentado.

palavras, ocorre uma metaplasia escamosa na zona de transformação. Caso um homem tenha a oportunidade de ejacular sêmen contendo HPV nessas células frágeis, essa mulher pode correr o risco de desenvolver câncer de colo do útero. O vírus pode se alojar nessas células escamosas iniciais e fazer com que o DNA dessas células sofra mutação e se transforme em algo maligno.

O colo do útero corre mais risco durante a adolescência, por isso costuma ser uma doença encontrada em mulheres jovens. É por isso também que esse tipo de câncer não era exatamente um problema de saúde grave (exceto para as prostitutas) até a era moderna, não porque as mulheres estejam transando mais cedo, mas porque antes elas tendiam a ser monogâmicas.

Hoje em dia, quase quatro mil mulheres têm câncer de colo do útero nos Estados Unidos a cada ano. Cerca de 400 mil em todo o mundo. Como o HPV é tão prevalente e assintomático, nossa melhor arma contra o câncer de colo do útero é o Papanicolau. A comunidade médica norte-americana investiu muito tempo, energia e dinheiro na infra-estrutura do Papanicolau, tanto que, entre 1940 e 1960, o câncer de colo do útero deixou de ser o câncer ginecológico mais comum e passou a ser o terceiro (atrás do ovário e do útero).

O exame Papanicolau coleta células esfoliadas do colo do útero com uma pequena escova ou espátula durante um exame ginecológico de rotina. Os resultados do exame são enviados a um patologista, que usa poucas células na lâmina para extrapolar o resultado para o colo do útero propriamente dito. Por mais maravilhoso que seja, o Papanicolau é apenas um teste de detecção (*screening*) e não uma ferramenta de diagnóstico. Na verdade, só tem uma precisão de 60%. As pacientes precisam realizar três exames no intervalo de pelo menos um ano para ter uma precisão de mais de 95%, é por isso que a realização regular do Papanicolau é tão importante. Mesmo nesse caso, o exame pode mostrar apenas que existe um problema, mas não diz exatamente qual. Apenas uma biópsia pode dizer se é câncer.

O intervalo entre um Papanicolau ligeiramente anormal e um câncer invasivo pode ser de dez anos ou mais. A realização anual desse exame quase sempre detectará um problema em um estágio inicial, tratável, preservando a fertilidade e mantendo a saúde. Então, faça o Papanicolau todos os anos, especialmente depois de começar a transar com um novo parceiro sexual.

O Papanicolau é definido em "classes", que incluem 23 protocolos de tratamento diferentes. Cada região, hospital e médico usa terminologias diferentes:

Gradação do Papanicolau	Terminologia alternativa			O que significa isso?
I	Tecido normal			Negativo
II	Atipia celular	ASCUS = Atipia em células escamosas de significado indeterminado		As células não parecem adequadas. Muitos médicos recomendam acompanhamento com o teste ViraPap para verificar a presença de HPV.
IIIA	Displasia leve	NIC = Neoplasia intra-epitelial cervical	SIL = Lesão Intra-epitelial escamosa de baixo grau	Dá-se quando o terço superior do novo epitélio escamoso no colo do útero está anormal.
IIIB	Displasia moderada	NIC	SIL de alto grau	Os dois terços superiores do epitélio escamoso no colo do útero estão anormais.
IIIC	Displasia grave	NIC	SIL de alto grau	Todo o epitélio escamoso está anormal.
IVC	Carcinoma	NIC	SIL de alto grau	Quase igual ao IIIC, ou seja, quase câncer.
V	Câncer invasivo			Câncer no colo do útero.

O que acontece com as mulheres em todo o mundo

Fizemos um ótimo trabalho no combate ao câncer de colo do útero nos Estados Unidos, mas a situação é outra nos países em desenvolvimento. Existem mulheres em determinadas partes do mundo que só procuram o hospital quando o cheiro do tumor já podre é tão forte que a família as expulsa de casa. Sem uma excelente infra-estrutura médica, o exame Papanicolau é quase desconhecido ou extremamente difícil de se organizar de forma eficaz. Uma mulher vai até a cidade mais próxima, saída de um vilarejo; faz o Papanicolau e três meses depois o médico não consegue mais encontrá-la para entregar o resultado. Agora, os médicos dos países em desenvolvimento estão experimentando um procedimento no qual fazem incidir luz no colo do útero da mulher, jogam um pouco de vinagre e tudo que fica branco é queimado com um cauterizador. O vinagre tende a esbranquiçar as células que estão se dividindo (como peróxido de hidrogênio em um corte). É claro que os resultados do vinagre são muito menores do que os do Papanicolau em termos de precisão, mas muitos médicos nem mesmo têm eletricidade para seguir o procedimento padrão. Em pouco tempo, eles conseguiram reduzir drasticamente a incidência de câncer no colo do útero com essa cirurgia primitiva e simples.

Se você tiver um resultado anormal no Papanicolau, a próxima etapa varia segundo a gravidade. Muitos exames anormais pedem um teste para verificar a presença do HPV. Isso pode mudar à medida que formos sabendo mais sobre o assunto e com o aumento da prevalência do HPV, mas hoje, sem HPV, um Papanicolau com resultado de Classe II não é preocupante, e é provável que o médico recomende apenas um Papanicolau de acompanhamento nos próximos três meses. Com HPV e um resultado Classe II, muitos médicos recomendam uma colposcopia (um exame que é como um par de binóculos que aumentam o colo do útero) para o caso de o outro exame ter deixado passar algo. Dependendo do tipo de HPV que a paciente possui (risco alto ou baixo), o risco de desenvolver câncer de colo do útero pode ser avaliado com mais facilidade. Qualquer resultado Classe III ou mais exige uma colposcopia, independente do HPV.

Para muitos médicos, a colposcopia é uma ferramenta para ajudar na coleta de tecido para uma biópsia. Embora alguns oncologistas sejam capacitados o suficiente para diagnosticar visualmente doenças cervicais, muitos ginecologistas usam a colposcopia para ver a zona de transformação (ver página 294) e qualquer outra lesão possível. O ginecologista coleta células desses lugares retirando um pouco do tecido (com um pequeno instrumento de punção) para enviar ao patologista.

Depois da biópsia, o médico realiza uma curetagem endocervical (CEC), que revela qualquer anormalidade dentro do canal cervical que o médico não consiga ver. Isso envolve a raspagem da parte interna do colo do útero com uma pequena cureta (uma colher estreita e flexível). Infelizmente, isso dói durante cerca de dez segundos. Esse material também é enviado em separado para o patologista, para que ele analise as células do colo do útero dentro do canal e fora dele. Isso pode determinar de que modo o médico continuará o tratamento.

Se sua biópsia indicar atipia ou displasia suave (o que significa as células fora do colo do útero), e o CEC for negativo (o que significa que não há nada anormal dentro do colo), então o médico recomendará observar o colo de perto, durante um tempo. Noventa por cento das atipias voltam ao normal sozinhas. Setenta por cento das displasias suaves voltam ao normal dentro de um ano. Para essas pacientes, "observar o colo de perto" significa repetir o Papanicolau a cada três meses e reavaliar o *status* em um ano. No caso de qualquer lesão mais avançada do que a Classe IIIa no Papanicolau, a paciente deve ser tratada de forma mais agressiva.

TRATAMENTO DO PRÉ-CÂNCER DE COLO DO ÚTERO

O procedimento mais comum para tratar a displasia cervical é um LEEP (Exérese por Alça Diatérmica). Um fio em forma de U, branco e quente, raspa a superfície do colo do útero, removendo a zona de transformação e retirando boa amostra de tecido para enviar ao patologista. É um procedimento rápido que pode ser realizado no consultório com anestesia local, embora alguns médicos e pacientes prefiram sedação em uma sala de cirurgia. Não há qualquer sangramento, porque à medida que o médico coleta o tecido, o restante é cauterizado. O colo cicatriza de dentro para fora, então as células normais não são queimadas.

O LEEP é o padrão para a displasia cervical, desde que o CEC (ver página 301) seja negativo. Há alguns especialistas em LEEP que podem usar com segurança essa técnica para tratar a displasia grave, mesmo diante de um CEC positivo. No entanto, se o CEC for positivo, o que significa que existem

Notícias frescas

Cerca de dez tipos de HPV são considerados de alto risco. O de número 16 é responsável por 50% dos casos, e o de número 18 causa 25% de todas as incidências do câncer de colo do útero. Existem duas novas vacinas sendo desenvolvidas no momento; uma evita o tipo número 16, e a outra é eficaz contra os dois tipos de HPV. As vacinas só funcionam antes de o paciente ser exposto ao vírus, então a injeção deve ser administrada às pessoas antes de se tornarem sexualmente ativas (ou seja, se você está lendo este livro, provavelmente já é tarde demais para você). É bem provável que haja um debate caloroso sobre qual é a idade ideal para dar a injeção contra uma doença sexualmente transmissível às crianças.

células anormais dentro do colo, os médicos realizam uma biópsia em cone. Nesse procedimento, o médico faz uma incisão circular em volta da abertura do colo do útero e retira um pedaço de tecido em forma de cone. Ele é realizado em um hospital, com anestesia, e quase todas as pacientes recebem alta no mesmo dia. Entretanto, as biópsias em cone são particularmente associadas a um maior risco de futura incompetência cervical ou estenose (ver páginas 304-305).

A crioterapia costumava ser um método popular para o tratamento de colo do útero pré-canceroso, mas não é mais uma técnica recomendada. Nesse procedimento, o colo é congelado, o que destrói a zona de transformação e mata as células displásticas. À medida que o colo do útero se recupera do procedimento, ele se encolhe para dentro de si mesmo, escondendo qualquer célula anormal existente lá no fundo do canal cervical. Isso dificulta muito o possível diagnóstico de uma recorrência ou persistência.

O *laser* também teve sua época de popularidade no tratamento da displasia. Nesse procedimento, os médicos literalmente vaporizavam a zona de transformação. O problema desse método era que não havia qualquer tecido para ser enviado ao patologista e, portanto, não havia qualquer prova de que a paciente estava curada. Além disso, é caríssimo e não

Não deixe a Argentina chorar por você

O câncer de colo do útero é uma doença de mulheres jovens. É um risco bastante significativo para as adolescentes, que têm colos ainda imaturos e são sexualmente ativas, em especial se não praticarem sexo seguro. A garota propaganda do câncer de colo do útero é Evita Perón, que levava na brincadeira o constante rumor de que havia sido uma prostituta quando jovem. Ela morreu bem jovem, aos 33 anos.

é melhor do que outros procedimentos mais baratos e mais precisos.

Caso uma paciente deixe passar todas as oportunidades de prevenir e se tratar desse tipo de câncer e terminar com câncer de colo do útero microinvasivo, em geral ela precisará de uma histerectomia simples. Entretanto, se você fizer o Papanicolau todos os anos, não precisará ser preocupar.

A INCOMPETÊNCIA E O COLO DO ÚTERO EXCESSIVAMENTE COMPETENTE

Durante a gravidez, o colo do útero forte é o responsável por manter o feto dentro do útero. As fibras elásticas e o tecido conectivo costumam ser fortes e suficientemente elásticos para essa tarefa. Um colo fraco (os médicos chamam de "incompetente") se dilata dolorosa e prematuramente na gravidez e, quando o peso do feto aumenta (por volta da 20ª e 28ª semana), ele começa a sair do útero sem qualquer contração. Do outro lado do espectro está a estenose cervical, que se dá quando o colo é forte demais e se recusa a dilatar no parto. Felizmente essas duas condições são muito raras (cerca de 0,5% das gestações enfrentam um desses problemas).

Com o cuidado pré-natal adequado, nenhuma dessas condições causa um problema de verdade durante a gravidez. Um colo incompetente é diagnosticado no início do segundo trimestre e, em geral, é tratado com uma sutura grande no colo do útero para ajudar a mantê-lo fechado. A evidência mais óbvia de um colo incompetente é um parto normal anterior, indolor e prematuro. A estenose cervical é diagnosticada quando o colo permanece inalterado durante um período definido de forma subjetiva durante o trabalho de parto, apesar de os médicos também tenderem a se preocupar quando o colo do útero se mantém inalterado nas semanas anteriores ao parto. Uma vez definido que o colo não dilatará, a única opção é uma cesariana.

A incompetência cervical e a estenose são imprevisíveis antes da gravidez, e existem poucas formas de evitá-las. Esses problemas cervicais podem ser congênitos, mas qualquer procedimento ou manipulação cervical aumentará estatisticamente o risco dos dois. Muitas D&Cs, abortos ou outros procedimentos cervicais (por exemplo, LEEP ou a biópsia em cone, ver página 302) podem enfraquecer o colo do útero ou deixar cicatrizes. Parece que quanto mais se mexer no colo do útero, mais chances ele terá de não funcionar de modo adequado.

CERVICITE

É uma infecção do colo do útero, mais comumente causada pela clamídia ou gonorréia, mas qualquer infecção na vagina pode envolver o colo. A cervicite faz com que o colo fique avermelhado, inflamado e purulento, entretanto, há poucos sintomas. As pacientes costumam perceber um aumento nas secreções ou, nos piores casos, um leve desconforto. Esse problema é resolvido quando o problema primário (a vaginite, por exemplo) é curado.

* * * * *

FILHA: Então o colo do útero é um músculo?

MÃE: Não.

FILHA: É um órgão?

MÃE: Humm, mais ou menos.

FILHA: Bom, então o que é exatamente?

MÃE: É um colo.

FILHA: Então, é só um colo. Ponto final. Não tem nada igual no corpo.

MÃE: É isso mesmo.

Capítulo 15

PROBLEMAS SIGNIFICATIVOS DA VAGINA E DA GENITÁLIA EXTERNA

Um dia, tarde da noite, me vi assistindo a um programa sobre sexo, que, para ser sincera, acho fascinante. O episódio em questão era sobre modelos falsos de genitália, ou seja, um homem cujo pênis é usado para fazer um pênis artificial e uma mulher cuja vagina é reproduzida em plástico (tem um nome para isso?). O modelo masculino, extremamente profissional, tinha de manter a ereção durante três minutos, enquanto era colocada sobre o pênis uma pasta gelada. Enquanto isso, um *fluffer** mantinha a mulher excitada antes de espalhar uma pasta gelada na genitália externa.

Depois de todo esse trabalho, a mulher colhia os benefícios financeiros em um "clube de cavalheiros" local. Ela dava seguimento ao seu desempenho autografando o tal modelo. Clientes esperavam na fila, como se fosse uma livraria, para receber o autógrafo em uma bochecha avermelhada. Você pode estar se perguntando, como me perguntei: "O que faz da vagina dela algo tão especial?" Não tem pêlo, tem uma cor rosada e é simétrica, mas, ainda mais importante, está disponível 24 horas por dia, sete dias por semana a qualquer pessoa que tenha 30 dólares.

*Um *fluffer*, na indústria pornô, é uma pessoa que "estimula" o astro pornô a ficar excitado.

Uma boa fortuna em tempo e dinheiro é gasta com os desagradáveis corrimentos vaginais, o que faz desse problema o mais importante em termos de vagina. É verdade que o corrimento anormal pode ser sintoma de um problema na homeostase do ambiente vaginal, entretanto, com muito mais freqüência, as mulheres são desnecessariamente meio neuróticas em relação a suas vaginas e seu corrimento saudável. Os ginecologistas estão constantemente em meio a discussões detalhadas sobre o odor, volume, consistência, cor e gosto. "É de um verde meio amarelo-esbranquiçado." "É meio espumoso." "Tem cheiro de cocô." "Tem cheiro de fruta." "Tem cheiro de coisa podre." "Tem cheiro de bacalhau." A verdade é que se não coça, queima ou cheira MUITO mal, é quase certo que o corrimento não represente qualquer problema.

Às vezes, as vaginas podem passar de um cheiro bom a um cheiro terrível, e isso pode ser sinal de infecção. A vaginite é o nome para infecção vaginal (*-itis* significa infecção) e é praticamente uma epidemia. As quatro variedades da vaginite são: as por fungos, virais, bacterianas e químicas.

INFECÇÕES (LEVEDURAS) POR FUNGOS

Levedura é um termo muito geral e superficial para incluir todos os numerosos tipos de fungos que recaem nessa categoria. Os termos médicos para levedura, ou como se diz na Itália, *fungi*, incluem Cândida e Monilia. Todos os tipos são quase iguais em termos de sintomas e opções de tratamento, então há poucas razões para diagnosticar ou discutir cada tipo em particular, a menos que o caso da paciente seja especialmente grave (por exemplo, há alguns tipos que são resistentes às medicações antifungos). Caso haja a necessidade de um diagnóstico de uma infecção por fungo, uma cultura vaginal (na qual um pouco do corrimento é recolhido e colocado em uma

Mas afinal, você tem sorte de ter uma vagina

A pior coisa que você pode ter em relação à vagina é não ter vagina. A agenesia vaginal — ausência de vagina — é um problema congênito e raríssimo. Algumas mulheres têm duas vaginas (chamado vagina dupla) e não entendem por que não dá certo usar absorvente interno. Esses dois problemas só podem ser corrigidos com cirurgia plástica. Então, se você está lendo este livro e tem uma vagina totalmente funcional, sorte sua.

lâmina para ver o que cresce) pode revelar exatamente que tipo de infecção está colocando as manguinhas de fora.

A levedura é um fungo, e os fungos gostam de lugares quentes, úmidos e escuros — e esta é a descrição nua e crua de uma vagina. Se você fosse um fungo, adoraria viver na vagina. Não é surpresa nenhuma que 100% das mulheres tenham levedura na vagina. A levedura também tende a se fartar em ambientes com alto nível de acidez (ou seja, pH baixo) e com altos níveis de açúcar. Em uma vagina saudável, também encontramos bactérias (como acidófilos ou lactobacilos) que mantêm naturalmente a levedura sob controle. Então, uma infecção por levedura acontece quando os habitantes normais conseguem prevalecer o suficiente para causar os sintomas.

Isso pode variar desde um leve desconforto até coceira e queimação descontrolada, acompanhadas de um corrimento gosmento. A mais comum e menos preocupante infecção por levedura é uma coceira que as mulheres sentem dois ou três dias antes da menstruação. O pH da vagina cai ao longo do ciclo, tornando o local mais receptivo para a levedura, logo antes da menstruação. Quando o período acontece, a coceira vai embora.

Caso a levedura domine todos os seus inimigos naturais na vagina, o desconforto pode aumentar a ponto de você querer pegar uma agulha de tricô e enfiar na vagina e coçar até cansar. Essa situação pode continuar piorando e passar da coceira para a queimação e até mesmo para a dor. Uma acentuada vaginite por levedura faz-se acompanhar pelo corrimento mais inacreditavelmente azedo, como um copo de leite deixado em cima da pia durante um mês inteiro.

QUAIS SÃO AS CAUSAS DE UMA INFECÇÃO POR LEVEDURA?

1. *Ausência de competição.* A levedura vive constante e tranqüilamente na vagina, mas quando seus inimigos naturais são mortos, o fungo pode sair do controle. Os antibióticos, que servem para matar as bactérias, também podem matar todas as substâncias que combatem a levedura do corpo, junto com todas as bactérias que deixam a mulher doente. Por exemplo, se você tomar Cipro para diarréia, pode acabar com infecção por levedura. Então, se tiver tendência a esse tipo de infecção e tiver de tomar antibióticos, deve tratar a infecção por levedura preventivamente (ver página 311).

2. *Calor.* Tudo que aquece as paredes vaginais também promove o crescimento mais rápido de fungos. Por exemplo, a fricção causada pelas relações sexuais aquece as paredes da vagina. Roupas apertadas e fibras sintéticas não permitem que a vagina respire — por isso as calcinhas de algodão confortáveis são sempre uma boa idéia. Pode não ser moda no momento (e talvez nunca tenha sido), mas se você tem muitas infecções por levedura, considere trocar suas calcinhas de poliéster, apertadas e com renda por um bom par de calcinhas de algodão.

3. *Umidade.* A levedura gosta de umidade. Então, não existe nada melhor do que um bom par de calcinhas apertadas e molhadas para fazer com que a levedura cresça e apareça. É por isso que são chamadas "coceira de atleta".

4. *Açúcar.* A levedura fica louca com alto nível de açúcar no sangue — é seu prato favorito. Como resultado, comer doce em excesso pode promover infecção por levedura. Algumas mulheres mais sensíveis perceberão que os carboidratos (como cerveja) também podem trazer infecções por levedura bem desconfortáveis.

5. *Hormônios.* A pílula ou a gravidez podem contribuir para infecções por levedura, por causa do aumento da acidez na vagina.

O DIABETES E AS INFECÇÕES POR LEVEDURA

Os ginecologistas diagnosticam o diabetes 50% das vezes. Quando enfrentam infecções por levedura persistentes, um teste dos níveis de açúcar no sangue é sempre uma boa idéia. Uma vez diagnosticada, as mulheres com diabetes em geral sabem que uma infecção por levedura é o primeiro sinal de que o açúcar no sangue provavelmente não está nos níveis que deveria.

TRATAMENTO DAS INFECÇÕES POR LEVEDURA

O tratamento tradicional para uma infecção por levedura é um preparo tópico antifungicida. Há muitas variedades que podem ser compradas diretamente na farmácia, sem prescrição, incluindo Monistat e Gynelotrimin, que envolvem aplicadores parecidos com absorventes internos e um ciclo de tratamento de um a sete dias. A taxa de cura para esses problemas está diretamente relacionada a quantos dias a paciente usa o remédio — isto é, a opção de um tratamento de sete dias oferece maiores chances de cura, se aplicado durante os sete dias. Esses tratamentos não são perigosos nem problemáticos.

Contudo, eles custam dinheiro, e alguns estudos sugerem que entre 30 e 50% das mulheres que compram tais medicamentos não têm infecção por levedura. Essa obsessão silencio-

E você pensava que nunca pegaria uma infecção por levedura

É possível pegar uma infecção por levedura, embora muito improvável. Tive uma paciente cujo marido tinha pé-de-atleta. É claro que, sempre que tomava banho, ela pegava uma infecção por levedura. Se o seu namorado for diabético ou se for gordinho, ele pode ter levedura em todos os cantos e fendas em volta do pênis, escroto e virilha. Com o diabetes, a levedura pode progredir a partir do alto nível de açúcar do sangue na pele e com os rapazes mais pesados, as fendas úmidas e quentes são como um paraíso. As coceiras de jóquei também podem passar de uma pessoa para outra. Todas essas pessoas devem conversar com os médicos sobre tratamentos, apesar de alguns ginecologistas bem legais costumarem dar aos melhores pacientes prescrições para dois.

sa que muitas mulheres compartilham em relação às próprias secreções vaginais às vezes as leva a um farmácia em busca de uma "solução". Se você não tiver nenhuma experiência com infecções desse tipo ou se não tiver certeza de que tem uma, é sempre uma boa idéia ir ao médico e fazer uma cultura vaginal.

O mais recente tratamento para esse tipo de infecção é um medicamento vendido sob prescrição chamado Diflucan. Todo o ciclo do tratamento se concentra em uma única pílula, embora muitas mulheres tomem uma segunda pílula alguns dias depois. O Diflucan é uma excelente opção para pacientes com infecções por levedura persistentes, uma vez que podem tomar uma pílula por semana e manter a infecção sob controle. A pílula é mais fácil (nada de cremes gosmentos), mas o resultado é menos imediato, uma vez que o medicamento leva de um a dois dias para entrar na corrente sangüínea e chegar até a vagina. Diferente dos preparos tópicos, esse tratamento não é tranqüilo.

HPV (VER TAMBÉM PÁGINA 158) E VERRUGAS VENÉREAS

O papilomavírus humano (HPV) é a doença sexualmente transmissível mais comum e não é surpresa alguma que seja o vírus vaginal mais comum. Uma pesquisa ginecológica bem recente sugere que a grande maioria das jovens sexualmente ativos tem esse vírus em algum momento de suas vidas e que ele, em geral, ele desaparece sozinho dentro de alguns anos. Há algumas centenas de tipos de HPV, alguns dos quais considerados de alto risco, porque podem estar associados ao câncer de colo de útero (página 296). Os demais não são preocupantes em termos médicos.

Contar ou não contar?

Quando uma mulher tem verrugas venéreas e está com um novo parceiro sexual, moralmente ela tem pouca escolha a não ser contar ao rapaz (ou à moça). Ela sabe que pode passar para ele ou ela essas verrugas. Entretanto, quando as pacientes têm HPV assintomático e precisam ser testadas, elas podem se perguntar se devem contar ou não aos parceiros. Pense em um estudo recente realizado na Costa Rica em jovens mulheres em idade universitária, durante um ano, período em que 50% das pacientes desenvolveram HPV. Quase todas elas nunca tiveram qualquer problema relacionado ao HPV. As diretrizes definidas atualmente pelo Center for Disease Control norte-americano são para não realizar teste de HPV a menos que haja resultados anormais no Papanicolau, e isso é o que eu recomendo. Se você tiver HPV e ele não estiver fazendo qualquer mal, saber de sua existência não vai ajudar ninguém. Contudo, uma vez que se saiba de algum problema na vagina, há um código moral — você deve contar.

Herpes — o pior de todos

Antes da Aids, existia a herpes, o maior problema médico dos anos 1980. É engraçado pensar em como fizemos um estardalhaço em relação a uma doença que, em geral, nem mesmo é fatal. Uma vez uma paciente me disse: "Me diga que é câncer, não me diga que é herpes." Dentro da profissão de médico, a herpes era importante porque demonstrava de modo conclusivo que ainda tínhamos de controlar doenças infecciosas. Para os solteiros, a herpes jogava um balde de água fria na revolução sexual.

Apesar de podermos chamá-lo de um vírus de baixo risco por não ser fatal, há alguns tipos de HPV que podem causar condiloma ou verrugas venéreas. Como característica, esses tipos de HPV têm a aparência de uma couve-flor, com uma textura irregular e com bolhas. Podem crescer na abertura vaginal, nos lábios, em volta do reto ou em qualquer lugar da área perigenital, e, quando aparecem, às vezes crescem sem parar.

Desnecessário dizer que quanto antes tratar as verrugas, melhor. Os ginecologistas usam ácido, *lasers* ou cauterizações para queimá-las. Esse procedimento é realizado no consultório médico e dói por alguns segundos. Se parecer nada atraente, há novos tratamentos tópicos (um nome de marca é Aldara) que estimulam o sistema imunológico a combater as verrugas, mas eles levam mais tempo e trazem resultados menos definitivos.

HERPES (VER TAMBÉM PÁGINA 152)

O segundo vírus vaginal mais comum é o herpes. O principal e mais infame sintoma são as feridas dolorosas na vagina, na parede vaginal externa, nos lábios etc. A primeira manifestação é a pior, como em geral acontece com os vírus. A exposição causa um mal-estar generalizado, dores e exaustão à medida que o vírus circula pela corrente sangüínea. Enquanto isso, é possível que apareçam feridas pequenas na genitália externa, ou toda a área da vagina pode estar coberta por elas.

O herpes dói, é extremamente desagradável e repulsiva. No entanto, há apenas três grupos de pessoas cujas vidas estão ameaçadas pelo vírus, todas as quais sofrem problema de imunidade: 1) pessoas que estejam realizando terapia imunossupressiva por causa de um transplante de órgão ou quimioterapia; 2) pessoas com Aids; e 3) recém-nascidos.

Se você estiver com boa saúde e não se encaixar em nenhum desses grupos, o herpes não é o fim do mundo. É apenas uma ferida em um lugar. O estigma é o que existe de pior em relação a essa doença. As pessoas têm medo de dizer que têm, e isso contribui para o sentimento de que só você tem. Entretanto, acredite, muitas outras pessoas também têm.

A verdade nua e crua é que quanto melhor estiver sua imunidade, com menos freqüência a doença se manifestará.

Infecções vaginais virais e sexo

O herpes e o HPV são vírus muito contagiosos. Se você tiver uma lesão aberta, não pratique NENHUMA atividade sexual. Se você não tiver uma lesão, sua taxa de infecção cai drasticamente. E se você usar camisinha o tempo todo, é bem improvável que passe para outra pessoa, mas nunca é 100% seguro — existem algumas pessoas que "espalham o vírus" sem nunca ter tido uma manifestação (chamado assintomático) e, independente de qualquer coisa, o seu parceiro pode acabar pegando, apesar de todo o seu esforço. Tive pacientes casadas em que um deles tinha herpes e que estavam casados há vinte anos sem que o outro pegasse. E tive outros casos em que, com um mês de relacionamento sexual e com todo o cuidado do mundo, o parceiro pegou.

Algumas pessoas têm uma manifestação, e só. Elas não se livram do vírus, apenas o estão controlando. Isso tem a ver com dormir bem, comer de forma saudável, fazer exercícios regulares, reduzir os níveis de estresse e todas aquelas coisas que sua mãe sempre mandou você fazer.

INFECÇÕES VAGINAIS BACTERIANAS

VAGINOSE BACTERIANA

A vaginose bacteriana é uma condição associada a um desequilíbrio nos habitantes da vagina, bem parecida com uma infecção por levedura, só que, nesse caso, o culpado é a bactéria Gardenerella. Quando presente na quantidade adequada, ela não causa qualquer problema. Contudo, quando domina o conteúdo da vagina, ela altera o pH, o odor e a qualidade das secreções. O lado positivo é que se a Gardenerella for a causa dos problemas, isso significa que você não pegou de ninguém — é apenas um desequilíbrio das proporções naturais da vagina e não precisa fazer qualquer ligação constrangedora. No entanto, embora a vaginose bacteriana não seja uma DST, é muito mais comum em mulheres sexualmente ativas.

A Gardenerella em si não é um problema, mas, ao alterar o equilíbrio do pH, ela pode tornar a mulher vulnerável a outras infecções e, na gravidez, pode aumentar o risco de ruptura prematura das membranas e o trabalho de parto também prematuro. Portanto, para pacientes grávidas, os médicos prescrevem metronidazol, um antibiótico que vem em gel (nome de marca Metrogel) ou pílula (nome de marca Flagyl).

VAGINITE BACTERIANA

Qualquer bactéria (por exemplo, Strep, Staph, Klebsiella) pode entrar na vagina, causando vaginite bacteriana. Diferente da levedura, não existem inimigos naturais na vagina que combatem essa bactéria, então elas rapidamente ficam fora de controle e costumam estar associadas a um corrimento amarelado, semelhante ao pus. É importante fazer a cultura desses sintomas e descobrir com precisão que tipo de bactéria está dominando o ambiente.

As bactérias mais comuns nessa área são:

1. *Beta hemolytic streptococcus*, também chamado de estreptococo grupo B (ou ainda GBS). A GBS é um hóspede benigno da vagina, o que significa que 10% das vaginas que hospedam permanentemente essa bactéria não têm qualquer sintoma. Embora a GBS possa ser contraída pelo sexo (qualquer coisa pode ser contraída sexualmente, inclusive a frieira comum), também pode ser contraída em piscinas, saunas etc. Uma vez lá, é quase impossível se livrar dela.

   Isso pode parecer muito pouco atraente e acontece quando a mulher é exposta pela primeira vez ou quando o GBS age. Durante os primeiros meses, ela pode ter os mesmos sintomas de qualquer outra vaginite (corrimento amarelado e semelhante a pus). Fora do período inicial e alguns rompantes ocasionais, em geral não há qualquer sintoma.

   O problema do GBS é, mais uma vez, a gravidez. Se uma paciente tiver GBS e tiver parto normal, há uma pequena chance de o bebê contraí-lo durante a passagem, o que pode causar uma infecção catastrófica no recém-nascido. As diretrizes atuais do CDC recomendam fazer a cultura de todas as mulheres grávidas para verificar a presença do GBS e tratá-lo com antibióticos intravenosos durante o trabalho de parto. Isso não mata todos os GBSs, mas os reduz de modo drástico. Assim que o bebê nasce, a paciente pára de tomar o antibiótico, e o GBS volta sem sintomas.

2. *Staphylococcus aureus*. De todas as vaginites bacterianas, essa é a mais perigosa. Infelizmente, esse tipo de bactéria pode

Se você for sortuda

Até mesmo a mais saudável das vaginas só foi feita para trabalhar em determinada medida. Se você for uma mulher de sorte, conhece bem a sensação de estar tendo mais relações sexuais vaginais do que deveria. No dia seguinte, você está um pouco assada e com incômodos. É provável que isso coloque um enorme sorriso no seu rosto e a faça lembrar do que causou tudo isso, para começo de conversa.

viver em qualquer lugar fora do corpo e, se tiver alguma brecha na pele (uma abrasão, um pequeno arranhão etc.), ela pode entrar na corrente sangüínea e causar a síndrome do choque tóxico. A maioria das pessoas que desenvolvem essa infecção é de homens e mulheres pós-menopausa, então os absorventes internos não são os únicos culpados. No entanto, grande número de absorventes internos pode irritar as paredes da vagina, de forma que se o estreptococo estiver presente, você corre o risco de ter SCT. Não é possível pegar SCT de um absorvente interno a menos que haja *S. aureus* presente. Se você estiver morrendo de medo de estar com essa doença, peça uma cultura de *S. aureus* e use absorventes em paz.

Além dessas duas bactérias, há muitas outras que uma mulher pode ter na vagina. Se alguém fizer sexo oral em você e essa pessoa estiver com inflamação na garganta por estreptococo, você pode ficar com *strep.* na vagina. Se alguém estiver acariciando você manualmente, lembre-se da regra mais importante de todas — de frente para trás. Se houver algum estímulo na área retal e, em seguida, o dedo for colocado na vagina, a pessoa estará introduzindo bactérias do reto que não pertencem à vagina. Isso pode causar infecção vaginal, que, além de

O pior cheiro em medicina

Todos os profissionais da saúde têm sua escolha do pior cheiro em medicina. Na ginecologia, sabemos que o absorvente interno esquecido na vagina é o pior cheiro do mundo. Dez sacos plásticos e uma lata inteira de *spray* desodorante mais tarde, e o quarto onde o absorvente foi removido ainda está inabitável. Caso você esqueça o absorvente interno, não fique alarmada com o cheiro ao retirá-lo.

incômoda, terá um odor desagradável. Ainda bem que a maioria das bactérias vaginais pode ser tratada com creme antibiótico local ou antibióticos sistêmicos, que um ginecologista não se importará em prescrever.

VAGINITE QUÍMICA

A vagina de algumas mulheres é muito sensível a sabonetes e produtos químicos. Elas podem entrar em uma banheira de espuma, usar um novo gel para banho ou tentar um novo detergente nas roupas e acabar com uma irritação e vermelhidão na vagina. Vaginites causadas por corpos estranhos podem ser o resultado de qualquer coisa que entre na vagina e não pertença a ela, dependendo de qual objeto é, da sua limpeza e da sensibilidade da mulher. Esses invasores podem causar um super crescimento das bactérias naturais e atrair outros germes da genitália externa, tendo como resultado um corrimento desagradável e parecido com pus, além de um odor muito forte. O exemplo clássico desse tipo é a "vaginite saco de areia", comum nas meninas. Dependendo da causa, os médicos recomendarão um ajuste comportamental (jogar fora aquele detergente novo), antiinflamatórios tópicos ou antibióticos.

CÂNCER VAGINAL

O câncer vaginal é quase sempre uma malignidade que surge em mulheres mais velhas, com uma média de idade de diagnóstico de 60 anos. Somente 1% de todos os cânceres genitais são vaginais. Em geral, os sintomas incluem sangramento vaginal ou resultado anormal no Papanicolau. Os médicos tratam essa doença com radiação, cirurgia ou os dois. Se descoberto no início, o câncer de vagina tem uma taxa de cura de até 90%.

Cantinho de histórias da mamãe

O DES (dietilestilbestrol) é um estrogênio sintético que foi administrado em meados da década de 1940 a mulheres com gravidez de alto risco para evitar abortos espontâneos. Quando as filhas dessas mulheres completavam cerca de 20 anos, enfrentavam riscos muito mais altos de desenvolver câncer vaginal do que a maioria, com uma média de diagnóstico de 19 anos. Não se preocupe. O DES já foi retirado das prateleiras.

GENITÁLIA EXTERNA

A GRAVIDADE É IMPIEDOSA

Nossa base pélvica foi perfeitamente desenvolvida para um quadrúpede. Infelizmente, nós desistimos das quatro patas há milênios e agora a vagina, o reto e a bexiga são puxados pela gravidade todos os dias de nossas vidas de bípedes. Com o passar dos anos, e à medida que corremos, tossimos, rimos, espirramos e temos bebês, estamos enfraquecendo a base pélvica. A vagina é em essência um grande orifício que pode arrastar tudo aquilo que estiver acoplado a ela (a bexiga, o útero e o reto) à medida que cai, o que, de certa forma, é inevitável acontecer.

Isso resulta em um movimento da vagina que pode ser tão pequeno quanto uma cereja ou tão grande quanto uma ameixa. Os diagnósticos variam de bexiga ligeiramente solta até a prolapsia uterina total, que é quando toda a vagina se inverte e fica pendurada entre as pernas, com o útero dentro da bolsa que está pendurada.

O melhor tratamento para todos esses problemas é, antes de mais nada, nunca tê-los. Faça os exercícios de Kegel religiosamente. Fortaleça esses músculos para mantê-los no lugar. Além disso, não se esqueça de que as atividades de alto impacto enfraquecem a base pélvica. Qualquer exercício em que os

Alerta contra falso vaginismo

Quando eu estava fazendo residência, recebemos uma ligação. O sujeito que ligou alegava estar preso à esposa e não estar conseguindo se soltar. Houve um debate caloroso entre os residentes — não sabíamos se era priapismo (a incapacidade de relaxar uma ereção) ou vaginismo (um espasmo muscular intenso da vagina, que pode manter o pênis como prisioneiro). Essas condições são tão raras que os residentes de urologia e ginecologia estavam animadíssimos para ver em primeira mão. Como as regras do hospital proibiam o atendimento a telefonemas vindos de residências, tivemos de insistir para que viessem até a sala de emergência. Havia cerca de três mil pessoas da equipe do hospital ansiosas para cumprimentar esse infeliz casal. A maca tinha um homem na parte da frente e quatro pés na parte de trás. O que aconteceu é que a mulher usava um DIU de metal antigo em forma de M, e uma extremidade estava encaixada no colo do útero. O instrumento prendeu o prepúcio do homem, impedindo que ele conseguisse sair. Finalmente, o residente de urologia conseguiu chegar até a vagina e cortou um pedaço do prepúcio, liberando o marido. Em seguida, ele removeu o DIU, e todos foram para casa.

dois pés saem do chão (pular corda, corrida etc.) aumentará o peso do corpo quando ele voltar ao solo — isso coloca uma enorme quantidade de peso na base pélvica. O parto normal traumatiza a vagina e seu ambiente, o que torna os exercícios de Kegel ainda mais importantes. Outros fatores que contribuem são a obesidade, problemas pulmonares recorrentes que causam longos períodos de tosse e espirro e constipação crônica, todos eles aumentam a pressão na base pélvica.

Se viverem o suficiente, todas as mulheres acabam desenvolvendo algum tipo de incontinência — urinária e/ou fecal. Isso acontece por causa do enfraquecimento dos músculos e da maldita gravidade. O consolo é que suas irmãs também terão.

Mas há esperança. Existe uma área totalmente nova na medicina chamada "ureginecologia", que trata dos problemas de prolapsia e incontinência com técnicas cirúrgicas inovadoras. São mais seguras, menos invasivas e muito mais eficazes do que as abordagens cirúrgicas tradicionais.

A genitália também tem pele

É bom ter consciência de que tudo que acontece com a pele pode acontecer com a genitália. Um pêlo encravado ou uma espinha nos lábios é a mesma coisa que qualquer outra anomalia tópica. Você pode cuidar do pêlo encravado da forma que desejar — algumas pessoas gostam de desencravar enquanto outras deixam como está. Os cistos sebáceos são espinhas enormes e, em geral, não doem. A superfície pode ser mais branca do que a pele por baixo e, às vezes, pode infeccionar, ficar com cabeça e estourar. Mais uma vez, algumas pessoas vão estourar, outras não. Um pouco mais inconvenientes são a eczema e a psoríase (pele clinicamente seca e que coça), que podem aparecer nos lábios. Um ginecologista ou dermatologista pode prescrever um creme para esses problemas.

Para os mais velhos, o tratamento tradicional para prolapsia é um pessário, instrumento bem parecido com um diafragma. Costumam ser feitos de borracha ou látex; alguns parecem uma rosca de padaria, outros parecem cubos ou triângulos. Eles são colocados entre o osso sacro e o osso pubiano, mantendo tudo no lugar. Um ginecologista pode encaixar um na paciente, mas alguns precisam ser trocados todos os meses por um médico. Outros podem ser retirados à noite, como as dentaduras.

CÂNCER

É possível desenvolver câncer no reto, nos lábios ou na vulva, apesar de ser um problema encontrado com mais freqüência em mulheres mais velhas. Em geral, os médicos conseguem detectar ainda em um estágio pré-cancerígeno, o que aumenta as chances de sobrevivência. Tumores anormais na genitália externa (que não sejam verrugas ou herpes) são os únicos sintomas dessas doenças. O tratamento inclui radiação, cirurgia ou os dois.

Os ginecologistas estão apenas aprendendo que pode existe uma conexão entre o HPV e esses tipos de câncer, mas essa pesquisa ainda está em fase embrionária. Parece que, caso o resultado do seu Papanicolau seja anormal a ponto de levar a algum tipo de tratamento (um LEEP ou pior, ver página 302), é uma boa idéia manter-se bem atenta a toda e qualquer célula escamosa (ou seja, pele) que apareça na genitália.

Muitas pessoas associam o melanoma ao sol, então o câncer de pele da genitália parece paradoxal. É muito incomum ter melanoma na vulva ou no reto, mas é possível. Em geral, as mulheres que tiveram melanomas em outras partes do corpo (que pegam mais sol) são aconselhadas pelos dermatologistas a procurar um ginecologista, para que procurem qualquer tumor suspeito lá embaixo. Caso um médico encontre alguma lesão incomum na pele, ela enviará uma amostra para um patologista. Os ginecologistas tratam o melanoma da genitália externa enviando a paciente para um especialista na área.

* * * * *

MÃE: Alguns rumores dão conta de que Cleópatra usava estrume de camelo como método anticoncepcional.

FILHA: Você quer dizer que ela colocava cocô de camelo dentro da vagina e mantinha os homens bem longe.

MÃE: Não. Eles transavam com cocô de camelo dentro dela.

FILHA: Que tipo de infecção isso pode causar?

MÃE: Não sei. Fedia tanto que ela se matou com uma cobra.

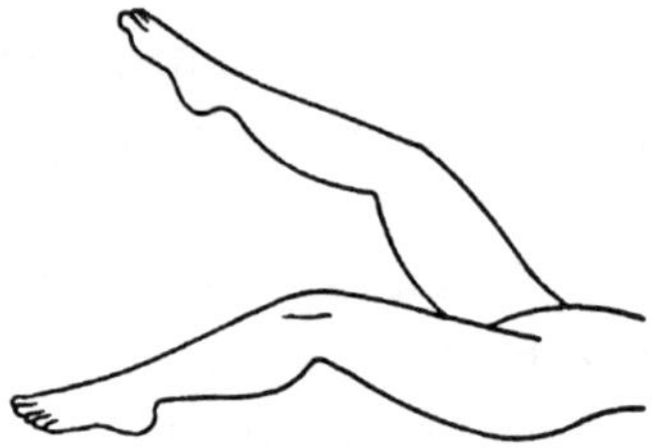

ÍNDICE

C

D

H

I

R

S

V

Este livro foi composto na tipologia Agaramond, em corpo 11.5/14, impresso em papel off-white 80g/m², no Sistema Cameron da Divisão Gráfica da Distribuidora Record.